U0592395

权威·前沿·原创

皮书系列为
"十二五""十三五""十四五"时期国家重点出版物出版专项规划项目

BLUE BOOK

智库成果出版与传播平台

旅游人才蓝皮书
BLUE BOOK OF TOURISM TALENT

中国旅游人才研究报告
（2024）

RESEARCH REPORT ON TOURISM TALENT IN CHINA
(2024)

主 编 / 韩玉灵　操　阳

社会科学文献出版社
SOCIAL SCIENCES ACADEMIC PRESS (CHINA)

图书在版编目（CIP）数据

中国旅游人才研究报告 . 2024 ／ 韩玉灵，操阳主编
. --北京：社会科学文献出版社，2024.2
　（旅游人才蓝皮书）
　ISBN 978-7-5228-3270-8

　Ⅰ.①中…　Ⅱ.①韩…　②操…　Ⅲ.①旅游教育-人
才需求-研究报告-中国-2024　Ⅳ.①F592

中国国家版本馆 CIP 数据核字（2024）第 007051 号

旅游人才蓝皮书
中国旅游人才研究报告（2024）

主　　　编／韩玉灵　操　阳

出 版 人／冀祥德
责任编辑／张炜丽　路　红
文稿编辑／张　爽
责任印制／王京美

出　　　版／社会科学文献出版社　（010）5937194
　　　　　　地址：北京市北三环中路甲 29 号院华龙大厦　邮编：100029
　　　　　　网址：www. ssap. com. cn
发　　　行／社会科学文献出版社　（010）59367028
印　　　装／天津千鹤文化传播有限公司

规　　　格／开　本：787mm×1092mm　1/16
　　　　　　印　张：19.75　字　数：295 千字
版　　　次／2024 年 2 月第 1 版　2024 年 2 月第 1 次印刷
书　　　号／ISBN 978-7-5228-3270-8
定　　　价／168.00 元

读者服务电话：4008918866

　　本报告得到文化和旅游部科技教育司、教育部职业教育与成人教育司等单位的指导和支持，受到北京第二外国语学院、中国旅游人才发展研究院、南京旅游职业学院、新时代应用型旅游人才研究中心、江苏旅游文化研究院、江苏省重点高端智库紫金文创研究院的项目资助，是南京旅游职业学院国家级职业教育教师创新团队"酒店管理与数字化运营"团队建设阶段成果

《中国旅游人才研究报告（2024）》
编 委 会

研创单位　北京第二外国语学院

　　　　　　南京旅游职业学院

总 顾 问　计金标　北京第二外国语学院党委副书记、校长，

　　　　　　　　　　教授

　　　　　　　　　　全国旅游职业教育教学指导委员会首席顾问

学术顾问　（以姓氏笔画为序）

　　　　　　马兆兴　山西艺术职业学院

　　　　　　史晓琳　社会科学文献出版社

　　　　　　李　毅　华侨城集团

　　　　　　杨　结　广东南沙大酒店

　　　　　　陆春阳　全国电子商务职业教育教学指导委员会

　　　　　　陈　荣　中国旅游集团酒店控股有限公司

　　　　　　苗仁涛　首都经济贸易大学

　　　　　　荀　莉　教育部职业教育发展中心

　　　　　　董家彪　华南师范大学粤港澳大湾区旅游发展研究

　　　　　　　　　　中心

　　　　　　瞿立新　无锡城市职业技术学院

主　　编　韩玉灵　操　阳

副　主　编　李朋波　苏　炜

编　　委　（以姓氏笔画为序）

马　卫　王红梅　王新宇　许超友　苏　炜

李朋波　何　娜　张　骏　张晓玲　钟栎娜

郭肇琪　崔英方　康　年　韩玉灵　操　阳

主编简介

　　韩玉灵　北京第二外国语学院中国旅游人才发展研究院执行院长，二级教授、中国旅游协会妇女旅游专委会副会长、北京市法学会旅游法研究会副会长、北京旅游学会副会长。主要研究方向为旅游政策与规制、旅游安全等。主编教育部"十五""十一五""十二五"国家级规划教材《旅游法教程》《口述历史：中国旅游业40年》等著作十余部；主持北京市教委重点课题"北京旅游业转型中的政府与行业协会互动机制研究"，承担北京市文化和旅游局委托的关于安全、诚信本系建设、乡村民宿发展、信息化背景下旅游纠纷特点等多项研究课题，领衔北京市旅游条例的研究和起草工作，领衔研究、起草北京市地方关于景区、安全、住宿业服务等多项标准；主持国家社会科学基金项目"我国旅游立法重大问题研究"、国务院台办委托课题"海峡两岸旅游交往中的法律问题"，主持国家旅游主管部门关于旅游法立法模式、导游体制改革、旅行社转型等多项课题，领衔国家标准《导游服务规范》修订，主持中国旅行社协会委托课题"关于旅行社的契约及有关法律问题研究报告"等；参加我国旅游立法的制定及研究工作。在担任全国旅游职业教育教学指导委员会秘书长十余年期间，对旅游职业教育专业目录设置、人才培养、师资队伍建设等方面进行研究并提出了多项建设性意见。在《旅游学刊》《法学杂志》《北京第二外国语学院学报》《中国旅游报》《法治日报》等刊物发表论文、文章等80余篇。

　　操　阳　管理学博士，南京旅游职业学院党委副书记、院长，三级教授。江苏高校"青蓝工程"中青年学术带头人、江苏高校省级优秀教学团队负责人、江苏高校哲学社会科学重点建设基地负责人、江苏省高等职业教育高水平专业群项目负责人、中国企业管理无锡培训中心特聘教授、江苏省重点高端智库紫金文创研究院特聘研究员。主要研究方向为职业教育、旅游营销、企业管理等。出版学术专著 2 部、编著 2 部，主编教材 10 部，其中江苏省"十四五"首批职业教育规划教材、首批"十四五"国家职业教育规划教材 2 部。近年来，主持江苏省社会科学基金项目"江苏旅游诚信体系建设研究"、江苏省教育科学"十三五"规划重点资助项目"江苏高职院校创新创业教育现状及发展对策研究"、全国旅游职业教育教学指导委员会和文化和旅游部科技教育司课题项目"中国旅游人才供给与需求研究报告"等纵向课题 10 余项；主持江苏省旅游局"江苏省旅游诚信示范单位创建指引"等横向课题 20 余项；在《现代经济探讨》《华东经济管理》《商业经济研究》《职业与教育》等刊物发表论文 40 余篇。获得国家级教学成果奖二等奖 2 项、江苏省教学成果奖一等奖 1 项、江苏省教学成果奖二等奖 2 项、江苏省高校哲学社会科学研究优秀成果奖三等奖 2 项、江苏省高校哲学社会科学研究优秀成果奖三等奖 1 项等。

摘　要

习近平总书记在党的二十大报告中明确提出，必须坚持科技是第一生产力、人才是第一资源、创新是第一动力，加快建设教育强国、科技强国、人才强国，坚持为党育人、为国育才。全面提高人才自主培养质量，着力造就拔尖创新人才，聚天下英才而用之。旅游人才是推动旅游业高质量发展的第一资源和重要支撑。旅游人才供给的数量和质量决定了旅游业发展的规模和质量；而旅游业发展对人才需求的规模和质量要求，反过来又会推动旅游人才供给侧改革，推动产教深度融合，促进旅游人才供需趋于平衡、供需适配性提高。因此，加强对中国旅游人才供给与需求的研究是促进院校旅游人才培养供给侧改革和旅游企业人才需求侧改革，实现中国旅游人才高质量发展的重大课题。

本书以旅游教育人才培养供给侧和旅游企业人才需求侧为研究对象，以新时代中国旅游业高质量发展对人才规模和质量要求为主线，通过文献调研、网络调研等方法，对旅游人才内涵进行了界定，对中国旅游业、中国旅游教育以及旅游企业人才需求状况和旅游教育人才培养状况开展了调查研究，深入剖析中国旅游业和中国旅游教育高质量发展对中国旅游人才需求的新要求、新变化；采用程序化扎根理论方法，探索了国际化旅游人才胜任力的各维度要素，构建了国际化旅游人才胜任力模型；运用灰色系统、神经网络、文本挖掘、中文分词等预测理论和分析技术，构建中国旅游人才需求规模预测模型和旅游人才质量词典指标体系，并对旅游教育人才的需求规模和人才质量规格要求进行科学预测和实证研究；选取了德国等具有代表性的国

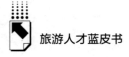

家，对其旅游人才培养模式进行比较研究，旨在为培育国际化旅游人才提供理论和实践指导。

研究结果表明，中国旅游业的文旅融合、智慧旅游、"旅游+"、"+旅游"等一系列新特点彰显了旅游业的韧性与活力。旅游业高质量发展对旅游人才需求提出了新要求，急需一大批适应文化和旅游业融合发展的数字化、专业化、国际化、科技型、创新型、复合型高素质旅游人才。为加快建设一支高素质旅游人才队伍，本报告提出以下几点建议：第一，对接现代旅游产业发展，加强旅游学科和旅游人才研究，通过借鉴国内外旅游人才培养的先进模式和经验，加快构建以人民为中心的新时代旅游业发展先进理论体系和一套专业多样、层次丰富完整的旅游教育体系；第二，加强不同类型、层次的旅游人才培养目标与培养路径研究，不断深化产教融合、科教融汇，实现旅游教育与旅游产业协同发展；第三，加强师资队伍建设，加快解决旅游教育高质量发展的师资短板问题；第四，积极开展共建"一带一路"国家的境外办学和国际教育服务，打造具有中国特色的旅游教育品牌，推动中国旅游教育资源"走出去"，实现旅游教育强国。

关键词： 旅游人才　旅游教育　旅游业

目 录

Ⅰ 总报告

Ⅱ 综合篇

Ⅲ 需求篇

IV 供给篇

V 借鉴篇

皮书数据库阅读**使用指南**

总 报 告

B.1

中国旅游人才研究报告（2024）

韩玉灵　操 阳*

摘　要：　新时代中国旅游业高质量发展对人才规模和质量提出新要求，建设一支与旅游业高质量发展相适应的高素质人才队伍，是新时代中国旅游教育高质量发展的新使命。本报告从旅游人才供给侧和需求侧两个视角开展研究，研究表明，从供给侧角度来看，旅游学历教育是旅游人才培养的重要途径，其中高职高专学历教育是旅游人才培养的主力军；从需求侧角度来看，旅游企业员工流失率高和招聘难现象并存，其中员工工资水平偏低是导致旅游企业员工流失率较高的一个重要原因，同时在员工招聘和晋升时，旅游企业更加重视具备旅游软技能的创新型、复合型人才。研究发现，我国旅游业目前存在旅游企业人才供需结构性矛盾突出，旅游新技术、新业态人才需求缺口较大；旅游教育产教融合不深，专业链对接产业链发展滞后；旅游人才就业对口率较低、毕业生就业难等问题。本报告从政府层面、旅游行业企业层面和院校层面提出了解决对策与建议。

---

* 韩玉灵，北京第二外国语学院中国旅游人才发展研究院执行院长，二级教授，主要研究方向为旅游政策与规制、旅游安全等；操阳，管理学博士，南京旅游职业学院党委副书记、院长，三级教授，主要研究方向为职业教育、旅游营销、企业管理等。

关键词： 旅游人才　旅游教育　旅游业

我国《"十四五"旅游业发展规划》明确提出，到 2035 年，旅游业综合功能全面发挥，整体实力和竞争力大幅提升，基本建成世界旅游强国。"十四五"时期是深入实施科教兴国、旅游强国的关键时期，旅游强国建设离不开高质量旅游人才的有力支撑。因此，全面了解中国旅游人才需求与供给现状，科学预测中国旅游人才需求规模和质量要求，深入探究与旅游业高质量发展相适应的高素质人才培养路径，打造一支与旅游业高质量发展相适应的高素质旅游人才队伍，成为当前学界、业界研究的重大课题。

一　研究背景与研究意义

2017 年 10 月 18 日，在中国共产党第十九次全国代表大会上，习近平总书记郑重宣示："经过长期努力，中国特色社会主义进入了新时代，这是我国发展新的历史方位。"这一重大政治判断，以马克思主义时代观为理论指导，以党的十八大以来全方位的、开创性的成就和深层次、根本性变革为现实根据，实现了马克思主义同中国实际相结合的历史性飞跃。

（一）中国旅游业高质量发展对旅游人才需求规模提出了新要求

随着我国全面建成小康社会工作的持续推进，旅游已成为人民群众日常生活的重要组成部分，旅游业成为提升人民群众品质生活的幸福产业、经济转型升级的重要推动力、生态文明建设重要引领产业、展示国家综合实力的重要载体。自 2012 年以来，中国旅游业发展态势良好，特别是进入新时代中国旅游业发展更加迅猛，国内旅游市场高速增长，出入境旅游市场平稳发展，供给侧结构性改革成效明显（见图 1）。

数据显示，2017 年中国公民出境旅游人数为 13051 万人次，比上年同期增长 7.0%；国内旅游人数为 50.01 亿人次，比上年同期增长 12.8%；出

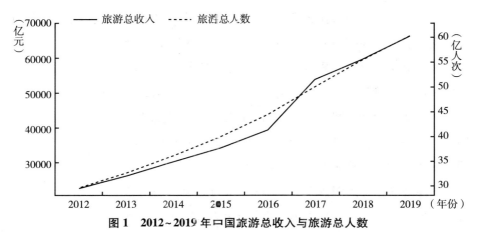

图1　2012~2019年中国旅游总收入与旅游总人数

资料来源：2012~2019年《中华人民共和国国民经济和社会发展统计公报》。

入境旅游总人数为2.7亿人次，比上年同期增长3.7%；全年实现旅游总收入5.40万亿元，增长15.1%。旅游直接就业人数为2825万人，旅游直接和间接就业人数为7990万人，占全国就业总人数的10.28%。[1]《2019中国旅游业发展报告》数据显示，中国旅游业发展迅猛，2018年对全球GDP的综合贡献高达15090亿美元，居世界第二位。[2] 中国旅游研究院发布的数据显示，2019年旅游经济继续保持较快增长。国内旅游市场和出境旅游市场稳步增长，入境旅游市场基础更加稳固。2019年，国内旅游人数为60.06亿人次，比上年同期增长8.4%；出入境旅游人数为3.0亿人次，同比增长3.1%；全年实现旅游总收入6.63万亿元，同比增长11.0%。旅游业对GDP的综合贡献为10.94万亿元，占GDP的11.05%。旅游直接就业人数为2825万人，旅游直接和间接就业人数为7987万人，占全国就业总人数的10.31%。[3]

---

[1] 《2017年全年旅游市场及综合贡献数据报告》，文化和旅游部网站，2018年2月6日，https://zwgk.mct.gov.cn/zfxxgkml/tjxx/202012/t20201204_906468.html。

[2] 王晓芳等编著《2019中国旅游业发展报告》，中国旅游出版社，2019。

[3] 《2019年旅游市场基本情况》，中国旅游研究院（文化和旅游部数据中心）网站，2020年3月10日，http://www.ctaweb.org.cn/cta/gzdt/202103/e42e7b98891c4098ad3da695dc856724.shtml。

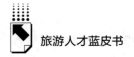
旅游人才蓝皮书

尽管疫情期间旅游业遭到重创，但在政府积极救助和企业自救下，旅游业呈现产业复苏与疫情防控"双推进"、产业智慧化发展步伐加快、国内游定制游成为旅游热点、围绕中心服务大局工作成效显著等特点。2023年国内旅游市场强势复苏。中国旅游研究院发布的《2022年中国旅游经济运行分析与2023年发展预测》显示，预计2023年国内旅游人数为45.5亿人次，同比增长约80%，约恢复至2019年的76%；实现国内旅游收入约4万亿元，同比增长约95%，约恢复至2019年的71%。①

旅游业的新发展对旅游人才的规模需求提出了新要求，院校如何适应旅游业发展的人才需求，培养出一大批产教适配性高的旅游人才成为人才供给侧改革的重要课题。

（二）中国旅游业高质量发展对旅游人才需求质量提出了新要求

近年来，在新一轮科技革命、产业转型升级等因素的叠加影响下，旅游产业智慧化发展速度加快，无接触度假、智能导览、数据监测、无人服务、旅游直播（带货）等成为旅游产业谋发展和安全旅游的新形式。从"旅游+直播"新业态发展情况来看，2020年俨然成为"旅游直播元年"。在数字化技术与供应链的支持下，"旅游直播"打破时空限制，云旅游、跨界直播带货等促使旅游企业创新发展，转型自救。中国旅游研究院调查研究结果显示，21.7%的企业在疫情期间尝试了直播带货，43.4%的企业将微信、抖音、小红书等平台作为主要营销渠道。② 从服务模式来看，旅游景区实名制登记、严格控制线下客流量等要求，倒逼景区升级数字化管理；"无接触服务"带火智能无人酒店；国内周边游、公园野餐叫外卖等推动旅游行业转变运营和服务模式。从旅游新技术来看，"无人服务""虚拟现实""智能导览"已成为各大旅游企业和景区智慧旅游建设的基本要求，以大

---

① 《2022年中国旅游经济运行分析与2023年发展预测》，中国旅游研究院（文化和旅游部数据中心）网站，2023年2月21日，http://www.ctaweb.org.cn/cta/gzdt/202302/87d263c6c80143059ebd91fe3ed430ad.shtml。

② 中国旅游研究院：《中国旅行服务业发展报告（2020）》，2020年11月。

数据、互联网、物联网、人工智能等为代表的新一轮信息技术不断突破，深刻地改变了人们生产、生活及思维方式，也深刻地改变了旅游业的发展格局。

2021年12月国务院印发的《"十四五"旅游业发展规划》指出，进入新发展阶段，旅游业面临高质量发展的新要求。全面建成小康社会后，人民群众旅游消费需求将从低层次向高品质和多样化转变，由注重观光向兼顾观光与休闲度假转变；大众旅游出行和消费偏好发生深刻变化，线上线下旅游产品和服务加速融合；大众旅游时代，旅游业发展成果要为百姓共享，旅游业要充分发挥为民、富民、利民、乐民的积极作用，成为具有显著时代特征的幸福产业。

"十四五"时期，我国将全面进入大众旅游时代，要实现旅游业高质量发展目标，对旅游人才高质量培养也提出新的要求。如何有效地解决旅游人才的供需矛盾，积极探索中国旅游人才高质量培养的新思路、新模式、新举措，有效培养新时代高质量旅游人才，成为当前亟待研究的重要课题。

（三）建设一支与旅游业高质量发展相适应的高素质人才队伍，是新时代中国旅游教育高质量发展的新使命

旅游业的高质量发展与人才队伍的建设息息相关。目前，我国旅游人才队伍有效供给数量不足。尤其是新业态和新技术，如乡村民宿、研学旅行、邮轮游艇、智慧旅游等领域的人才缺口比较大，行业人才需求得不到很好地满足。此外，尽管我国旅游职业教育蓬勃发展，但职业素质和专业能力仍与行业的要求有一定的差距，尤其在师资队伍建设、办学条件提升、产教深度融合等方面亟待加强。

习近平总书记在党的二十大报告中明确指出，教育、科技、人才是全面建设社会主义现代化国家的基础性、战略性支撑。必须坚持科技是第一生产力、人才是第一资源、创新是第一动力，深入实施科教兴国战略、人才强国战略、创新驱动发展战略，开辟发展新领域新赛道，不断塑造发展新动能新

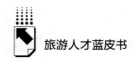
优势。坚持教育优先发展、科技自立自强、人才引领驱动，加快建设教育强国、科技强国、人才强国，坚持为党育人、为国育才，全面提高人才自主培养质量，着力造就拔尖创新人才，聚天下英才而用之。

"十四五"期间，要想实现旅游业高质量发展和旅游强国的目标，就要不断优化旅游相关专业设置，推动专业升级和人才培养模式创新，加大旅游业领军人才、急需紧缺人才和新技术、新业态人才培养力度，建设一支与旅游业高质量发展相适应的高素质人才队伍，是新时代中国旅游教育高质量发展的新使命。

二 旅游人才现状分析

旅游人才是推动旅游业发展的第一资源和要素。旅游人才指旅游人力资源中能力和素质较高，具有一定旅游专业知识、专门技能，能够进行创造性劳动，提供高质量服务，并对旅游业发展做出一定贡献的人。[①] 本报告主要从供给侧和需求侧两个视角对旅游人才现状进行分析。

（一）从供给侧角度来看，旅游学历教育是旅游人才培养的重要途径

从旅游人才培养的学历教育来看，主要包括中专教育、专科教育（高职、高专）、本科教育（普通本科、职业本科）、研究生教育（硕士研究生、博士研究生）。

1. 旅游类专业设置情况

为适应旅游业转型升级和新业态的发展，2021 年新增定制旅行管理与服务、民宿管理与运营、智慧旅游技术应用 3 个旅游类高职专业和旅游规划与设计、烹饪与餐饮管理 2 个职业本科专业，将酒店管理等 8 个中高职专业更名，旨在加强旅游教育供给侧改革，加快旅游类专业升级

---

① 《国家旅游局办公室关于印发"十三五"旅游人才发展规划纲要的通知》，文化和旅游部网站，2017 年 7 月 3 日，https：//zwgk.mct.gov.cn/zfxxgkml/rsxx/rcgl/202012/t20201213_ 919310. html。

和数字化改造，提高旅游人才培养与新时代旅游业高质量发展的匹配度。

根据教育部发布的 2022 年专业目录，中专教育设置 9 个与旅游相关的专业，专科教育设置 21 个与旅游相关的专业，职业本科教育设置 4 个与旅游相关的专业，普通本科教育设置 5 个与旅游相关的专业，研究生教育设置 4 个与旅游相关的专业（见表1）。

表1　2022 年旅游教育专业目录

学历教育类型		专业一级目录	专业二级目录	
			专业代码	专业名称
中专教育	中等职业教育	74 旅游大类 7401 旅游类	740101	旅游服务与管理
			740102	导游服务
			740103	康养休闲旅游服务
			740104	高星级饭店运营与管理
			740105	茶艺与茶营销
			740106	会展服务与管理
		74 旅游大类 7402 餐饮类	740201	中餐烹饪
			740202	西餐烹饪
			740203	中西面点
专科教育	高职高专	54 旅游大类 5401 旅游类	540101	旅游管理
			540102	导游
			540103	旅行社经营与管理
			540104	定制旅行管理与服务
			540105	研学旅行管理与服务
			540106	酒店管理与数字化运营
			540107	民宿管理与运营
			540108	葡萄酒文化与营销
			540109	茶艺与茶文化
			540110	智慧景区开发与管理
			540111	智慧旅游技术应用
			540112	会展策划与管理
			540113	休闲服务与管理

续表

学历教育类型		专业一级目录	专业二级目录	
			专业代码	专业名称
专科教育	高职高专	54 旅游大类 5402 餐饮类	540201	餐饮智能管理
			540202	烹饪工艺与营养
			540203	中西面点工艺
			540204	西式烹饪工艺
			540205	营养配餐
		41 农林牧渔大类 4102 林业类	410210	森林生态旅游与康养
		37 教育与体育大类 5702 语言类	570203	旅游英语
			570207	旅游日语
本科教育	职业本科	34 旅游大类 3401 旅游类	340101	旅游管理
			340102	酒店管理
			340103	旅游规划与设计
		34 旅游大类 3402 餐饮类	340201	烹饪与餐饮管理
	普通本科	12 管理学 （旅游管理类）	120901K	旅游管理
			120902	酒店管理
			120903	会展经济与管理
			120904T	旅游管理与服务教育
		04 教育学 （体育学类）	040212TK	体育旅游
		08 工学 （地质类）	081405T	旅游地学与规划工程
研究生教育	硕士研究生	12 管理学	120203	旅游管理
			1202Z1	饭店管理
			1202Z2	会展管理
			1254（新版）	旅游管理（新版）
	博士研究生	12 管理学 1202 工商管理	120203	旅游管理
			1254（新版）	旅游管理（新版）

　　资料来源：根据《教育部关于公布 2022 年度普通高等学校本科专业备案和审批结果的通知》《教育部关于印发〈职业教育专业目录（2021 年）〉的通知》《国务院学位委员会　教育部关于印发〈研究生教育学科专业目录（2022 年）〉〈研究生教育学科专业目录管理办法〉的通知》等文件编制。

从旅游类专业设置情况可以看出，中、高职旅游教育专业设置较多，细化分类明显，旅游人才培养的专业化、职业化程度要求比较高；本科与研究生旅游教育专业设置较少，且比较宽泛，复合型人才培养的意图更加明显。但是由于高职高专教育设置了旅游管理专业，同时设置了如旅行社经营与管理、定制旅行管理与服务、研学旅行管理与服务等更加细分的旅游管理类专业，在一定程度上造成了专业设置外延与内涵不匹配的问题，专业设置的科学性值得商榷；对于考生和家长来说，他们普遍更愿意报考旅游管理专业，调研表明，他们认为该专业就业面广，找工作更容易。

2. 旅游类专业招生情况

旅游学历教育是我国学历教育的重要组成部分，是随着中国改革开放和旅游业发展而发展起来的。自 1978 年我国第一所旅游类中专学校——江苏省旅游学校（现南京旅游职业学院）和 1979 年我国第一所旅游类高等专科学校——上海旅游高等专科学校诞生至今，随着旅游业的蓬勃发展，我国开设旅游类专业的院校数量增长迅速。数据显示，2010 年全国共有旅游类专业学校 1968 所，在校生 108.64 万人。其中，高等旅游院校及开设旅游系（专业）的普通高等院校有 967 所，比上年末增加 115 所，在校生有 59.61 万人，增加9.77 万人；中等职业学校有 1001 所，比上年末增加 120 所，在校学生有49.03 万人，增加 3.62 万人。[①] 2017 年全国开设旅游类专业的院校共 2641所，其中，普通高等院校有 608 所，博士研究生招生人数为 336 人，硕士研究生招生人数为 2832 人，本科专业招生人数为 5.9 万人；高职院校有 1086所，共招生 11.3 万人；中职院校有 947 所，共招生 10.2 万人（见表 2）。[②]

近年来，随着旅游业快速发展和旅游新业态的不断涌现，旅游类专业招生规模持续扩大。数据显示，2019 年中职旅游类专业招生人数达 10.39 万人，且主要集中在高星级饭店运营与管理、旅游服务与管理两大专业，导游

---

① 《2010 年中国旅游业统计公报》，文化和旅游部网站，2012 年 8 月 7 日，https://zwgk.mct.gov.cn/zfxxgkml/tjxx/202012/20201215_919580.html。

② 《2017 年中国旅游业统计公报》，文化和旅游部网站，2018 年 4 月 20 日，https://whhlyt.nx.gov.cn/xxfb/pxksxx/201804/t20180420_3641975.html。

服务、景区服务与管理、会展服务与管理等专业招生数量较少；与此同时，随着旅游新业态的不断涌现，开设康养休闲旅游服务等专业的院校增多（见表3和表4）。

表2 2017年开设旅游类专业院校及招生情况

开设旅游类专业的院校	类型	招生类型	招生人数	招生人数排前3位的专业
2641所	普通高等院校（608所）	博士	336人	旅游管理
		硕士	2832人	旅游管理
		本科	5.9万人	旅游管理、酒店管理
	高职院校（1086所）	高职	11.3万人	旅游管理、酒店管理、会展策划与管理
	中职院校（947所）	中职	10.2万人	旅游服务与管理、高星级饭店运营与管理、导游服务

表3 2017~2019年中职旅游类专业招生情况

单位：人

专业名称	2017年	2018年	2019年
高星级饭店运营与管理	20020	21508	28298
旅游服务与管理	45546	46596	72008
旅游外语	540	323	955
导游服务	1011	1271	1755
景区服务与管理	170	226	456
会展服务与管理	129	316	389
康养休闲旅游服务	—	—	29
其他:餐饮艺术与管理	—	—	30
其他:茶艺与茶营销	—	—	12
合计	67416	70240	103932

资料来源：全国旅游职业教育教学指导委员会《全国职业院校旅游大类专业目录建设情况调研报告》。

表4　2017~2020年开设旅游类专业的中职学校数量

单位：所

专业名称	2017年	2018年	2019年	2020年
高星级饭店运营与管理	683	715	881	893
旅游服务与管理	1052	1149	1460	1471
旅游外语	35	37	41	41
导游服务	74	79	104	107
景区服务与管理	20	27	36	39
会展服务与管理	26	30	35	34
康养休闲旅游服务	/	/	3	33
其他:餐饮艺术与管理	/	/	1	2
其他:茶艺与茶营销	/	/	5	26

资料来源：全国旅游职业教育教学指导委员会《全国职业院校旅游大类专业目录建设情况调研报告》。

课题组①采集各省2021年的高考招生数据，其中高职专业涉及24个省（区、市），本科专业涉及30个省（区、市）。通过对采集数据进行整理分析，2021年本专科旅游类专业招生人数合计为128907人。其中，2021年24个省（区、市）开设旅游相关专业的高职高专院校的招生数量为83086人（见图2），相比2020年招生规模有所减小；生源输出排名前3位的省（区）分别为河南、广西和四川，其中河南的高职旅游类生源达16503人，比2020年增加5752人。30个省（区、市）开设旅游相关专业的本科院校的招生数量为52820人（见图3），生源输出排名前3位的省分别为河南、贵州和广东，其中河南的旅游类本科生源达5240人。

24个省（区、市）的招生数据显示，2021年旅游类高职专业招生人数排名前三的专业分别是旅游管理、酒店管理与数字化运营、烹饪工艺与营养，招生人数分别为29813人、26364人和8796人，如图4所示。招生数据显示，2021年30个省（区、市）本科旅游类的旅游管理和酒店管理2个专业的招生人数分别为35099人和11252人，如图5所示。

---

① 课题组为江苏高校哲学社会科学重点研究基地（新时代应用型旅游人才研究中心）旅游人才供给与需求研究项目组，研究成员主要有操阳、苏炜、王新宇、张晓玲、张骏、马卫、崔英方。

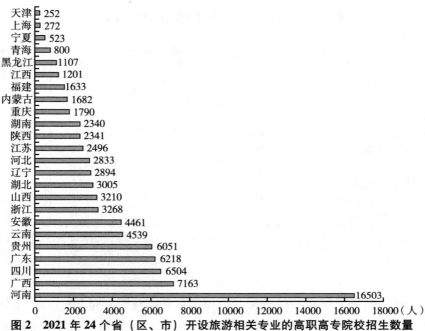

图2　2021年24个省（区、市）开设旅游相关专业的高职高专院校招生数量

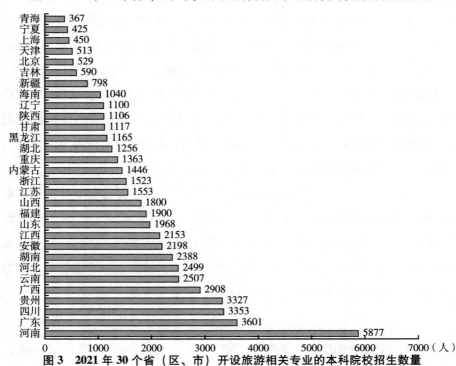

图3　2021年30省（区、市）开设旅游相关专业的本科院校招生数量

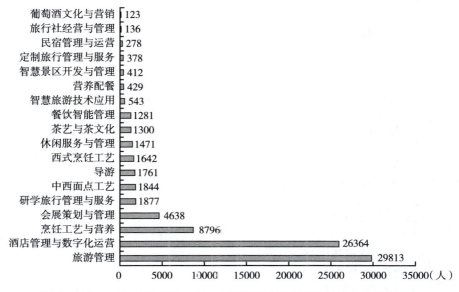

图4 2021年24个省（区、市）高职高专院校旅游类相关专业招生情况

（二）从需求侧角度来看，旅游企业员工流失率高和招聘难现象并存

自2020年以来，受新冠疫情影响，旅游业整体业绩下滑，旅游企业员工流失率上升，企业用工人数大幅减少。2022年，国内旅游业开始快速复苏，高职高专学历旅游人才成为旅游企业招聘的主要对象，由于旅游企业员工工资水平普遍偏低等原因，员工流失率上升。由于对高素质创新型、复合型旅游人才需求增大，旅游企业在一定程度上面临招聘难的困境。

1. 高职高专学历旅游人才成为旅游企业招聘的主要对象

课题组采用爬虫技术对在51job、智联招聘、58同城、最佳东方等主流招聘平台抓取的2021年数据进行分析，发现高职学历旅游人才仍是各旅游企业招聘的主要对象，占所有招聘岗位的53.01%。只有10.89%的岗位要求本科学历，0.04%的岗位要求研究生学历（见图6）。

从不同地区旅游企业对学历的需求情况来看，旅游企业对高职学历需求

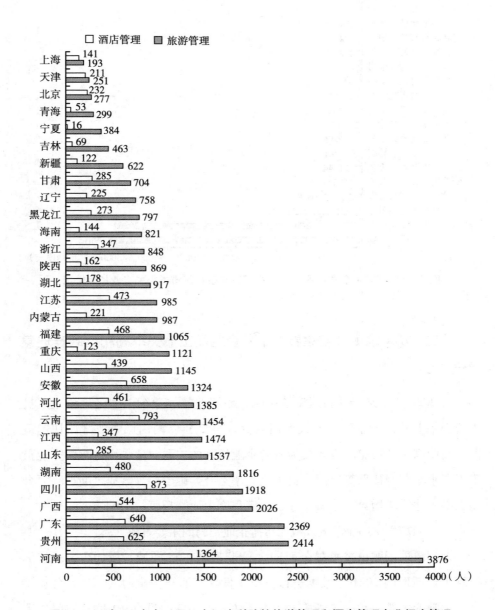

图5 2021年30个省（区、市）本科院校旅游管理和酒店管理专业招生情况

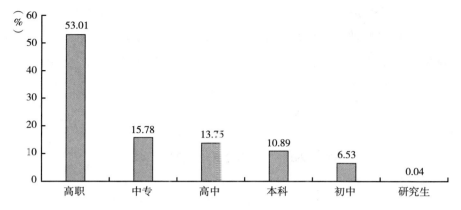

图 6   2021 年旅游企业员工招聘学历结构

最大，其中江苏达 65.34%，浙江达 52.40%，陕西达 61.96%，均超过全国平均水平。在对本科学历员工的招聘需求中，北京相对较高，33.79% 的旅游企业有本科学历员工需求。只有北京等少数省份的旅游企业有研究生学历的员工需求。河南旅游企业对中专或高中学历的员工需求最高，有 39.05% 的旅游企业有中专或高中学历的员工需求，只有 2.55% 的旅游企业有本科学历员工需求（见图 7）。

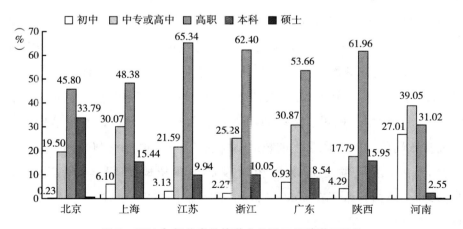

图 7   2021 年部分省份旅游企业员工招聘学历结构

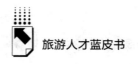

2. 员工工资水平普遍偏低等原因导致旅游企业员工流失率上升

自 2018 年以来，课题组对 400 多家旅游企业持续跟踪调研发现，旅游企业员工流失率相对较高，且企业员工流失率呈上升趋势，数据显示，2018~2022 年分别有 38.86%、22.50%、27.85%、45.19%、47.44% 的被调研旅游企业员工流失率在 20% 及以上（见表 5）。

表 5　2018~2022 年旅游企业员工流失率

单位：%

年　份	10% 以下	10(含)%~20%	20(含)%~30%	30% 及以上
2018	31.28	29.86	24.64	14.22
2019	37.50	40.00	16.25	6.25
2020	35.01	37.14	21.22	6.63
2021	28.85	25.96	29.81	15.38
2022	7.96	44.60	30.68	16.76

尽管旅游企业人工成本占企业总成本的比重相对较高，但旅游企业员工工资水平普遍较低。2021 年课题组对 312 家旅游企业进行调研，结果显示，47.12% 被调研企业的一线员工平均月薪在 4000 元以下，管理层中，也仅有 39.42% 企业的主管平均月薪水平能达到 6000 元以上，部门经理收入有所提升，31.73% 的企业部门经理平均月薪在 8000~10000元，39.42% 的企业部门经理平均月薪超过 1 万元。此外，课题组通过对 51job、智联招聘、58 同城、最佳东方等 4 个主流招聘平台中北京、上海、广州、深圳、杭州、南京的招聘薪资数据进行分析，发现这些城市的大多数岗位针对高职学生的招聘薪资在 4000（含）~8000 元，且这几个城市中，深圳的工资水平相对较高，在招聘高职学历的学生时 34.93% 企业招聘薪资在 6000（含）~8000 元，18.69% 的企业招聘薪资超过 12000 元（见图 8）。

在员工流失原因方面，2021 年课题组调研发现，排除其他，工资待遇、职业压力和员工发展与培训是前 3 位因素（见图 9）。其中，62.50% 的被调

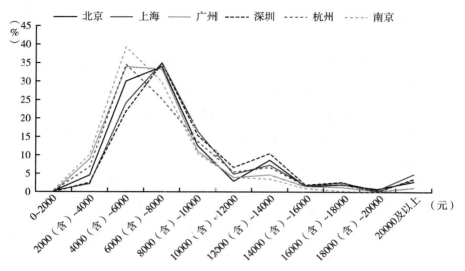

图8　2021年典型城市旅游企业针对高职学生的招聘薪资待遇

研企业认为工资待遇低是行业员工流失率高的重要原因，这也与行业实际状况相符。根据智联招聘发布的《2021年春季求职期行业平均薪酬排行榜》，在被调研的51个行业中，酒店/餐饮以7251元/月的薪酬水平位于排行榜最后一名，旅游企业以7822元/月的薪酬水平位于排行榜第44名。①

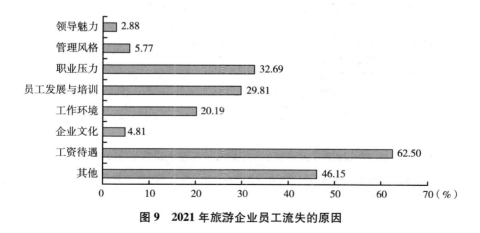

图9　2021年旅游企业员工流失的原因

---

① 智联招聘：《2021年春季求职期行业平均薪酬排行榜》，2021年6月15日。

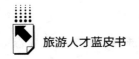
3. 旅游企业人员招聘和晋升时，更加重视具备旅游软技能的创新型、复合型人才

近年来，课题组对旅游企业持续跟踪调研显示，在招聘应届毕业生时，企业最看重的是服务意识、吃苦耐劳、团队意识、沟通协调能力、抗压耐挫等；职业技能证书、毕业院校等企业不太看重。可见，企业更加关注招聘人员的软技能，企业普遍希望能招聘到更多创新型、复合型旅游人才（见图10~12）。

2021年课题组对312家企业开展调研，在员工晋升时需要的素养方面，被调研企业普遍认为职业道德（67.31%）、服务意识（61.54%）、管理水平（56.73%）、专业知识（54.81%）、思维与视野（53.85%）和忠诚度（53.85%）等是比较重要的方面（见图13）。

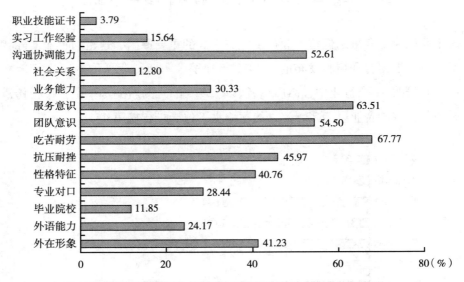

图10　2018年被调研企业招聘应届毕业生最看重的因素

资料来源：全国旅游职业教育教学指导委员会主编《基于职业教育视角的中国旅游人才供给与需求研究报告（2018）》，旅游教育出版社，2019。

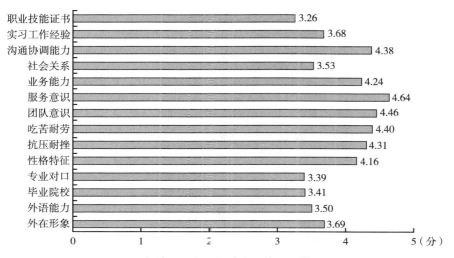

图 11　2019 年被调研企业招聘应届毕业生最看重的因素

说明：根据旅游企业对各项指标的赋分值，赋分标准为 5 分表示非常重要，4 分表示较重要，3 分表示一般重要，2 分表示不重要，1 分表示很不重要。

资料来源：全国旅游职业教育教学指导委员会主编《基于职业教育视角的中国旅游人才供给与需求研究报告（2019）》，旅游教育出版社，2020。

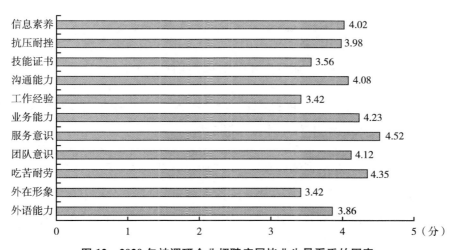

图 12　2020 年被调研企业招聘应届毕业生最看重的因素

说明：根据旅游企业对各项指标的赋分值，赋分标准为 5 分表示非常重要，4 分表示较重要，3 分表示一般重要，2 分表示不重要，1 分表示很不重要。

资料来源：全国旅游职业教育教学指导委员会主编《基于职业教育视角的中国旅游人才供给与需求研究报告（2020）》，旅游教育出版社，2021。

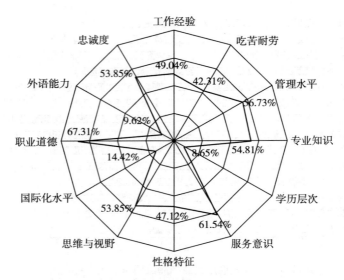

图 13　2021 年被调研旅游企业对员工晋升的素质要求

三　旅游人才问题分析

自 2020 年以来，旅游企业用工数量明显减少，旅游类专业学生就业压力明显增大，更加凸显了旅游人才供需的结构性矛盾。

（一）旅游人才培养供给与旅游企业人才需求结构性矛盾依然突出，旅游新技术、新业态人才需求缺口较大

近年来旅游行业呈现诸多新特点。"旅游直播+带货模式""云游""沉浸式体验"等成为推动旅游行业复苏的新的重要引擎，微视频等线上宣传成为影响游客消费的重要渠道；"旅游+""+旅游"等旅游新业态的发展潜力加速释放；"无人服务""虚拟现实""智能导览""数据监测"成为各大旅游企业和景区智慧旅游建设的基本要求；国内休闲度假旅游市场需求容量庞大且增长潜力巨大；极富地域色彩的旅游文化产品越来越受游客青睐，健康旅游、生态休闲游、养生旅游和体育旅游成为新的旅游消费方式；人工智

能技术的使用致使人力资源成本减少，进而导致传统旅游从业者生存空间不断被挤压。旅游企业对数字化、科技型、创新型、复合型人才的需求日益增加。而目前旅游职业教育人才培养以传统的酒店管理、旅游管理等专业为主，旅游教育供需结构性矛盾依旧突出，旅游教育人才供给如何有效满足新时代旅游业高质量发展对数字化、专业化、国际化、科技型、创新型、复合型旅游人才的需求，成为亟待破解的难题。

（二）旅游教育产教融合不深，专业链对接产业链发展滞后

大数据时代，新兴旅游企业不断涌现，游客对旅游的定位以及旅游产业自身的定位发生改变，这些变化给旅游教育改革和专业设置优化等方面提出了新的要求。课题组调研结果显示，近年来，院校在产教融合方面做得还不够，校企合作大多停留在"提供实习基地"，校企双元育人体制机制尚未建立。如2021年，国家发展改革委办公厅、教育部办公厅印发《关于印发产教融合型企业和产教融合试点城市名单的通知》，认定了63家产教融合型企业，这些企业主要集中在机械装备、能源化工、交通运输等传统产业，信息技术、生物医药、航空航天等战略性新兴产业，以及社会急需的养老等生活性服务业，未涉及旅游产业。同时，旅游类招生专业结构总体变化不大，以旅游管理、酒店管理等传统专业为主，而围绕旅游新技术、新业态等开设新专业的院校相对较少，专业师资队伍薄弱，专业链对接产业链发展滞后。课题组预测结果显示，民宿业需求增长较快，急需民宿管理与运营人才；随着智慧旅游景区、数字化博物馆、数字化展览馆加快建设，急需一大批智慧旅游技术应用人才。因此，需要持续深化旅游教育人才培养供给侧改革，深化产教融合、校企合作。

（三）旅游人才就业对口率较低，毕业生就业难

近年来，院校"科班出身"的旅游专业人才就业形势并不乐观。2021年课题组对开设旅游专业的45所招收研究生的院校、87所普通本科

院校、2所职教本科院校、116所高职高专院校、32所中等职业院校开展调研。调研数据显示，以职业院校为例，有28.96%的院校表示旅游管理专业就业率较高，该专业就业率在91%以上，但是就业对口率仅为30.3%。虽然有25.32%的院校表示酒店管理与数字化运营专业就业率较高，该专业就业率在97.5%以上，就业对口率为63.8%，但是酒店员工流失率较高。由于疫情对旅游业的持续影响，旅行社门店大量关闭，从业人员大幅缩减。数据显示，截至2020年底，全国旅行社直接从业人数比2019年底减少9.3万人，2021年旅行社人员流失情况仍不容乐观。[①] 旅行社类上市公司，如凯撒旅业、众信旅游等未能扭转亏损现状，2021年前三季度分别净亏损2.6亿元和2.3亿元。塞尚国旅、康庄国旅、明珠国际等多家新三板旅行社也在持续亏损。[②] 课题组对旅游企业人力资源负责人调研的结果显示，很多旅游从业人员收入受到较大影响，对旅游业也持悲观预期，不少员工选择离开旅游行业，也有不少旅游企业裁员，加剧了旅游类专业毕业生"就业难"的问题。

四 旅游人才高质量发展的对策建议

（一）政府层面

1. 加强推动旅游产业和旅游教育发展的科学研究

调研发现，对旅游业发展及旅游教育高质量发展的科学研究不够是导致旅游职教人才供需结构性矛盾长期存在的主要原因之一。《"十四五"旅游业发展规划》明确提出，要推动事关旅游业发展的重大现实问题、热点问题和难点问题研究，加强基础理论研究，加快构建以人民为中心的新时代旅

---

① 赵垒、张宇：《主动求变 坚韧前行——2021年旅行社业年终盘点》，《中国旅游报》2022年1月6日。

② 吴丽云、阎芷歆：《生存与发展：2021年旅行社发展回顾与展望》，《中国旅游报》2022年1月9日。

游业发展理论体系。因此，建议政府主管部门高度重视，积极引导，持续加强对旅游产业、旅游教育发展态势等规律性的科学研究工作。主要包括政策研究、行业发展研究、旅游教育教学创新发展研究等，促进旅游教育与旅游产业发展良性互动。如加强旅游行业发展研究，建立产业人才数据平台，预判行业发展趋势，定期发布行业发展情况与人才需求数据研究报告；加强旅游教育人才供需研究，分析研究本行业最新职业岗位变化和人才需求情况，科学预测行业人力资源需求、就业形势，定期发布人才供需预测报告等，促进旅游类专业人才培养与旅游产业人才需求精准对接。

2. 优化旅游相关专业目录设置，推动专业升级和旅游人才培养供给侧改革

顺应新一轮科技革命和旅游产业转型升级，主动服务旅游产业高质量发展需要，遵循教育规律和人才成长规律，定期修订专业目录，出台相关政策，鼓励院校根据区域旅游经济的发展实际，优化旅游类专业设置，调整专业结构，特别是鼓励开设契合旅游新业态发展的新专业。同时，出台深化办学体制、管理体制改革的政策和文件，推动院校人才培养体制的供给侧改革，加大对旅游业领军人才、急需紧缺人才和新技术、新业态人才培养力度，打造一支与旅游业发展相适应的高素质人才队伍。

3. 深化"放管服"改革，激发院校专业办学活力

近年来，国家高度重视教育改革，在专业设置、引人用人、职称评审、薪酬分配、经费使用等方面，进一步向地方和院校放权，让学校拥有更大的办学自主权。但是在影响院校发展的深层次问题上，即办学的去行政化上，真正赋予院校办学自主权的问题一直没有从根本上得到解决。如在教师编制、人事管理、干部选用等方面下放的办学自主权有限，院校办学积极性受到影响。据此，提出以下几点建议。第一，加强院校的用人自主权，优化院校改革发展环境。赋予院校制定符合区域旅游经济发展和旅游人才培养要求的教师准入和退出制度，不断激发院校专业办学活力。第二，继续推动各级政府由"办"职业教育向"管理与服务"转变，减少不必要的行政审批和干预，减少对学校微观事务的管理，减少不必要的评估、检查活动，减少对学校正常教育教学秩序的干扰，让院校沉下心来抓

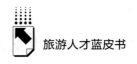

内涵建设，提升办学质量。

4. 推进旅游职业教育纵向贯通，加快现代旅游职业教育体系建设

2022 年 4 月新修订的《中华人民共和国职业教育法》明确提出："国家建立健全适应经济社会发展需要，产教深度融合，职业学校教育和职业培训并重，职业教育与普通教育相互融通，不同层次职业教育有效贯通，服务全民终身学习的现代职业教育体系。""职业学校教育分为中等职业学校教育、高等职业学校教育。高等职业学校教育由专科、本科及以上教育层次的高等职业学校和普通高等学校实施。根据高等职业学校设置制度规定，将符合条件的技师学院纳入高等职业学校序列。"据此提出以下几点建议。首先，强化顶层设计，明确不同类型职业教育的办学定位、发展路径、培养目标、培养方式、办学体制，引导学校在内涵上下功夫，提升办学质量。其次，健全中职、专科、本科及以上教育层次有机衔接的国家职业教育标准体系，如专业教学标准、课程标准、师资标准、实习实训标准、毕业设计标准等。最后，加快出台发展旅游类职业本科教育政策文件，鼓励有实力有条件的高职院校开展旅游类职教本科工作。通过政府统筹，整合职业教育资源，逐步形成中等职业学校、专科高等职业院校、本科应用技术型高等院校、高等院校专业学位研究生教育模式等定位清晰、结构布局合理的现代旅游职业学校教育新体系。

（二）行业企业层面

充分发挥行业、企业的育人作用，深化产教融合，培养适应和引领现代旅游产业发展的高素质的数字化、专业化、国际化、科技型、创新型、复合型人才，是实现我国旅游产业及旅游企业高质量发展，实现旅游强国目标的重要支撑。

1. 坚持"以人为本"的理念，加强人力资源管理，优化企业育人、留人环境

调研结果显示，旅游企业员工流失率长期偏高，员工工资水平低、培训制度不完善等是导致员工离职的主要原因。人员的频繁流动使企业更加不愿意加大对员工的投入，从而形成旅游企业人力资源管理的恶性循环。据此提出以下几点建议。首先，旅游企业应坚持"以人为本"的理念，高度重视人、人才的价值。随着新一轮科技革命和产业变革，旅游企业也将从传统的劳动密集型向知识密集型转变，人力资本将成为企业转型发展的重要支撑，旅游人才是旅游企业高质量发展的第一资源。其次，旅游企业应运用现代管理理念，科学构建选人、用人、留人的体制和机制。如有的企业对优秀员工、有突出贡献的员工授予一定比例的股权，使人才愿意在旅游行业内沉淀下来，愿意在企业中沉淀下来；有的企业建立了优秀员工晋升和发展的通道，使他们不断超越自我，不断追求自我价值的实现，为企业发展做出贡献。最后，建立校企"双元育人"的体制机制，积极探索校企协同育人的新模式，校企共商人才培养方案、课程体系，共建师资队伍、实践基地，共同开发教材、课程和实训项目，实现校企合作共赢。

2. 积极贯彻落实《"十四五"旅游业发展规划》《"十四五"文化和旅游发展规划》等文件精神，加快企业转型升级发展，推进旅游业高质量发展，为毕业生创造更多就业机会

旅游业是我国国民经济战略性支柱产业、五大幸福产业之首和"未来产业"。旅游企业应坚定信心，以改革创新为动力，积极参与国家和地方"十四五"文化和旅游发展规划项目，充分利用互联网技术、智慧旅游技术等整合旅游资源，创新旅游业态，加速线上线下文旅产品与服务融合，创新旅游产品及衍生品，依法依规利用大数据等手段创新营销方式，提高旅游营销传播的针对性和有效性，满足旅游消费者多层次、多样化、特色化、高品质的需求，促进旅游业高质量发展，充分释放旅游业"一业兴、百业旺"的乘数效应，创造更多就业创业机会。同时，旅游企业还要制订人才培养计划，为企业可持续发展提供人力支撑。例如，无锡拈花湾文化投资发展有限公司通过制订人才开发计划——"瞪羚计划"，建设人才梯队。其中，公司推出了"MT-100助跑计划"，主要针对从各大院校招收的

管理培训生，为公司发展储备人才。

3.**充分发挥旅游职业教育教学指导委员会、旅游行业协会等组织的作用，搭建旅游校企资源对接平台、大学生就业创业平台，助力旅游行业和旅游教育高质量发展**

建议各地旅游职业教育教学指导委员会充分整合校企资源，通过搭建校企资源对接平台、创新创业平台、产学研平台等，推动产教融合、校企合作向纵深发展，进一步加强院校之间、校企之间、业界与学界之间的交流与合作，促进旅游职业教育教学资源整合和改革创新。建议各地旅游行业协会立足区域文旅产业发展实际，积极搭建政校企行沟通交流的大平台，特别是旅游企业用人需求平台，促进院校旅游人才培养创新改革，加强信息交流、互动合作、资源互补，促进旅游行业企业与院校深度合作、良性发展。

（三）院校层面

培养适应和引领现代旅游业发展的高素质旅游人才，是旅游教育支撑旅游业高质量发展的必然要求，也是推动高校旅游类专业高质量发展的重要举措。作为旅游人才培养主阵地的高校要充分认清形势，厘清人才培养工作的重点和难点，通过追踪旅游业发展现状，紧密对接旅游业人才需求，动态调整和优化专业结构，深化教育教学改革和创新，提高旅游人才培养质量，促进中国旅游业高质量发展。

1.**对接旅游业发展实际，准确把脉旅游人才需求规模和质量**

课题组调研发现，院校对旅游业发展研究、政策研究、技能跟踪研究不够，对旅游业发展的重大现实问题、热点问题和难点问题关注不够，导致人才培养与旅游业发展的契合度不高，在一定程度上加剧了人才培养供需结构性矛盾。据此提出以下几点建议。首先，应加强对新时代旅游产业发展及变革、旅游产业政策、旅游新技术新技能等方面的研究，每年定期开展行业企业用人需求调研，了解旅游企业的岗位变化和规格要求，科学预测区域旅游经济发展态势和人力资源需求、就业形势。其次，对接旅游产业发展，适时调整优化专业结构　建立旅游人才供需适配长效机制。人才培养的周期性、供需适配性等要求高校必须根据旅游人才培养的服务区域面向，实时关注旅游产业发展动态变化，深入开展专业调研，充分了解旅游产业发展趋势以及对旅游人才需求的规模和质量，并结合本校发展实际和办学特色，动态调整和优化专业结构，建立并形成旅游类专业建设与人才培养供需匹配的良性发展机制。"十四五"期间，随着旅游产业转型升级，"互联网+旅游"、智慧旅游快速发展，旅游新技术开发、旅游新技术应用、数字化旅游营销、智慧旅游管理等方面的专业人才供需缺口较大。因此，加强对旅游新技术开发与应用，以及智慧旅游营销、管理等专业建设和人才培养迫在眉睫。

2. **深化教育教学改革，加大对数字化、专业化、国际化、科技型、创新型、复合型人才的培养力度，提高人才培养质量**

明确人才培养定位和就业服务面向，深化教学内容、教材、教学方式方法、教学模式等创新改革，注重将旅游新知识、新技术、新标准、新方法、新规范等融入教育教学，同时将思想政治教育、旅游人文知识等融入教育教学，发挥文旅融合、以文化人的作用。此外，旅游业作为一个综合型产业，其产业生态链较长，随着近年来旅游业结构性调整、产业转型升级，复合型旅游人才的需求规模进一步扩大，专业型旅游人才的市场需求进一步增加[①]，要求院校动态优化本校旅游类专业结构和人才培养目标，科学制定和修订旅游人才培养方案和课程体系，促进旅游类专业人才培养与旅游业人才需求精准对接，提升学生的就业竞争力。

3. **深化产教融合、校企合作，创新产教协同育人模式，提高旅游人才供给与需求的适配性**

深化产教融合是高校教育教学改革的方向，也是提高旅游企业与旅游人才培养的供需适配性，解决旅游人才供需结构性矛盾，提高旅游人才培养质

---

① 《又是一年毕业季：就业难，招聘难，难在哪?》，腾讯网，2021年7月5日，https://xw.qq.com/cmsid/20210705A03JDR00。

量的必由之路。据此提出以下几点建议。首先，从战略层面高度重视产教融合、校企合作。应将这项工作纳入本单位发展规划，充分发挥高校与地方政府、行业协会、企业机构等双方或多方办学主体的作用，整合校企资源，推动共建、共管、共享、共育的产教协同育人机制和体制建设。此外，有条件的院校可以与旅游企业共同探索混合所有制改革，旅游企业以资本、技术、管理等方式依法参与办学并享有相应权利，进一步深化产教融合。其次，从战术层面高度重视产教融合、校企合作。在管理方式创新性、政策制度保障性、预算资金到位性、策略举措落地性等方面下功夫，通过共建现代产业学院、产教融合企业、产教融合学院、产教融合基地、产教融合协同创新中心、产教融合实验室、产教融合教研室、产教融合教学团队、产教融合科研团队等方式，深化校企在专业设置、专业建设、教学标准建设、课程建设、教材建设、科技开发、社会培训、实验实训、创新创业、文化传承等方面的一体化建设，最大限度以产助学、以研促产，学训结合、训创融合，形成一个完整的"产教融合、校企合作"逻辑链，不断深化供给侧改革，不断提升学校服务地方经济社会发展的能力，助推旅游企业和当地旅游经济可持续发展。

4. 进一步强化"双师"队伍建设，着力建设一支"德技双馨"的高素质教育教学和管理队伍

师资队伍是影响学校发展、教育教学改革创新和人才培养质量的关键要素，据此提出以下几点建议。第一，认真贯彻落实国家关于教师队伍建设的政策文件，提高新时代教师素质和水平。2020年12月，教育部等6部门发布《关于加强新时代高校教师队伍建设改革的指导意见》，2021年7月教育部、财政部联合印发《关于实施职业院校教师素质提高计划（2021—2025年）的通知》，这些政策文件指出新时代教师队伍建设应以习近平新时代中国特色社会主义思想为指导，落实立德树人根本任务，强化提升教师的思想政治素质，加强师德师风建设，提高教师专业素质和教育教学能力，推动教育高质量发展。第二，应建立健全教师队伍"遴选、引进、聘用、考评、培养、留住"等体制和机制，建立健全激发教师科教研创工作动能以及促进教师个人和团队成长的政策、制度和路径，建设一支师德高尚、业务能力精湛、专兼结合的高水平、高素质创新型教师队伍。同时，职业院校和应用型本科院校应加强"双师型"队伍建设，结合区域旅游经济发展和本校实际，设计"双师型"教师评判标准。建立职教教师持证上岗制度，形成合力，协同推进职业教育"双师型"教师队伍建设目标的整体落实。第三，设置校企双元教师工作站，促进院校和企业互动交流，强化对院校专任教师和企业兼职教师的教育培训，及时更新教师的知识技能体系，提高专任教师的实践教学能力和企业兼职教师的教学能力。

5. 走国际化办学之路，积极打造具有中国特色的教育品牌

旅游业发展更需要具有国际视野、通晓国际规则、具备处理国际事务能力并能熟练应用国际化语言的高素质复合型人才，据此提出以下几点建议。首先，向旅游教育强国学习，如学习借鉴美国"康奈尔模式"、瑞士"洛桑模式"、德国"双元模式"、澳大利亚"TAFE 模式"等先进的旅游人才培养模式，改变传统的教学模式，注重理论知识与实操技能的有效结合，注重教学方法的多样性及考核的权威性，培养学生的双创能力，提高旅游人才培养的针对性和有效性，更好地满足我国旅游业发展的需要。其次，加强国际交流合作，培养具有国际竞争力的旅游人才。院校可根据本研究构建的国际化旅游人才胜任力模型，从外语语言沟通能力、多元文化适应能力、国际旅游实践能力以及创新驱动发展能力四个维度制定国际化旅游人才培养方案和课程体系，通过多方协作，努力培养数字化、专业化、国际化、科技型、创新型、复合型旅游人才。最后，院校应积极加强与国际高水平职业教育机构和组织的合作，开展学术研究、标准研制、人员交流；开展专业领军人才、学术带头人、骨干教师、教师教学创新团队等人才境外培训和交流；积极探索"中文+职业技能"的国际化发展模式，推动中国教育、专业标准、课程标准、课程资源"走出去"，打造具有中国特色的教育品牌，培养更多优秀的国际化旅游人才。

综合篇

B.2
旅游人才需求规模预测与质量
规格分析技术报告

王新宇　张晓玲　操　阳　钟栎娜*

摘　要：　　本报告在对旅游人才需求与质量规格概念界定的基础上，基于预测学理论，采用文献法梳理了目前人才需求规模预测的主要理论和方法。通过研究发现，灰色 GM（1，1）模型和 Elman 神经网络模型是人才需求规模预测的科学有效的方法；基于能力本位教育理论和扎根理论，采用网络爬虫和文本挖掘技术获得数据，利用德尔菲法以及鱼骨分析等方法，构建了包括 2 个一级指标、14 个二级指标的旅游人才质量词典指标体系。灰色 GM（1，1）模型、Elman 神经网络模型和构建的旅游人才质量词典指标体系为后续旅游人才需求规模预测和质量规格研究提供科学的技术和方法。

---

* 王新宇，南京旅游职业学院副教授，主要研究方向为智慧旅游、信息技术等；张晓玲，南京旅游职业学院副教授，主要研究方向为最优化、旅游统计、职业教育；操阳，管理学博士，南京旅游职业学院党委副书记、院长，三级教授，主要研究方向为职业教育、旅游营销、企业管理等；钟栎娜，博士，教授，北京第二外国语学院大数据研究院执行院长，主要研究方向为智慧旅游、旅游大数据等。

关键词： 旅游人才 灰色 GM（1，1）模型 Elman 神经网络模型 旅游人才质量词典

一 旅游人才需求规模与质量规格的概念界定

（一）旅游人才需求规模的概念界定

1. 人才需求

人才需求是指某一个社会历史时期各行业对人才数量、人才能力结构的需求。[①] 对于人才市场而言，人才需求指人才价格与有支付能力的需求量之间的关系；对人才使用单位而言，人才需求则是指用人单位在一定时期内在各种可能的价格水平上愿意并且有这种支付能力而聘用到的人才数量或人才的工作时间。[②]

2. 人才需求规模

人才需求规模即人才需求量，是指根据经济和社会发展预测的目标年度社会整体对人才的需求数量，是推算目标年度人才需要补充数量的重要依据。在一般情况下，它与人才的历史状态无关，只与目标年度的社会发展、经济发展、科技发展和企事业发展的需求有关。与人才需求量有关的指标包括人数、职称、学历、专业等。[③]

3. 旅游人才需求规模

依据不同的标准，可以对人才需求进行不同的分类，如地域、行业、企业性质等，本研究从人才需求的行业角度重点研究旅游业人才需求规模。本研究中的旅游人才需求规模指在一段时间内，旅游企业可以提供的岗位数量。

---

① 熊晓熙：《人才需求与专业建设关系的研究》，长沙理工大学，硕士学位论文，2012，第 6 页。
② 赵永乐等：《人才市场新论》，蓝天出版社，2005，第 135 页。
③ 黄运武主编《现代企业制度大辞典》，武汉工业大学出版社，2001，第 493 页。

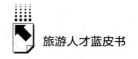

（二）旅游人才质量规格的概念界定

1. 旅游人才质量

本研究的人才质量，即人才培养质量。国家对高等教育人才培养质量的最低要求包含两个层面：一是学历学位标准，二是学科专业标准。两者是上下位关系。[1] 学历学位标准，是从纵向维度、由不同"层次"和横向维度"类型"构成的质量标准体系。[2] 本报告的旅游人才质量研究是依据横向维度"类型"的质量标准体系，主要包含旅游类人才具备的知识、能力及综合素质。

2. 旅游人才质量规格

旅游人才质量规格是对旅游人才所要达到的知识、能力等要求的条目性规定，即人才满足旅游类岗位应具备什么样的素质和能力、储备什么样的知识、承担什么样的责任，是旅游岗位对人才所具备的个人素质和综合职业能力的最低要求。

二 需求规模预测理论模型、计算工具及数据来源

（一）相关理论与方法

1. 相关研究理论

预测学或称未来学，是指在收集、总结、分析事件已有规律，通过开发、构建数据模型和程序，对未来事件发展进行定性及定量推测的综合性科学。[3]

人才需求预测是预测学科分支，是人力资源战略规划中的一个重要环节，

---

[1] 上下位关系是语言学概念，指词语之间语义上的包含与被包含关系，是逻辑学上的属/种关系，是概念外延间的一种关系，即反映大类的概念与反映该大类下某一小类的概念之间的关系。如"笔"与"钢笔"，"学校"与"大学"。

[2] 孟凡芹：《高等教育人才培养质量标准体系》，科学出版社，2019，第83页。

[3] 苏全有、张超：《预测学与史学研究》，《大连大学学报》2013年第1期，第21~26页。

是做好人才布局、规划的基础。人才需求预测指在总结已有现象及数据资料的基础上，分析人才发展的规律，再根据未来经济、社会、环境、文化、科技发展趋势，通过科学的预测方法，预测未来一段时间内某一特定区域人才需求的数量。有效的人才需求预测，可以为决策提供有力的支撑，更好地指导人才队伍建设。[①] 人才需求预测包含实际资料、人力资源管理理论和数学模型三个要素，其中，实际资料是预测的依据，人力资源管理理论是预测的基础，数学模型是预测的手段。从知网检索的情况来看，自徐子远[②]在《上海高教研究》写下《人才预测方法和技术》以来，共计有 130 篇与人才预测相关的文献，但与旅游人才需求预测相关的文献仅有 13 篇。

2. 相关研究方法

目前人才预测的方法有 150 多种，其中广泛使用的有 30 余种，总的来说，可分为定性预测和定量预测两大类。其中，定性预测方法主要有经验预测法、描述法、德尔菲法等；定量预测方法主要有时间序列法、回归预测法、灰色系统预测法、神经网络预测法等。旅游人才需求预测研究采用的主要是定量预测方法中的灰色系统预测法和神经网络预测法。

（二）预测方法、模型的选择依据和说明

1. 人才需求预测方法的选择依据

（1）灰色系统预测法

所谓灰色系统，是指既含有已知信息，又含有未知信息的系统。由于它具有所需因素少、模型简单、运算方便、预测精度高等优点，可以较好地对非线性系统进行预测。易德生[③]首次使用灰色系统预测法对区域人才进行了预测，此后，很多学者将灰色系统预测法应用于人才预测，灰色系统预测成为人才预测领域使用最为频繁的模型工具之一，并且长盛不衰。从知网上检

---

① 李朋波、张庆红：《国内人才需求预测研究的进展与问题分析》，《当代经济管理》2014 年第 5 期，第 72~80 页。

② 徐子远：《人才预测方法和技术》，《上海高教研究》1983 年第 7 期，第 76~83 页。

③ 易德生：《灰色模型与人才预测》，《系统工程》1987 年第 1 期，第 36~43 页。

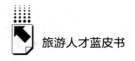

索到74篇应用灰色系统进行各类人才需求预测的文献，如陈磊等[①]、江楠[②]分别应用灰色GM（1，1）模型对中国药师型人才资源需求情况和芜湖市南陵县农村物流人才需求情况进行了预测。

李朋波教授研究了2009～2013年关于人才需求预测的代表性文献，共计20篇。在这些文献中，灰色系统预测法使用了9次。课题组[③]分析了知网上2020～2022年人才预测的相关文献，共计40篇，其中有10篇应用了灰色系统预测法，故可以推断此方法是进行人才需求预测的主要方法之一。课题组认为灰色系统预测法在人才历史数据较为短缺时比较适用，在旅游人才需求受外界，诸如经济、文化、科技、自然灾害等因素影响，存在很大不确定性时，非常适用灰色系统预测法，所以本研究选用灰色系统预测法作为旅游人才预测的方法。

（2）神经网络预测法

人工神经网络，通常称神经网络，是一种在生物神经网络的启发下构建的数据处理模型，由大量处理单元（神经元）进行连接构成网络，是对人脑的抽象、简化和模拟。比较常用的神经网络模型主要有前馈神经网络模型和反馈神经网络模型。

前馈神经网络模型，在该模型中，各层神经元节点接收前一层输入的数据，经过处理输出下一层，数据正向流动，没有反馈连接。其输出仅由当前的输入和网络的权值决定。前馈神经网络模型主要有线性神经网络、BP网络与径向基函数网络模型等。

反馈神经网络模型，具有比前馈神经网络模型更强的计算能力，其最突出的优点是具有很强的联想记忆和优化计算功能，主要有Hopfield网络、

① 陈磊等：《基于灰色GM（1，1）模型的中国药师型人才需求预测及其培养》，《药学教育》2021年第3期，第23～27页。

② 江楠：《芜湖市南陵县农村物流人才需求预测——基于灰色GM（1，1）模型》，《现代商业》2021年第4期，第61～63页。

③ 课题组为江苏高校哲学社会科学重点研究基地（新时代应用型旅游人才研究中心）旅游人才供给与需求研究项目组，研究成员主要有操阳、苏炜、王新宇、张晓玲、张骏、马卫、崔英方。

Elman 网络等。与传统的预测方法相比，神经网络模型预测方法的预测精度更高。这主要得益于神经网络模型自身的特点。神经网络模型擅长描述具有较强非线性、难以用精确的数学模型表达的复杂系统，并且具有自适应能力。

对于人才需求预测的研究来说，神经网络预测法是一种比较新的预测方法。通过知网查询，自杜栋在期刊《系统工程理论方法应用》发表论文《人才需求量预测的神经网络方法》以来，共有 17 篇应用神经网络模型进行人才需求预测的文献。如陆慧[①]利用 BP 神经网络模型对苏北地区人才流动进行了预测，张建勇等[②]利用 BP 神经网络模型对科技人才需求进行了预测，郭长河等[③]使用 Elman 神经网络对邯郸市人才需求进行了预测分析。

在以上研究中，BP 神经网络使用较多，前文已经介绍了 BP 神经网络属于前馈神经网络，与反馈神经网络相比，没有联想记忆能力，计算能力也不如后者，所以本研究采用反馈神经网络模型（Elman 神经网络）作为预测方法。

2. 选择预测模型的说明

（1）灰色 GM（1，1）模型

灰色系统常用的预测模型是 GM（1，1）模型，GM（1，1）模型表示一阶的、单变量的线性动态预测模型，其预测原理是将离散的随机数，经过生成变成随机性被显著削弱的较有规律的生成数，在此基础上建立数学模型，建模步骤如下。

第一步，历史数据的采集和累加序列的生成。

设研究对象的历史数据为：

$$X^{(0)} = \{X^{(0)}(1), X^{(0)}(2), X^{(0)}(3), \cdots, X^{(0)}(n)\}$$

① 陆慧：《基于人工神经网络的人才流动定量分析与预测》，《企业经济》2009 年第 2 期，第 41~43 页。
② 张建勇等：《基于 BP 神经网络的科技人才需求预测》，《科技管理研究》2009 年第 8 期，第 507~508 页。
③ 郭长河等：《运用 Elman 神经网络的邯郸市人才需求预测》，《河北工程大学学报》2008 年第 9 期，第 32~33 页。

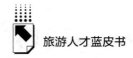

　　一般情况下，对于给定的原始数据列不能直接用于建模，因为这些数据多为随机的、无规律的，为减弱原始数据序列的波动性和随机性，需对原始数据序列进行处理，即通过累加生成方式将原始数据列转化为规律性较强的递增数列，累加的规则是将原始序列的第一个数据作为生成列的第一个数据，将原始序列的第二个数据加到原始序列的第一个数据上，其和作为生成列的第二个数据，将原始序列的第三个数据加到生成列的第二个数据上，其和作为生成列的第三个数据，按此规则进行下去，便可得到生成列。

　　设累加后生成的序列为：

$$X^{(1)} = \{X^{(1)}(1), X^{(1)}(2), X^{(1)}(3), \cdots, X^{(1)}(n)\}$$

$$X^{(m)}(K) = \sum_{i=1}^{K} X^{(m-1)}(i)$$

　　上标 1 表示一次累加，同理，可作 m 次累加，其中对于非负的数据列，累加的次数越多，则随机性弱化越明显，规律性越强，这样就较容易用指数去逼近。经过这样的数据处理能达到两个目的：一是弱化了原始数据列的随机性，找到了其变化的规律；二是为建立动态模型提供了中间信息。

　　累减，就是将原始序列前后两个数据相减得到累减生成列。累减是累加的逆运算，累减可将累加生成列还原为非生成列，在建模中获得增量信息。

　　一次累减的公式为：

$$X^{(1)}(K) = X^{(0)}(K) - X^{(0)}(K-1)$$

第二步，构建 GM（1，1）模型。

在第一步中已生成了 $X^{(0)}$ 和 $X^{(1)}$ 序列，则 GM（1，1）模型相应的微分方程为：

$$\frac{\mathrm{d}X^{(1)}}{\mathrm{d}t} + aX^{(1)} = \mu$$

其中，a 为发展灰数，μ 为内生控制灰数。

设 $\hat{\alpha}$ 为待估参数向量：

$$\hat{\alpha} = \begin{pmatrix} a \\ \mu \end{pmatrix}$$

$$\hat{\alpha} = (B^T B)^{-1} B^T Y_n$$

根据最小二乘法有：

$$B = \begin{bmatrix} -\dfrac{1}{2}[X^{(1)}(1) + X^{(1)}(2)] & 1 \\ -\dfrac{1}{2}[X^{(1)}(2) + X^{(1)}(3)] & 1 \\ \vdots & \vdots \\ -\dfrac{1}{2}[X^{(1)}(n-1) + X^{(1)}(n)] & 1 \end{bmatrix}, Y_n = \begin{bmatrix} X^{(0)}(2) \\ X^{(0)}(3) \\ \vdots \\ X^{(0)}(n) \end{bmatrix}$$

求解微分方程，即可得预测模型：

$$\hat{X}^{(1)}(k+1) = \left[X^{(0)}(1) - \frac{\mu}{a} \right] e^{-ak} + \frac{\mu}{a}; k = 1, 2 \cdots, n$$

（2）Elman 神经网络模型

Elman 神经网络是应用较为广泛的一种典型的反馈型神经网络模型。一般分为四层：输入层、隐层、承接层和输出层。其输入层、隐层和输出层的连接类似于前馈网络。输入层的单元仅起到信号传输作用，输出层单元起到加权作用。隐层单元有线性和非线性两类激励函数，通常激励函数取 Signmoid 非线性函数。而承接层则用来记忆隐层单元前一时刻的输出值，可以认为是一个有一步迟延的延时算子。隐层的输出通过承接层的延迟与存储，自联到隐层的输入，这种自联方式使其对历史数据具有敏感性，内部反馈网络的加入增强了网络本身处理动态信息的能力，从而达到动态建模的目的。Elman 神经网络模型具有动态记忆功能，非常适合时间序列预测问题，所以应用 Elman 神经网络模型预测人才需求是比较合适的。

（三）预测模型实现、训练和应用

1. 灰色 GM（1，1）模型的实现与应用

考虑到目前经济统计预测编程用 MathWorks 公司出品的 MATLAB 商业

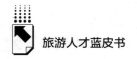
数学软件的用户较多，采用 MATLAB（版本为 R2020b）编写计算程序来实现整个灰色 GM（1，1）模型计算过程，并用这一程序进行旅游人才需求的预测。

本研究采用后验差检验法评判灰色 GM（1，1）模型的精度。后验差对残差分布的统计特性进行精度检验，考察残差较小的点出现的概率，以及与残差方差有关的指标大小，该检验法由均方差比值 C 和小误差概率 P 共同描述。

设 $X^{(0)}$ 为原始序列，$\bar{X}^{(0)}$ 为相应的模拟序列，$\varepsilon^{(0)}$ 为残差序列，$\bar{X}=\frac{1}{n}\sum_{k=1}^{n}X^{0}(k)$ 和 $S_1^2=\frac{1}{n}\sum_{k=1}^{n}[X^{0}(k)-\bar{X}]^2$ 分别是 $X^{(0)}$ 的均值和方差，$\bar{\varepsilon}=\frac{1}{n}\sum_{k=1}^{n}\varepsilon(k)$ 和 $S_2^2=\frac{1}{n}\sum_{k=1}^{n}[\varepsilon(k)-\bar{\varepsilon}]^2$ 分别为残差的均值和方差，称 $C=\frac{S_2}{S_1}$ 为均方差比值，称 $P=P\{|\varepsilon(k)-\bar{\varepsilon}|<0.6745\,S_1\}$ 为小误差概率，均方差比值 C 越小越好，小误差概率 P 越大越好。

依据 C 和 P 两个指标，可以综合评判模型精度，各精度等级如表 1 所示。

表1　均方差检验法精度等级

模型精度等级	均方差比值 C	小误差概率 P
一级（好）	$C<0.35$	$0.95<P$
二级（合格）	$0.35\leqslant C<0.50$	$0.80<P\leqslant0.95$
三级（勉强合格）	$0.50\leqslant C<0.65$	$0.70<P\leqslant0.80$
四级（不合格）	$0.65\leqslant C$	$P\leqslant0.70$

2. Elman 神经网络模型的训练与应用

Elman 神经网络模型适合处理时间序列问题，因此常常用于一维或多维信号的预测，下面以 2018 年星级酒店人才需求预测为例，说明该模型是如何实现预测的。

（1）样本设计

原始数据是连续 18 年（2000～2017 年）的星级酒店从业人数，把这些数据作为训练样本，其中连续 5 年的从业人数作为训练输入，第 6 年的从业人数作为对应的期望输出。

（2）模型的实现与训练

MATLAB 神经网络工具箱为神经网络的使用者和研究者带来了巨大的便利，提高了工作效率。使用 MATLAB 进行 Elman 神经网络模型编程时，可以使用工具箱提供的 newelm 或者 elmannet 函数进行创建，这里采用较新的 elmannet 函数，设置迭代次数为 2000 次，为取得较好的效果，训练前对数据进行归一化处理，最后用同样的数据进行测试，并将训练好的网络保存，以备预测使用。

图 1 为训练数据测试结果的残差，图 2 为真实数据与测试结果的对比，从图中可以看出，网络训练效果较好，测试值与真实值十分接近，此模型可以用于预测。

（3）应用训练好的模型进行预测

将 2000～2017 年的数据输入，使用训练好的模型进行仿真计算，可以得到 2018 年的星级酒店就业人数。

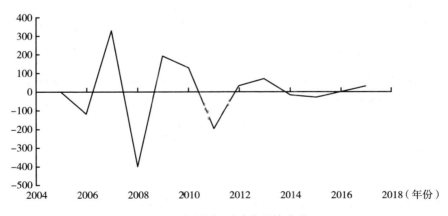

图 1　训练数据测试结果的残差

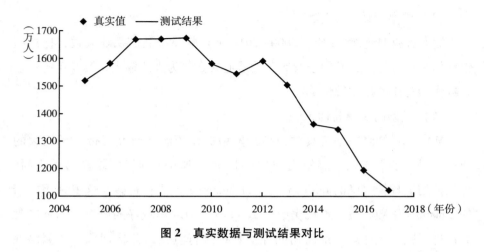

图 2　真实数据与测试结果对比

（四）预测数据来源、异常数据的分析与处理

1. 数据来源

为保证数据的准确性和权威性，本次使用的人才需求数据来源有 5 个。一是 2000～2022 年的《中国旅游统计年鉴》和《中国文化文物与旅游统计年鉴》中关于星级酒店、旅行社、A 级景区从业人数的相关数据；二是中国旅游研究院发布的《中国旅游业统计公报》中的 2014～2019 年全国旅游业直接从业人数数据；三是课题组与南京奥派信息技术有限公司合作，从 51job、智联招聘、58 同城、最佳东方四大人才招聘网站上，通过网络爬虫技术抓取旅游企业发布的招聘信息；四是来自国家统计局的 2011～2013 年全国就业人数数据（推算 2011～2013 年的旅游直接就业人数用）；五是 2004～2019 年国家统计局公布的住宿业从业人员数据。

2. 异常数据分析与处理

2020～2022 年，旅游业从业人员数量有所下降，图 3 为星级酒店、住宿业、旅行社和 A 级景区从业人数变化情况。2022 年星级酒店、住宿业、旅行社和 A 级景区的从业人员数据还未公布，但可以根据已经公布的年度旅游业总收入和游客人数绘制（见图 4），从而间接推断 2022 年的旅游业从业人数。从图 3 可以看出，2019~2021年，星级酒店、住宿业、旅行社的从业人数下降幅度较大。

通过观察图3和图4，可以判定2020~2022年的旅游业从业人员数据异常，不能真实地反映旅游业的长期发展趋势，所以需要对这3年的数据进行适当处理。最常用的异常数据处理方法就是剔除法[①]，即剔除这3年的数据，该方法常用于时间序列数据。本研究选用的数据均为基于时间序列的数据，所以本次采用剔除法进行数据预处理。

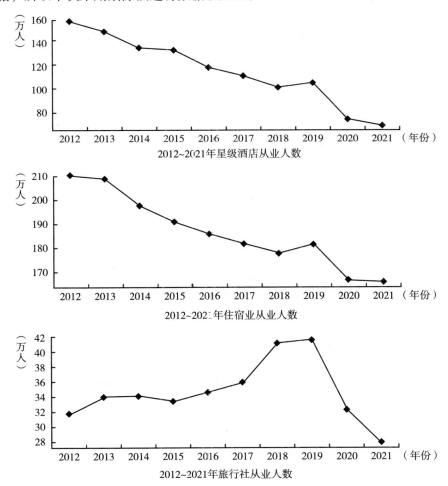

2012~2021年星级酒店从业人数

2012~2021年住宿业从业人数

2012~2021年旅行社从业人数

① 杨德平、刘喜华：《经济预测与决策技术及MATLAB实现》，机械工业出版社，2016，第44页。

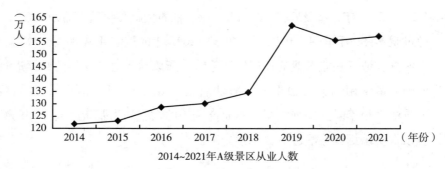

2014~2021年A级景区从业人数

**图3 2012~2021年星级酒店、住宿业、旅行社从业人数及
2014~2021年A级景区从业人数变化**

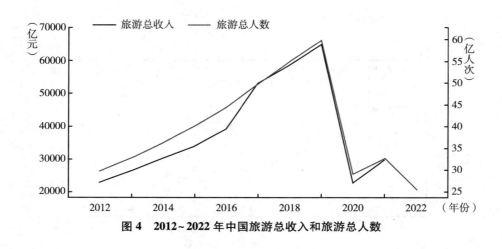

图4 2012~2022年中国旅游总收入和旅游总人数

三 旅游人才质量规格分析的理论模型

（一）相关理论与方法

1. 相关研究理论

经过大量的文献研究，发现针对旅游人才质量分析的理论有全面质量管理理论、多元智能理论、能力本位教育理论和扎根理论等。本研究主要运用能力本位教育理论和扎根理论为旅游人才质量规格分析提供理

论支撑。

（1）能力本位教育理论

能力本位教育理论是美国学者本杰明在 20 世纪 60 年代提出的一种理论。该理论主张根据在某一职业领域就职必须拥有的能力，制定培养目标、规划培养内容与过程、进行培养效果评估，该理论坚持以学生为主导，认为教育的核心任务是使学生具备扎实的实践能力。[①] 它强调培养学生的就业能力和实践能力，围绕特定职业所要求的知识技能组织教学，制定明确且有针对性的教学目标作为教学实施的依据和评估学生质量的标准。能力本位教育理论主要包括五大要素，第一，职业能力是教育培养的重要内容，并将其作为制定培养目标和实施教育评价的标准；通过职业分析明确行业所需的专项能力，并以此设立学习科目和安排教学。第二，把提高能力作为教学的重要依据。通过分析学生需要掌握的能力，在相关理论研究的基础上，制定能力标准，然后，再将能力标准应用于模块化培养。第三，强调学生学习的主动性和自我评价。以能力标准作为参考，评估学生各项能力。第四，强调教学的灵活性和多样性、科学管理。主张个性化教学，个性化教学要求针对学生的不同特点和不同状况开展不同模式的教学工作，最终让学生达到预期的水平。第五，授予学习者职业资格证书或学分。尽管能力本位教育理论有其局限性，但是该理论针对性很强、教育目标十分明确、坚持理论与实践相结合、评价内容具体，对旅游人才质量规格分析研究、旅游人才质量词典指标体系构建等有较强的适用性。

（2）扎根理论

扎根理论作为质性研究方法，注重发现研究过程的逻辑，自下而上引导人们不断认识世界、发现问题、比较问题、罗列条目、搭建联系，研究过程一般分为三个环节：资料搜集、资料分析以及资料编码。该理论建立在严格的资料归纳式理论基础之上，适用于探索型问题以及解释型问题的研究，既

---

① 刘春生、徐长发主编《职业教育学》，教育科学出版社，2002，第 150 页。

可避免定量研究中事先假设的主观性，又能消除定性研究没有足够说服力的弊端。[①] 本研究对该理论的应用主要集中于旅游人才质量词典指标体系中三级指标原始数据的提取分析。

2. 相关研究方法

本研究采用的研究方法主要有网络爬虫技术、文本挖掘、德尔菲法、鱼骨图等。

（1）网络爬虫技术[②]

随着互联网的普及和广泛使用，每天都有很多人在互联网上搜索信息，这使得网络中保存着大量各种类型的信息。由于网络中信息量大且结构复杂，需要采用一些技术来加快搜索速度，网络爬虫技术应运而生。一般按照策略和使用场景，爬虫技术运行的基本流程分为三步：模拟浏览器发送请求，获取网页；解析网页内容，提取数据；存储数据，即采集网页、解析内容。本研究通过网络爬虫技术从51job、智联招聘、58同城、最佳东方四大人才招聘网站上，抓取旅游企业发布的招聘信息。

（2）文本挖掘

随着数据信息呈指数增长，数据挖掘技术应运而生，它是指从观测到的数据中提炼模式、归纳知识，以用于指导工作和实践的一套工具和方法。[③]但是生活中无处不在的基本都是非结构化的海量文本，在大量数据产生的领域，文本挖掘的重要性更为突出。文本挖掘，也称文本数据挖掘，指从大量无结构的数据中抽取有效、新颖、有用、可理解、有价值的知识，从而更好地组织信息的过程。[④] 文本挖掘和数据挖掘都是用同样的处理方法来实现同样的目的，只是文本挖掘流程中输入的是一堆杂乱无章的（或未经整理

① 李鹏、韩毅：《扎根理论视角下合作信息查寻与检索行为的案例研究》，《图书情报工作》2013年第19期，第24~29，56页。
② 孙立伟、何国辉、吴礼发：《网络爬虫技术的研究》，《电脑知识与技术》2010年第15期，第4112~4115页。
③ 方小敏：《Python数据挖掘实战》，电子工业出版社，2021，第10页。
④ 〔美〕迈克尔·W.贝瑞、雅克布·柯岗：《文本挖掘》，文卫东译，机械工业出版社，2019，第102页。

的）数据文件，例如 Word、PDF、邮件、XML 文件等。文本挖掘最重要的目标是运用自然语言处理（Natural Language Processing，NLP）技术将文本转换为计算机可以识别的数据，进而从数据中寻找有价值的信息，从而发现或解决现实中的一些问题。文本挖掘包含机器学习、数据挖掘、NLP、统计分析、概率理论等多种技术，常用的方法有词频分析、主题模型、文本分类、文本聚类、情感分析、关联分析等。本研究主要利用词频分析法。

词频分析是一种文本处理技术，它通过对文本数据中重要词汇的出现次数进行统计与分析，从而挖掘目标文本中隐性的核心信息以及内在规律。本研究将抓取的招聘信息清洗后，采用中文分词法筛选出有效关键词，利用词频分析法提取中、高频词。

（3）德尔菲法

德尔菲法作为一种主观、定性的方法，不仅可以用于预测领域，而且可以广泛应用于具体指标筛选和评价指标体系的建立过程。它对大量非技术性的无法定量分析的要素进行概率估算，在决策者心目中享有很高的可信度，是系统工程中一种很重要的测定方法。本方法应用于指标筛选归类环节。

为保证指标归类的科学性，选取长期深耕旅游行业的专家，采用德尔菲法对指标进行检验，步骤如下。

步骤 1：组织专家打分。

"不吻合、较吻合、一般吻合、吻合、非常吻合"对应分数为 1~5，统计回收数据。以指标等级值的平均值 <3，或变异系数 >0.3 作为指标排除标准，同时结合专家意见确定指标是否排除。

步骤 2：计算变异系数和专家意见协调系数。

①变异系数

变异系数表示评价分值波动大小。v_j 的值越小代表打分专家对关键词 j 的协调程度越高，计算公式为：

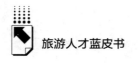

$$v_j = \frac{S_j}{\bar{C}_j}$$

式中，$\bar{C}_j$ 代表所有打分专家对第 j 个指标评分的均值，S_j 为相应的标准差，计算公式分别为：

$$\bar{C}_j = \frac{\sum_{i=1}^{n} c_{ij}}{n}$$

$$S_j = \sqrt{\frac{1}{n-1}\sum_{i=1}^{n}(c_{ij}-\bar{c}_j)^2}$$

式中，c_{ij} 表示第 i 个专家对第 j 个指标的评分，n 表示参与第 j 个指标评分的专家总数。

②专家意见协调系数

协调系数 w 的值在 $[0，1]$ 区间，w 值越大，表示所有专家对全部指标的协调性越好，计算公式为：

$$w = \frac{12S}{n^2(N^3-N)-n\sum_{i=1}^{n}T_i}$$

其中，$S=\sum_{j=1}^{N}d_j^2=\sum_{j=1}^{N}(R_j-\bar{R})^2$，$T_i=\sum_{l=0}^{L}(t_i^3-t_l)$，$R_j=\sum_{i=1}^{n}R_{ij}$，$\bar{R}=\frac{1}{N}\sum_{j=1}^{N}R_j$，$n$ 为参与第 i 个指标评分的专家总数，N 为参加评分的指标的个数；R_j 为第 j 个指标等级和，$\bar{R}$ 为全部指标等级和的算数平均值，R_{ij} 为专家 i 对指标 j 的评价等级；T_i 为相同等级的指标，L 为专家对各指标的评价中具有相同等级的组数，t_i 为 l 组中包括的相同等级数。

步骤 3：进行协调程度一致性检验，保证专家评价意见的一致性。

当打分专家人数 $3\leqslant n\leqslant 20$ 时，被评指标个数 $3\leqslant N\leqslant 7$ 时，可查《肯德尔和谐系数（w）显著性临界值表》，检验 w 是否达到显著性水平。当被评指标个数 $N>7$ 时，协调程度的显著性检验需利用皮尔逊准则进行，该检验可应用 SPSS 软件计算。

（4）鱼骨图

鱼骨图由日本质量管理专家石川馨提出（故又称"石川图"或"因果图"），他指出"鱼骨图，是一种发现问题的根本原因的分析方法"。其优点是深入、直观又简洁实用。本研究利用鱼骨图直观地展现旅游人才质量词典及各类目。

（二）旅游类企业岗位需求人才质量分析模型框架设计

为科学分析旅游企业岗位（群）需要的人才质量，课题组设计了旅游类岗位需求人才质量分析框架体系，如图5所示。该框架体系主要包括数据采集、数据处理、数据分析、结果呈现四个模块。

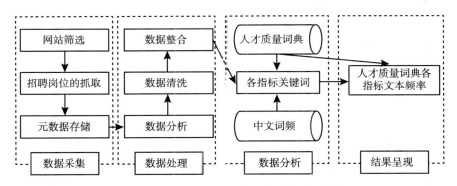

图5　旅游类人才岗位需求质量分析模型框架

1.数据采集

为保证数据的准确性和权威性，课题组通过51job、智联招聘、58同城、最佳东方等四个主流招聘平台，利用网络爬虫技术将旅游企业招聘信息的主要岗位作为关键词确定数据抓取范围，采集2021年旅游企业发布的招聘信息，形成元数据并存储。

2.数据处理

该模块的核心是文本挖掘，首先对抓取的招聘信息进行分析和清洗，然后使用中文分词技术提取出有分析价值的关键词，最后将处理过的关键词进行整合，作为正式分析的对象。

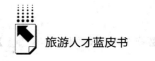

3. 数据分析

运用词频分析法筛选出中、高频关键词，为旅游人才质量词典的构建提供指标属性，利用德尔菲法以及鱼骨图等方法确定旅游人才质量词典指标体系，为分析旅游人才质量奠定基础。

4. 结果呈现

结果呈现阶段是应用挖掘结果解决现实问题的过程，该模块的主要功能是展示文本数据，发布分析结论。本研究根据构建的旅游人才质量词典，利用采集的数据，通过文本频率统计法分析旅行社、酒店、A 级景区三类旅游企业岗位群的人才需求质量规格。

（三）旅游人才质量词典的构建

1. 旅游企业的主要岗位覆盖

为便于数据采集，课题组通过网络调研、企业调研以及抓取的招聘信息对旅游企业的主要工作岗位群重新进行了梳理，具体覆盖岗位如图 6 所示。

2. 旅游人才质量词典类目的获取

本研究将抓取的招聘信息清洗后，利用中文分词技术加文本频次筛选出有效关键词 300 个。为全面描述企业对旅游人才质量的要求，本研究采用"词频、词量、累计词频占比法"确定中、高频关键词。

图 7 是词频和累计词频占比随词量变化情况，可以看出随词量的增加，词频不断降低，累计词频占比不断升高，虚线右侧为低频区；图 8 是词频和词量随累计词频占比变化情况，可以看出随累计词频占比的增加，词频不断降低，词量不断升高，虚线右侧为低频区。结合图 7 和图 8 进行综合判断，选取频次≥700 的关键词作为中、高频关键词，其频次占关键词总频次的 88%，共筛选出 60 个中、高频关键词（见表 2 和图 9）。

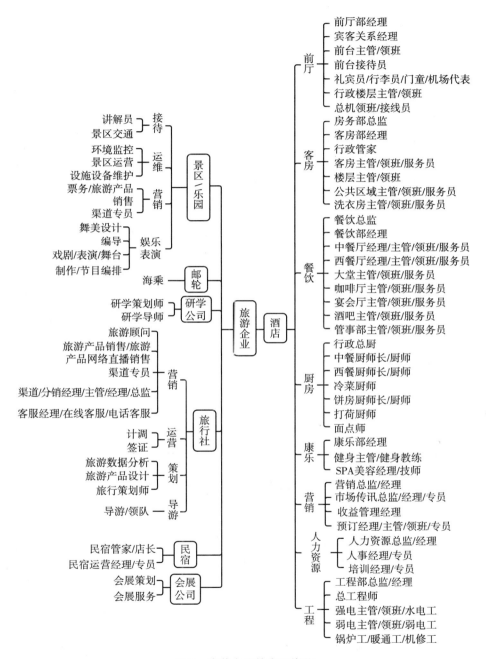

图 6　旅游企业的主要岗位

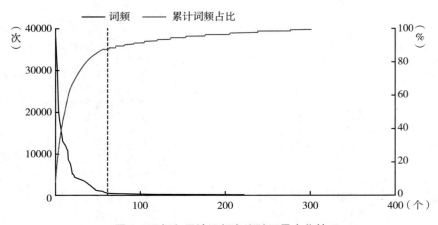

图7　词频和累计词频占比随词量变化情况

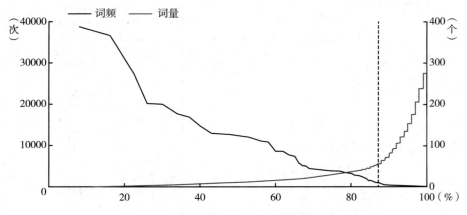

图8　词频和词量随累计词频占比变化情况

表2　企业招聘信息中、高频关键词

序号	关键词	序号	关键词	序号	关键词	序号	关键词
1	销售	8	合作	15	性格开朗	22	设计
2	身体健康	9	咨询	16	礼仪	23	创新
3	团队	10	气质佳	17	渠道	24	执行力
4	协作	11	技能	18	认真负责	25	数据
5	服务意识	12	亲和力	19	办公软件	26	踏实肯干
6	学习	13	协调	20	推广	27	抗压能力
7	沟通能力	14	运营	21	形象好	28	结算

序号	关键词	序号	关键词	序号	关键词	序号	关键词
29	英语	37	证书	45	开拓	53	服务技巧
30	线上	38	客户关系	46	创意	54	写作
31	管理能力	39	工作热情	47	组织能力	55	报价
32	专业知识	40	理解	48	语言表达	56	观察
33	思维敏捷	41	积极向上	49	应变	57	勇于挑战
34	策划	42	总结	50	尊重	58	日语
35	直播	43	谈判	51	诚实守信	59	领悟
36	敬业精神	44	定制	52	人际交往	60	责任心

注：按照出现的频次降序排列。

图9　企业招聘信息中、高频关键词

（四）旅游人才质量词典指标体系的设计与修正

1. 初始旅游人才质量词典指标体系的构建

课题组根据多次调研、文献分析和参考，将60个中、高频关键词归类为14个二级指标，分别为职业道德与责任感、身体素质、团队协作能力、创新能力、服务意识、终身学习能力、人际交往与沟通能力、心理素质、专业知识与技能、管理组织能力、营销能力、信息技术与应用能力、财务知识与应用能力、外语应用能力。同时将 14 个二级指标归纳为职业素质和知识与能力两个一级指标，如表 3 所示。

表 3　初始旅游人才质量词典指标体系

一级指标	二级指标	指标属性（关键词）
A 职业素质	A_1 职业道德与责任感	A_{11} 认真负责、A_{12} 踏实肯干、A_{13} 敬业精神、A_{14} 工作热情、A_{15} 诚实守信、A_{16} 责任心
	A_2 身体素质	A_{21} 身体健康、A_{22} 气质佳、A_{23} 形象好
	A_3 团队协作能力	A_{31} 团队、A_{32} 协作、A_{33} 合作
	A_4 创新能力	A_{41} 设计、A_{42} 创新、A_{43} 定制、A_{44} 创意
	A_5 服务意识	A_{51} 服务意识、A_{52} 亲和力、A_{53} 尊重
	A_6 终身学习能力	A_{61} 学习、A_{62} 思维敏捷、A_{63} 理解、A_{64} 总结、A_{65} 领悟、A_{66} 观察
	A_7 人际交往与沟通能力	A_{71} 沟通能力、A_{72} 语言表达、A_{73} 人际交往
	A_8 心理素质	A_{81} 性格开朗、A_{82} 抗压能力、A_{83} 积极向上、A_{84} 勇于挑战
B 知识与能力	B_1 专业知识与技能	B_{11} 咨询、B_{12} 技能、B_{13} 礼仪、B_{14} 专业知识、B_{15} 证书、B_{16} 谈判、B_{17} 服务技巧、B_{18} 写作
	B_2 管理组织能力	B_{21} 协调、B_{22} 执行力、B_{23} 管理能力、B_{24} 组织能力、B_{25} 应变
	B_3 营销能力	B_{31} 销售、B_{32} 运营、B_{33} 渠道、B_{34} 推广、B_{35} 策划、B_{36} 客户关系、B_{37} 开拓
	B_4 信息技术与应用能力	B_{41} 办公软件、B_{42} 数据、B_{43} 线上、B_{44} 直播
	B_5 财务知识与应用能力	B_{51} 结算、B_{52} 报价
	B_6 外语应用能力	B_{61} 英语、B_{62} 日语

2. 旅游人才质量词典指标体系的构建

选取旅游学者、景区管理者、政府部门负责人等 10 位行业专家采用德尔菲法对表 3 的指标归类吻合度进行打分，关键词与二级指标的吻合度打分统计检验结果见表 4，二级指标与一级指标的吻合度打分统计检验结果见表 5。

表4　初始旅游人才质量词典关键词与二级指标的吻合度打分统计检验结果

关键词	$\overline{C}_j$	v_j	关键词	$\overline{C}_j$	v_j
A_{11}	4.8	0.09	A_{83}	3.9	0.25
A_{12}	4.6	0.15	A_{84}	4.2	0.10
A_{13}	4.9	0.06	B_{11}	4.5	0.16
A_{14}	4.4	0.19	B_{12}	4.8	0.09
A_{15}	4.8	0.09	B_{13}	4.0	0.12
A_{16}	4.9	0.06	B_{14}	4.8	0.09
A_{21}	4.9	0.06	B_{15}	4.9	0.06
A_{22}	3.8	0.24	B_{16}	4.5	0.16
A_{23}	3.5	0.15	B_{17}	4.7	0.10
A_{31}	4.9	0.06	B_{18}	4.8	0.09
A_{32}	4.9	0.06	B_{21}	4.6	0.11
A_{33}	4.9	0.06	B_{22}	3.9	0.25
A_{41}	4.9	0.06	B_{23}	4.8	0.09
A_{42}	4.9	0.06	B_{24}	4.6	0.15
A_{43}	4.6	0.11	B_{25}	4.5	0.12
A_{44}	4.7	0.10	B_{31}	4.9	0.06
A_{51}	4.9	0.06	B_{32}	4.6	0.15
A_{52}	4.3	0.16	B_{33}	4.4	0.24
A_{53}	4.3	0.11	B_{34}	4.5	0.16
A_{61}	4.8	0.09	B_{35}	4.9	0.06
A_{62}	4.9	0.06	B_{36}	4.6	0.15
A_{63}	4.5	0.16	B_{37}	4.8	0.09
A_{64}	4.5	0.12	B_{41}	4.9	0.06
A_{65}	4.1	0.08	B_{42}	2.7	0.58
A_{66}	4.7	0.10	B_{43}	2.4	0.45
A_{71}	4.8	0.09	B_{44}	2.2	0.56
A_{72}	4.7	0.10	B_{51}	4.9	0.06
A_{73}	4.0	0.09	B_{52}	4.9	0.06
A_{81}	4.0	0.12	B_{61}	4.8	0.09
A_{82}	4.9	0.06	B_{62}	4.7	0.10
专家意见的协调系数	$w = 0.839$				
显著性检验	$\chi^2 = 220.234$　$p = 0.02 < 0.05$				

表5 旅游人才质量词典二级指标与一级指标的吻合度打分统计检验结果

二级指标	$\bar{C}_j$	v_j	二级指标	$\bar{C}_j$	v_j
A_1	4.6	0.11	A_8	4.2	0.29
A_2	3.3	0.41	B_1	4.7	0.10
A_3	4.3	0.22	B_2	3.8	0.27
A_4	3.8	0.24	B_3	4.2	0.22
A_5	4.6	0.11	B_4	4.5	0.12
A_6	4.0	0.20	B_5	4.7	0.10
A_7	3.9	0.25	B_6	4.9	0.06
专家意见的协调系数	$w=0.863$				
显著性检验	$\chi^2=47.682$ $p=0.01<0.05$				

3. 旅游人才质量词典鱼骨图

从表4可以看出，专家意见的协调系数为0.839，表明专家对全部指标的打分具有很高的协调性，但是有3个二级指标变异系数 $v_j>0.3$，说明不同专家对数据、线上、直播这三个关键词归类于信息技术与应用能力的评价尚存在较大差异，经过专家讨论以及对招聘信息进行分析后认为"线上"这个关键词不代表企业对招聘人才某方面素质的要求，须删除；"直播"这个关键词代表的主要是直播软件的操作应用，该关键词仍予以保留；"数据"这个关键词在招聘信息中主要代表的是分析数据的能力，将该指标归类为专业知识与技能，最终形成旅游人才质量词典指标体系鱼骨图（见图10）。

4. 旅游人才质量词典指标体系的调整

由表5可以看出，专家意见的协调系数为0.863，专家对全部指标已经有很高的协调性，但是有一项变异系数 $v_j>0.3$，说明不同专家对身体素质这个指标归类于职业素质的评价尚存在较大差异，经过专家们讨论以及分析招聘信息认为，近年来受疫情影响，企业普遍非常重视员工的身体素质，也是招聘新员工的必备条件之一，因此保留该指标且仍归类于职业素质，旅游人才质量词典指标体系构建完成，详见表6。

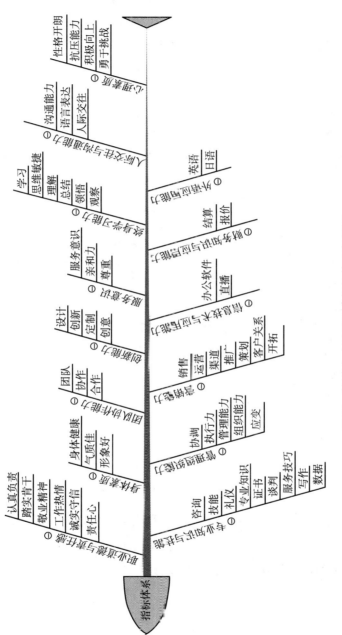

图 10　旅游人才质量词典指标体系鱼骨图

表6　旅游人才质量词典指标体系

一级指标	二级指标	指标属性（关键词）
A 职业素质	A_1 职业道德与责任感	A_{11} 认真负责、A_{12} 踏实肯干、A_{13} 敬业精神、A_{14} 工作热情、A_{15} 诚实守信、A_{16} 责任心
	A_2 身体素质	A_{21} 身体健康、A_{22} 气质佳、A_{23} 形象好
	A_3 团队协作能力	A_{31} 团队、A_{32} 协作、A_{33} 合作
	A_4 创新能力	A_{41} 设计、A_{42} 创新、A_{43} 定制、A_{44} 创意
	A_5 服务意识	A_{51} 服务意识、A_{52} 亲和力、A_{53} 尊重
	A_6 终身学习能力	A_{61} 学习、A_{62} 思维敏捷、A_{63} 理解、A_{64} 总结、A_{65} 领悟、A_{66} 观察
	A_7 人际交往与沟通能力	A_{71} 沟通能力、A_{72} 语言表达、A_{73} 人际交往
	A_8 心理素质	A_{81} 性格开朗、A_{82} 抗压能力、A_{83} 积极向上、A_{84} 勇于挑战
B 知识与能力	B_1 专业知识与技能	B_{11} 咨询、B_{12} 技能、B_{13} 礼仪、B_{14} 专业知识、B_{15} 证书、B_{16} 谈判、B_{17} 服务技巧、B_{18} 写作 B_{19} 数据
	B_2 管理组织能力	B_{21} 协调、B_{22} 执行力、B_{23} 管理能力、B_{24} 组织能力、B_{25} 应变
	B_3 营销能力	B_{31} 销售、B_{32} 运营、B_{33} 渠道、B_{34} 推广、B_{35} 策划、B_{36} 客户关系、B_{37} 开拓
	B_4 信息技术与应用能力	B_{41} 办公软件、B_{42} 直播
	B_5 财务知识与应用能力	B_{51} 结算、B_{52} 报价
	B_6 外语应用能力	B_{61} 英语、B_{62} 日语

结　语

本报告主要对旅游人才需求规模预测和质量规格分析两部分研究中涉及的核心概念、基础理论、研究方法以及模型的选择比较等内容进行阐释和说明，旨在为后续的实证研究提供技术和理论支撑。

B.3
"十四五"时期旅游教育
高质量发展的思考

操 阳 韩玉灵*

摘 要： "十四五"时期是实现旅游教育高质量发展的关键时期。本报告通过对旅游教育高质量发展内涵、特征，以及旅游人才新要求等分析，提出旅游教育高质量发展是育人的高质量发展，"立德树人"成效是检验旅游教育活动的根本标准和价值诉求；创新是旅游教育高质量发展的第一动力；旅游人才供需匹配度高是旅游教育高质量发展的最高标尺。同时为解决旅游人才培养供需结构性矛盾，提出加强旅游学科和旅游人才研究，加强旅游教育与旅游产业协同发展，加强师资队伍建设和打造中国特色的旅游教育品牌等对策建议。

关键词： 旅游业 旅游教育 旅游人才

随着人们生活水平的提高和对美好生活的向往，旅游成为小康社会人民美好生活的普遍需求，成为传承弘扬中华文化的重要载体和衡量人们生活质量的重要标准。旅游业作为"五大幸福产业"之首，其产业带动能力、跨界融合能力、业态发展能力不断增强，对经济平稳健康发展的综合带动作用更加凸显，其国民经济战略性支柱产业的地位和作用更加巩固。"十四五"时期，我国将全面进入大众旅游时代，加快旅游强国建设，有效满足大众旅

---

* 操阳，管理学博士，南京旅游职业学院党委副书记、院长，三级教授，主要研究方向为职业教育、旅游营销、企业管理等；韩玉灵，北京第二外国语学院中国旅游人才发展研究院执行院长，二级教授，主要研究方向为旅游政策与规制、旅游安全等。

游消费需求，推动旅游业高质量发展成为新时期的新目标和使命。旅游业的高质量发展需要高质量旅游人才支撑，特别是一大批高质量旅游职业教育人才的有力支撑。因此，准确把握"十四五"时期旅游业高质量发展对人才需求的新变化、新要求，探索契合旅游业高质量发展旅游教育人才培养新路径意义深远、价值重大。

一　高质量发展的内涵与特征

党的十九大报告首次提出了"高质量发展"，引发学术界的广泛关注和研究，学者们从多个视角对高质量发展的内涵、特征、影响因素、评价体系以及实现路径等进行了研究，其中对"高质量发展"内涵的研究是其他研究的基础和关键，成为研究"教育高质量发展"存在问题、面临挑战和实现路径等的前提和基础。

高质量发展是一个涵盖多个领域的概念，其内涵从不同的角度有不同的理解。新发展理念的视角。高培勇将"高质量发展"视为体现新发展理念的发展，[①] 杨伟民、王一鸣、任保平等认为高质量发展就是能够很好满足人民对日益增长的美好生活期望的发展。[②] 其中，创新是引领高质量发展的第一动力，协调是高质量发展的内在要求，绿色是高质量发展的普遍形态，开放是高质量发展的必由之路，共享是高质量发展的价值导向和根本目标。

"五位一体"的视角。赵昌文、刘志彪、胡敏、张军扩等认为高质量发展是经济、政治、文化、社会、生态文明"五位一体"建设的统筹推进和协调发展，目标是满足人们日益增长的美好生活需求，并最终实现人的全面

[①] 高培勇：《理解、把握和推动经济高质量发展》，《经济学动态》2019 年第 8 期，第 3~9 页。

[②] 杨伟民：《解读中国经济高质量发展理念内涵》，《全球商业经典》2018 年第 2 期，第 24~31 页；王一鸣：《推动高质量发展取得新进展》，《求是》2018 年第 7 期，第 44~46 页；任保平：《我国高质量发展的目标要求和重点》，《红旗文摘》2018 年第 24 期，第 21~23 页。

发展和社会全面进步。① 金碚从经济学的角度出发，认为高质量发展是能够满足人民群众日益增长的真实需要的经济发展方式、结构及动力状态。② 王军认为，高质量发展要从经济发展、社会民生、生态文明建设、宏观调控、供给侧改革、重大金融风险防范化解等六个方面来把握。③

效率效益的视角。杨三省认为，高质量发展就是生产要素投入少、资源配置效率高、资源环境成本低、经济社会效益好的发展。④ 李伟认为，高质量发展意味着高质量的供给、需求、配置、投入产出、收入分配，以及高质量的经济循环。⑤

综上所述，可以看出，"五位一体"代表了人民群众的根本利益和共同愿望，高质量发展就是"五位一体"建设的统筹推进和协调发展；高质量发展是能够很好满足人民群众日益增长的美好生活需要的发展，既强调高效率，也强调高效益；高质量发展充分体现了新发展理念，新发展理念为高质量发展指明了方向，是高质量发展的基本要求，也是高质量发展成效的重要评判准则。⑥

高质量发展具有以下几方面特征。第一，高质量发展是创新驱动下的发展，创新是引领高质量发展的第一力量。创新理论自熊彼特于 1912 年提出后，受到了学术界的广泛关注和持续研究。其中，技术创新和制度创新是决定高质量发展的重要因素，技术创新可以最大限度地发挥各种投入要素的作用，即以较少的投入实现效益最大化；制度创新可以有效调动各种要素的积

---

① 赵昌文：《推动我国经济实现高质量发展》，《学习时报》2017 年 12 月 25 日，第 1 版；刘志彪：《理解高质量发展：基本特征、支撑要素与当前重点问题》，《学术月刊》2018 年第 7 期，第 39~45 页；胡敏：《高质量发展要有高质量考评》，《中国经济时报》2018 年 1 月 18 日，第 5 版；张军扩等：《高质量发展的目标要求和战略路径》，《管理世界》2019 年第 7 期，第 1~7 页。
② 金碚：《关于"高质量发展"的经济学研究》，《中国工业经济》2018 年第 4 期，第 5~18 页。
③ 王军：《准确把握高质量发展的六大内涵》，《证券日报》2017 年 12 月 23 日，第 3 版。
④ 杨三省：《推动高质量发展的内涵和路径》，《陕西日报》2018 年 5 月 23 日，第 11 版。
⑤ 李伟：《高质量发展究竟"什么样儿"》，《联合时报》2018 年 3 月 2 日，第 4 版；李伟：《高质量发展有六大内涵》，《人民日报》（海外版）2018 年 1 月 22 日，第 2 版。
⑥ 吴儒练：《旅游业高质量发展与乡村振兴耦合协调测度、演化及空间效应研究》，江西财经大学，博士学位论文，2022。

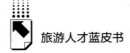

极性，实现以较少的消耗获得更大的利益。因此，为实现高质量发展，一方面，需要推动技术创新和制度创新，特别是原创性技术创新和解放生产力的制度创新；另一方面，深化科技教育体制改革，加强超前性的基础研究，大力培养创新型人才，充分发挥教育、科技、人才优势，协同推进科技创新和制度创新。

第二，高质量发展是社会和谐的发展，协调、共享是高质量发展的手段和目标。社会和谐发展，是经济、政治、文化、社会、生态文明"五位一体"建设的统筹推进和协调发展，是经济增长速度与质量的协调，是短期利益与长期利益的平衡。因此，为实现高质量发展，一方面，需要遵守客观规律，坚持科学发展观，充分考虑各种资源的承受能力，量力而行，保证社会经济平稳、和谐和可持续发展；另一方面，适应新一轮科技革命和产业变革，加快三次产业结构优化，协调发展，推进产业之间、供需之间、城乡之间、区域之间，以及资源、环境、生态与经济社会之间的相互依存、融合发展，确保高质量发展成果惠及每一位公民。

第三，高质量发展是绿色的发展和增长，绿色是推动高质量发展的必然选择。绿色发展强调人与自然的和谐共生。为实现高质量发展，一方面，要积极探索绿色、低碳、循环发展模式，不以破坏自然生态环境为代价，保护好自然生态环境；另一方面，对工业化、城市化带来的废水、废气、固体废弃物等进行妥善处理，走节能环保的绿色发展之路。

二 旅游教育高质量发展的内涵与特征

教育作为一种影响人身心发展的社会实践活动，有广义和狭义之分，广义的教育指增进人们的知识和技能，影响人们思想品德的活动。狭义的教育指学校教育。教育高质量发展不是经济高质量发展的简单移植，教育的本质是育人，是为社会培养合格的公民，必须致力于培养对象的理智、价值和道德的发展。

本质任务视角。教育作为一种社会活动，承担着育人的重要使命和责任，教育高质量就是育人的高质量，实现人对美好价值和崇高道德的追求。曹永国认为，教育高质量发展，即教育对其本真的回归与实现，教育高质量发展必须坚持教育在发展逻辑和发展价值上的优先性，应系统考虑教育的内在规范、主体满意度和自身特性。新时代教育的根本任务是"立德树人"，培养德智体美劳全面发展的社会主义建设者和接班人。教育高质量发展必须坚守教育的初心和使命。① 秦玉友认为，要改变以往的教育发展观，新时代教育高质量发展要将"立德树人"摆在教育活动的核心位置，高质量发展的教育是"德育为先、育人为本"的教育。②

功能作用论。教育高质量发展既是教育适应经济社会发展的客观要求，也是教育自身发展的必然选择。教育高质量发展是全面、充分、长远的发展，其目标是要充分实现人的发展与经济社会发展之间的平衡或协调。张晋、王嘉毅认为，要想实现高等教育高质量发展，就必须把人才培养作为核心任务，这是教育高质量发展的"命脉"；把科学研究作为基础支撑，这是高等教育高质量发展的"源泉"；要把社会服务作为重要路径，这是高等教育高质量发展的"归依"；要把文化创新作为自觉行动，这是高等教育高质量发展的"灵魂"。③

供给需求视角。质量原为物理学的一个名词，后被广泛地应用到各个领域，一般表示"事物、产品或工作的优劣程度"④。从供给视角来看，质量一般指产品或服务的特性符合给定的规格要求，属于符合性质量；从需求视角来看，质量一般指产品或服务满足用户的期望，属于适用性质量。⑤ 美国质量专家约瑟夫·朱兰（Joseph M. Juran）提出，质量就是"产品在使用时

---

① 曹永国：《教育高质量发展期许回归教育本真》，《南京师大学报》（社会科学版）2022 年第 1 期，第 27~36 页。
② 秦玉友：《从高速增长迈向高质量发展——新时代教育内涵发展战略转型》，《南京师大学报》（社会科学版）2019 年第 6 期，第 15~24 页。
③ 张晋、王嘉毅：《高等教育高质量发展的时代内涵与实践路径》，《中国高教研究》2021 年第 9 期，第 25~30 页。
④ 本书编辑委员会编纂《汉语大词典普及本》，世纪出版集团、汉语大词典出版社，2000，第1635 页。
⑤ 黄丽：《基本公共服务质量评价问题研究》，吉林大学，博士学位论文，2015。

能够成功满足用户需要的程度"。① 柳海民等认为，教育高质量发展，所指的"质量"已从符合性质量、适用性质量上升到满意性质量，高质量发展是对教育发展状态的一种事实与价值判断，在"质"与"量"两个维度上达到优质状态，表现为教育享用价值与质量合意性的提升，具有教育供给及产出质量高、效率高、稳定性高等特性。② 新时代教育高质量发展要满足人民群众对美好教育的向往，教育高质量发展既要考虑享用教育主体的满意度，也要考虑用人单位主体的满意度。张新平、佘林茂认为，教育高质量发展的根本评价尺度，在于是否真正满足和服务于人民的高质量教育需求，是否持续提升人民群众的教育获得感、教育满足感和教育幸福感。③

综上所述，促进学生全面、协调、可持续地发展，培养德智体美劳全面发展的人才，是教育高质量发展的根本任务；适应新时代社会经济发展要求，提升学校教育在人才培养、科学研究、社会服务和文化传承创新的供给质量和效率，是教育高质量发展的现实需求和历史必然；满足人民群众需求、提升人民群众的教育获得感、满足感和幸福感，是教育高质量发展的目标和根本遵循。

人才是第一资源，旅游作为国家战略性支柱产业，作为五大幸福产业之首，旅游业高质量发展需要一大批高质量旅游人才的有力支撑，因此，旅游教育高质量发展尤为重要，成为影响旅游业高质量发展的决定性因素。本报告所指的旅游教育是高等学校旅游教育。高等院校包括高等职业院校、职业本科院校以及普通高等院校。旅游教育的定义：根据现代旅游业发展要求，以"立德树人"为根本任务，有目的、有计划、有组织地对学生传授知识和技能，培养职业能力和道德修养，促进学生德智体美劳全面发展，把学生培养成现代旅游业发展所需的人才的教育活动。新时代旅游教育高质量发展具有以下几方面特征。

---

① 吴清、高俊芳主编《现代质量控制》，世界图书出版公司，1997，第1页。
② 柳海民、邹红军：《高质量：中国基础教育发展路向的时代转换》，《教育研究》2021年第4期，第11~24页。
③ 张新平、佘林茂：《对教育高质量发展的三种理解》，《中国教育报》2021年3月18日。

第一，旅游教育高质量发展是育人的高质量发展，"立德树人"成效成为检验旅游教育活动的根本标准和价值诉求。培养德智体美劳全面发展的社会主义建设者和接班人是教育的根本任务和教育现代化的方向目标。坚持全面贯彻党的教育方针，坚守为党育人、为国育才，努力办好人民满意的教育，成为新时代旅游教育高质量发展的核心要素，也是新时代实现旅游教育高质量发展的先决条件。新时代旅游教育人才培养要把立德树人融入思想道德教育、旅游知识能力教育、社会实践教育各环节，培养能够担当民族复兴大任、旅游强国的时代新人。

第二，旅游教育高质量发展是创新驱动下的发展，创新成为旅游教育高质量发展的第一动力。随着新一轮科技革命和产业变革的深入发展，推动旅游业从资源驱动向创新驱动转变，实施创新驱动发展战略为旅游业赋予新动能，也对旅游业和旅游教育高质量发展提出了新要求。旅游教育高质量发展要坚持创新驱动发展，需要旅游教育在过去发展的基础上实现新超越、新发展，涉及教育理念、治理方式、办学模式、专业设置、育人方式、教学模式等全方位的改革创新。唯有改革创新才能实现更高质量、更有效率、更加开放、更加协调的新发展，才能培养出一批又一批具有创新精神、创新才干的高素质旅游人才。

第三，旅游教育高质量发展是旅游人才供给与需求匹配度高的发展，让"人民满意"成为旅游教育高质量发展的最高标尺。《国务院办公厅关于深化产教融合的若干意见》指出，深化产教融合，促进教育链、人才链与产业链、创新链的有机衔接，是当前推进人力资源供给侧结构性改革的迫切要求。[①] 旅游业是以旅游资源为依托，以旅游设施为条件，通过旅游服务满足旅游需求，争取经济、社会、环境、文化等多方面效益的综合性经济产业。[②] 旅游业是一个综合性产业，其产业链包含航空运输业、铁路运输业、道路运输业、保险业、环境管理业、公共设施管理业、住宿业、餐饮业等多

---

① 《国务院办公厅关于深化产教融合的若干意见》，中国政府网，2017 年 12 月 19 日，https：//www.gov.cn/zhengce/content/2017-12/19/content_ 5248564. htm。

② 郑本法、郑宇新：《旅游业的本质和特点》，《开发研究》1998 年第 3 期，第 62~64 页。

个关联产业。① 促进教育链、人才链与产业链、创新链有机衔接，旅游高
等教育需要在人才培养、科学研究、社会服务、文化传承创新等方面下
功夫，深化科教融汇，让学生接触旅游前沿理论和技术，接受科研训练，
培养科学素养、创新思维和创新能力；深化产教融合、文旅融合，深化
职业教育和高等教育改革，促进旅游人才培养供给侧和旅游产业需求侧
结构要素全方位融合，培养大批能够适应未来旅游产业发展需要的高素
质创新型和复合型旅游人才，切实办好让人民满意的旅游教育。

三 "十四五"时期旅游业高质量发展
对旅游人才的新要求

随着我国全面建成小康社会，人民群众旅游消费需求从低层次向高品质
和多样化转变，由注重观光向兼顾观光与休闲度假转变，同时，新一轮科技
革命加速了旅游业向数字化、网络化、智能化转型升级，加快了线上线下旅
游产品和服务的融合发展，也催生了微旅游、露营游、云旅游、云演播等旅
游新业态、新模式，旅游业进入高质量发展的新时期。旅游业高质量发展对
旅游人才需求提出了新要求。

（一）数字化旅游人才

数字经济已成为我国经济社会发展的主要推动力，大数据、人工智能、
物联网、云计算等数字技术与实体经济深度融合，催生了一批新产业和新业
态。各类行业企业也面临数字化转型问题，迫切需要培养大量具备数字化思
维的人才。尤其在旅游业，数字化向旅游业渗透速度不断加快，数字技术成
为旅游产业融合创新的新动力，加速旅游业进入数字化、智能化、智慧化发
展的新时代。

---

① 黄常锋、孙慧、何伦志：《中国旅游产业链的识别研究》，《旅游学刊》2011 年第 1 期，第
18~24 页。

新的变化对旅游教育以及旅游人才培养提出了新要求，面对新的政策与变化，为促进旅游业高质量发展，应培养一大批数字化旅游人才，加快提升支撑数字旅游产业发展的人力资本，推动数字化旅游经济的高质量发展。数字化旅游人才，首先，要具备数字化思维。旅游数字经济的发展对旅游人才思维模式提出了更高的要求，数字化旅游人才需具有互联网意识，这是数字化思维的重要构成维度，通过学习人工智能、区块链等数字技术，使其树立数字化思维，加深对新一代智能技术的认知。其次，要具备数字化素养，特别是数据分析处理素养。能够通过数据分析技术和手段，对相关信息进行有效整理和分析等。最后，具备数字化应用和创新能力。在能够熟练运用相关大数据技术的基础上，将自身所学的旅游专业知识与大数据技术融合。如能够使用相关的数字化技术操控智能旅游机器设备、开发文旅数字产品等。

（二）专业化旅游人才

伴随新科技革命和产业变革的深化，游客更加成熟，对旅游产业和服务的需求越来越高，更加注重旅游体验，个性化、定制化、多样化和差异化的旅游需求成为常态。旅游业进入层次细分，个性化、定制化需求越来越普遍的时代。

"十四五"期间，旅游业发展将坚持精益求精，把提供优质产品放在首要位置，提高供给能力，着力打造更多体现文化内涵、人文精神的旅游精品，提升中国旅游品牌形象。坚持标准化与个性化相统一，优化旅游产品结构、创新旅游产品体系，针对不同群体需求，推出更多定制化旅游产品、旅游线路，开发体验性、互动性强的旅游项目。

为适应上述变化，需加快培养能够提供个性化服务的旅游定制师、旅游体验师、旅游规划师、新媒体营销师等专业化旅游人才，在实际的旅游服务过程中更加注重对个人服务细节的斟酌和提升，重点把握游客的心理和需求，提高游客的体验效果。培养专业化旅游人才，首先，要掌握旅游专业知识，包括旅游历史、旅游地理以及人文、道德和法律等方面的基础理论和知识。其次，要掌握旅游专业实践技能。具备稳固而扎实的技能功底也是专业

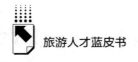

化旅游人才的重要前提条件。深化校企合作、产教融合、工学结合、知行合一的旅游教育教学,推进"订单式""现代学徒制""现代产业学院"等人才培养模式改革,培养一批技能精湛的旅游专业人才。

(三)国际化旅游人才

旅游业是世界性的产业,从其诞生以来就具有鲜明的开放性、国际性特征。

"十四五"期间,我国将加快构建以国内大循环为主体、国内国际双循环相互促进的新发展格局,统筹国内国际两个市场,有序促进入境旅游,稳步发展出境旅游,持续推进旅游交流合作。旅游成为我国对外交流的重要窗口和经济发展的动力,因此旅游人才的教育与培养不能仅考虑专业知识和技能,还需要重视国际化视野的培养。

国际化旅游人才需要具备国际化视野、意识和能力。首先,国际化旅游人才需要具备多元学习的能力,能够主动学习国际化知识,能通晓国际规则,具有良好的外语沟通能力等。其次,国际化旅游人才还需要具有国际化意识和精神,在从事旅游相关工作时,能够主动加强对外文化交流,加强中华优秀文化输出。最后,国际化旅游人才还能结合国际标准开发研制高水平旅游产品,并能借助科技手段设计更多个性化和创新性的产品。

(四)创新型旅游人才

"十四五"期间,我国将实施创新驱动发展战略,并以此为旅游业赋予新动能,主要表现在以下几个方面。一是体制机制创新。如加强旅游业大数据应用,加强旅游预约平台建设,建立旅游部门与公安、交通运输、统计、市场监管、金融、工业和信息化等部门数据共享机制等。二是新技术应用与技术创新。如大力发展智慧旅游,通过技术创新改善旅游信息获取、供应商选择、消费场景营造、便利支付以及社交分享等旅游全链条中的薄弱环节,优化资源配置,促进旅游业从资源驱动向创新驱动转变。三是旅游市场创新。如加快旅游业供给侧结构性改革，推进"旅游+"和"+旅游"多产业融合发展，延伸产业链，创新旅游业态、旅游服务方式、旅游消费模式等，促进旅游业态和旅游产品（服务）的全面升级，为广大旅游消费者创造新价值。

为适应这样的变化和要求，旅游从业人员的素质和能力结构需不断调整。旅游业高质量发展需要培养一大批具有创新意识、创新精神、创新思维和创新能力，并能够取得创新成果的创新型旅游人才。首先，创新型旅游人才需要具备创新意识和批判性思维，例如，能够发现旅游发展过程中的不足，敢于质疑，又能够汲取其中的优良成分并提出新的见解。其次，创新型旅游人才还需要具备融合创新能力，即能将学习到的多种知识融会贯通，从而形成新的要素，并应用到旅游发展相关工作中。

（五）复合型旅游人才

随着"旅游+"和"+旅游"的发展，旅游与文化、科技、教育、交通、体育、工业、农业、林草、卫生健康、中医药等领域相互融合、协同发展，延伸产业链、创造新价值、催生新业态，形成多产业融合发展的新局面。旅游业通过跨界融合，与其他产业或旅游业内部不同行业之间相互渗透、相互关联，最后形成新的业态。

"十四五"期间，旅游业将充分结合文化遗产、主题娱乐、精品演艺、商务会展、城市休闲、体育运动、生态旅游、乡村旅游、医养康养等打造核心度假产品和精品演艺项目，发展特色文创产品和旅游商品，丰富夜间旅游产品，培育世界级旅游度假区；大力发展红色旅游、自驾车旅居车旅游、冰雪旅游、研学旅游、海洋旅游、山地旅游、温泉旅游、避暑旅游、内河游轮旅游等。

因此，以文化和旅游融合为代表的"旅游+"和"+旅游"以及旅游要素多样组合而产生的旅游新业态，对旅游教育高质量发展提出了新要求，需要培养"1+N"的复合型旅游人才。首先，复合型人才，要变被动学习为主动学习，要避免学习是寻找标准答案的"路径依赖"，善于探究式学习、深度学习，在精通专业知识的同时具有多学科交叉知识，并以专业知识和能力为核心，实现多领域学科知识融会贯通。其次，复合型人才需要具备"1+N"的能力，实现从单向度到多向度的发展。例如，"1+法律"，即除了掌握旅游专业知识技能之外，还需要具备法律知识，能够运用多项能力解决旅游问题、促进旅游创新。

四　旅游教育高质量发展的对策建议

我国旅游高等教育处于起步阶段，旅游管理学科更是一个新兴学科，受新冠疫情影响，旅游人才需求锐减，家长和学生对旅游专业的报考持更加谨慎的态度，旅游管理类专业招生人数出现不同程度下降。[①] 同时，旅游人才培养供需结构性矛盾突出、专业链对接产业链滞后、产教融合不深、高水平教师短缺等问题依旧突出。[②] 新时代中国旅游教育高质量发展到了关键时刻。面向"十四五"时期旅游业高质量发展的人才新需求、新要求，加大旅游业领军人才、急需紧缺人才和新技术、新业态人才的培养力度，加快建设一支高素质旅游人才队伍，成为旅游教育高质量发展的历史使命。

（一）对接现代旅游产业发展，加强旅游学科和旅游人才研究

"十四五"时期是全面深化高等教育领域综合改革、实现高等教育内涵式发展的决胜时期，也是国家加快推进教育现代化的关键时期。旅游教育高质量发展的核心在于实现旅游人才培养与科研服务等职能与我国现代旅游产业体系发展有效衔接和有机融合，为旅游强国建设提供知识、技术和人才支撑，促进中国旅游业全面、协调、可持续发展。

第一，加强旅游学科研究，加快构建以人民为中心的新时代旅游业发展先进理论体系。旅游学科作为一个新兴学科和交叉学科，研究的内容繁杂交

---

① 保继刚：《旅游高等教育高质量发展的思考》，《旅游学刊》2023年第1期，第14~16页。
② 全国旅游职业教育教学辅导委员会、北京第二外国语学院中国旅游人才发展研究院主编《基于职业教育视角的中国旅游人才供给与需求研究报告（2020）》，旅游教育出版社，2021，第87~88页。

错，涉及经济学、管理学、历史学、地理学、社会学、艺术学、营销学等多种学科，旅游学科无论是理论概念还是体系结构，尤其是实践应用都不够成熟。① 因此，一要加强旅游基础理论研究。如加强旅游大数据和旅游人才大数据的基础理论研究，推动全国、区域、专题性和旅游人才供需等旅游大数据系统建设，为旅游学科研究提供有效的数据支撑。加强对旅游学科的理论构建和研究范式研究，争取在旅游学科体系建设和研究范式方面取得重大突破。二要加强旅游理论应用研究。立足于中国式现代化文旅产业发展实际和未来，加强与国家战略发展相关的旅游应用研究，如数字文旅、绿色旅游、旅游共享经济和循环经济等政策和应用研究，不断创新旅游理论、旅游研究方法、旅游知识和技术等，构建新时代旅游产业发展理论体系。三要加强新技术在旅游业的应用研究。当前以人工智能、大数据、物联网、云计算为代表的新一代信息技术推动新一轮科技革命和产业变革，因此只有加强对人工智能、大数据等科技创新成果在旅游业的应用研究，才能有力支撑旅游业高质量发展。

第二，加强对旅游人才的研究，加快做好旅游人才培养的顶层设计。高等教育作为教育强国的龙头，承担全面提高人才自主培养质量、着力造就拔尖创新人才、服务创新发展战略的重大使命。② 纵观中国旅游教育发展史，可以看出中国旅游教育是旅游业的发展催生的，是中国旅游业发展现实需求推动的，旅游教育高质量发展必须适应新时代旅游业高质量发展需求。因此，一要加强旅游人才供给与需求研究，科学预测旅游人才规模和质量。尽管近年来如中国旅游研究院、中国旅游人才研究院、文化和旅游部、全国旅游教指委等高度重视对旅游人才供给和需求的研究，立专项课题开展研究，并发布相关研究报告，但是研究普遍缺乏系统性、全面性、权威性和可持续性。因此，需要整合智库资源，建立旅游人才供给数据库和需求数据库，实施动态分析和科学预测，为教育部旅游学科专业设置和调整、合理确定招生规模和结构，以及各类旅游人才培养规格等提供科学决策依据和支撑。二要

---

① 王学峰、张辉：《新时代旅游经济高质量发展的理论问题》，《旅游学刊》2022 年第 2 期，第 3~5 页。
② 张锐、程晓：《科教融汇赋新能　人才引领创未来》，《光明日报》2023 年 7 月 7 日。

加强旅游人才培养目标定位与培养路径的研究。旅游高等教育人才培养类型主要有旅游高等职业教育类型和旅游普通高等教育类型，具体包括旅游高等职业教育（高职高专、职业本科）、旅游本科教育、旅游研究生教育（硕士、博士）。各种类型和层次的旅游人才其培养目标和定位不同，培养的路径亦不同，加强对各类旅游人才培养规模、培养规格质量以及培养路径等方面的研究，不断提高旅游人才培养供给侧与旅游业发展人才需求侧的匹配度、契合度、吻合度和适应性，解决旅游人才供需结构性矛盾。

（二）深化产教融合、科教融汇，实现旅游教育与旅游产业协同发展

实践证明产教融合、科教融汇是推动旅游教育高质量发展的必由之路，也是培养数字化、专业化、国际化、科技型、创新型和复合型旅游人才的必由之路。

第一，紧盯旅游产业发展趋势，深化以需求为牵引的旅游人才培养供给侧结构性改革，促进旅游教育与旅游产业同向同频。一要加强对旅游产业发展态势的研究。旅游教育要紧密追踪旅游产业升级和技术变革，充分掌握区域旅游产业发展趋势以及对旅游人才需求的规模和质量，动态调整和优化专业结构，建立并形成旅游人才培养供需匹配的良性发展机制，促进旅游人才链与产业链、创新链有效衔接。二要加快对旅游行业紧缺人才的培养。随着"互联网+"、智慧旅游产业快速发展，数字化旅游人才、智慧化旅游人才的供需缺口增大。因此，一方面要加快传统旅游类专业的数字化、智慧化改造；另一方面要加快开设旅游新技术开发、旅游新技术应用等新专业或专业方向，以适应区域旅游产业经济发展对紧缺旅游人才的需求。三要加大对专业化、创新型、复合型旅游人才的培养力度。旅游业作为一个综合型产业，其产业生态链较长，随着"旅游+""+旅游"等新业态的发展，旅游人才的就业范围更广泛。因此，旅游教育应紧跟旅游产业发展新趋势，不断创新课程体系，构建创新型、复合型高职旅游人才培养体系，以适应旅游市场对人才需求的变化，提升学生的就业竞争力和未来职业成长力。

第二，深化产教融合、科教融汇，建立并形成校企双元育人机制，提高旅游人才培养的行业适应性。一要加强顶层设计与制度创新。从旅游人才的培养来看，无论是美国康奈尔大学产学研一体的康奈尔模式、瑞士洛桑酒店管理学院店校合一的洛桑模式，还是澳大利亚以就业为导向的TAFE模式、德国以实践为导向的"双元制"模式，无不注重产教融合、科教融汇的旅游人才培养的顶层设计和制度创新。因此，各种类型和层次的旅游人才培养，首先要做好人才培养目标和定位的顶层设计，结合清晰的培养目标和定位进行产教融合、科教融汇的制度设计与创新。如发挥政行校企联合办学的资源优势，组建区域旅游教育政行校企联盟或命运共同体；搭建"产教融合、科教融汇"平台，通过试点"产教融合、科教融汇"项目等，探索破解制约产教深度融合、科教融汇的机制性障碍，建立并优化校企双元育人机制，探索创新面向旅游行业企业需求的人才培养模式，形成一批可复制、可推广的旅游人才培养新经验、新范式。二要深化产学研合作，明确产教融合、科教融汇的合作模式和内容。如可通过共建现代产业学院、产教融合型企业、产学研融合基地、协同创新中心、产教融合科研团队等方式，深化校企在专业建设、课程建设、教材建设、科技开发、社会培训、创新创业、文化传承等方面的一体化建设；校企协同培养技术技能人才以及专业学位硕士、博士研究生，培养造就一批卓越技术技能人才和旅游行业领军人才。同时在推进过程中，遵循"互利互惠、共享共赢"的原则，在管理方式创新性、政策制度保障性、预算资金到位性、策略举措落地性等方面下功夫。最大限度以产助学、以研促产，学训结合、训创融合，形成一个完整的"产教融合、科教融汇"逻辑链，充分发挥旅游企业的主体作用，不断深化旅游人才培养供给侧改革。

（三）加强师资队伍建设，补齐旅游教育高质量发展的师资短板

疫情对旅游业影响巨大，专业就业对口率下降明显，同时旅游企业作为服务行业企业，也存在就业吸引力不大，学生"不愿来、留不住、流失率偏高"等行业痛点，这对旅游教育、从业教师提出了巨大的挑战和考验。

如何实现高质量旅游人才培养是新时代旅游教育者面临的重要课题，因此，建设一支政治素质硬、理论功底深、研究能力强、实践技能精的高水平旅游教师队伍，成为旅游教育高质量发展的重中之重。

第一，强化教师师德师风建设，以德化人，立德树人。一要守牢师德师风底线，明确师德师风是第一标准，细化师德师风负面清单，建立师德师风建设长效机制。二要建立并完善师德师风教育培训、监督考核制度等，实施教师师德失范一票否决制。三要把好"三关"，首先是教师入职关，即招聘教师将师德师风考察摆在第一位，对道德失范和政治素养不高者，坚决不录用。其次是监督考核关，即在日常教学检查、考核评优、年终考核等，将师德师风考察纳入其中，增强教师的师德师风意识，培养德高为范的好老师。最后是晋升晋级关，即将教师的师德师风纳入职务晋升、职称评聘等考察，实施一票否决。

第二，强化教师理论功底、教科研能力和实践能力，促进高水平"双师型"旅游教师队伍建设。保继刚教授认为，对于旅游管理类专业，大学阶段如何平衡人文知识与专业知识、通识教育与专业教育、应用学科与基础学科的关系，是教育管理者必须思考并提出解决方案的问题。引申一点，大学要从一年级开始改变学生的学习方式和思维习惯，高水平师资是保证，相对而言，旅游学科高水平教师较为匮乏。[1] 因此，建设一支以探究型、创新型、实践型为特点的高水平"双师型"教师队伍，对培养数字化、专业化、创新型、复合型旅游人才尤为重要，也成为实现旅游教育高质量发展的关键。一要加强制度建设。高等院校应结合区域旅游经济发展及本校实际，制定"双师型"教师的招聘、遴选、培养、考核、激励等制度，每年列出专项经费预算，用于紧缺专业教师和高技能人才引进，同时在学校绩效奖励、职称评审、人员编制等方面，出台向"双师型"教师队伍倾斜的制度。二要根据区域旅游经济发展，结合学校旅游类专业布局、人才结构和实际需求制订"双师型"教师培养培训计划，通过挂职、轮训、研修、项目开发与

---

① 保继刚：《旅游高等教育高质量发展的思考》，《旅游学刊》2023 年第 1 期，第 14~16 页。

服务等方式培养教师成为行家里手；与旅游企业开展"师资双向流动"，强化对专任教师和企业兼职教师的教育培训，提高专任教师的教学实践能力和企业兼职教师的教学能力；选聘旅游企业高级技术人员担任产业导师，组建校企混编教师团队，深化教师、教材、教法"三教"改革，提升教师的执教能力和教科研水平，使其真正成为学生的学业导师和职业引路人。

（四）积极打造具有中国特色的旅游教育品牌，实现旅游强国目标

国际旅游是开放交流、增进国际交往的重要方式与平台，旅游业的国际化特点日益突出，旅游业发展更需要具有国际视野、通晓国际规则、具备处理国际事务能力并能熟练应用国际化语言的高素质复合型人才。因此，必须坚持自信自强、放眼国际办好旅游类专业，培养高素质国际化旅游人才。

第一，加强与发达国家的旅游教育品牌院校、国际高水平旅游教育组织的交流合作。积极开展学术研究、标准研制、人员交流；开展专业领军人才、学术带头人、骨干教师、教师教学创新团队等人才境外培训和交流。

第二，实施国际化学历教育，加快旅游国际化人才培养。主动"走出去"探索合作办学。如加强与国外哥校的合作，开展旅游专科教育与本科教育；旅游本科教育与研究生教育阶段统筹规划设计，贯通培养，通过开展本专科学位、本科双学位、本硕直通车等学历教育项目，实现教育资源国际共享，联合培养旅游国际化人才。

第三，积极参与"一带一路"建设，与跨国旅游企业或共建"一带一路"国家的院校合作，一方面，通过建设实习就业一体化的海外实习基地，让学生通过实践熟悉国际旅游运行规则，了解并适应国际化旅游市场环境；另一方面，积极开展境外办学和国际教育服务，输出中国旅游教育资源，提升专业办学的国际化水平。

第四，积极探索"中文+项目""中文+特色课程""中文+职业技能"等"中文+"国际化发展模式，推动中国教育、专业标准、课程标准、课程资源"走出去"，打造具有中国特色的教育品牌，为旅游强国、教育强国培养更多优秀的国际化旅游人才。

B.4
国际化旅游人才胜任力模型构建研究

李朋波[*]

摘　要： 世界经济的发展日益表现出竞争国际化的特征，由于国际贸易和资本相互渗透，要想在未来的市场竞争中取胜，各国必须着眼于全球市场。旅游业的国际竞争尤为激烈，为顺应旅游国际化发展对旅游人才需求不断增加的趋势，培养具有竞争力的国际化旅游人才已成为各旅游院校人才培养的首要任务。本报告将对国际化旅游人才进行内涵界定及特征分析，并采用程序化扎根理论方法，探索国际化旅游人才胜任力的各维度要素，最终构建国际化旅游人才胜任力模型，对培育国际化旅游人才具有实践指导意义。

关键词： 国际化旅游人才　程序化扎根理论　胜任力模型

一　国际化旅游人才内涵界定与特征

（一）国际化旅游人才内涵界定

国际化人才并不是一个全新的概念，古希腊时期的"游教""游学"中已蕴含"国际化""跨文化"的含义。随着经济全球化的深入发展，国际交往合作日益频繁，国际化人才成为提升国家核心竞争力的重要力量。从全球胜任力角度来看，国际化人才指具有家国情怀、国际化意识以及国际一流的知识结构，且视野和能力达到国际化水准，在全球化竞争中善于把握机遇和争取主动的高层次人才。国际化人才应具备以下基本素质：具有广阔的国际

---

　* 李朋波，北京第二外国语学院教授，主要研究方向为旅游人力资源开发与管理。

化视野和强烈的创新意识，熟练掌握本专业的国际化知识，熟悉国际惯例，具有较强的跨文化沟通能力、独立的国际活动能力、运用和处理信息的能力，且必须具备较高的政治思想素质和健康的心理素质，能经受多元文化的冲击，在培养国际化人才的同时保留中华民族的人格和国格。[①] 随着经济全球化发展，世界政治经济环境发生了翻天覆地的变化，旅游业的发展势头强劲，国际化旅游人才培养成为全球旅游人才培养的必然趋势。国际化旅游人才以全球化为背景，其本身具有"跨文化"的特征，因此要想清晰界定国际化旅游人才的内涵，就要理解国际化旅游人才的内涵，明确培养国际化旅游专业人才是旅游人才培养的本质所在。

现阶段，我国旅游业对国际旅游人才的概念界定还处于起步阶段，学界具有代表性的观点包括史丹萍从知识层面和能力层面对国际化旅游人才与一般性旅游管理者或从业者进行了区分，认为国际化旅游人才不仅要具有国际化旅游知识，还要掌握营销学、心理学和其他国家旅游文化方面的知识。[②] 李志刚基于旅游人力资源结构的优化和核心竞争力，将国际化旅游人才分为国际化旅游公共管理人才、国际化旅游经营管理人才、国际化旅游专业技术人才和国际化旅游教育人才，并提出国际化旅游人才具有熟悉和尊重文化、国际视野、跨文化沟通能力，通晓国际规则与惯例，适应国际环境等特征。[③] 汪胜华等则认为由于旅游的跨文化特点，国际旅游人才在跨国工作环境中要熟悉、尊重有关国家和地区的文化，并具有较强的跨文化交际能力，跨文化交际能力体现在旅游服务接待、产品设计与营销、企业管理等具体工作中。[④] 陈欣等学者从教育的角度，结合培养目标、培养途径和保障机制三

---

① 陈海燕：《"一带一路"战略实施与新型国际化人才培养》，《中国高教研究》2017年第6期，第52~58页。
② 史丹萍：《旅游人才现状及国际型旅游人才培养》，《河南广播电视大学学报》2006年第2期，第79~80页。
③ 李志刚：《我国国际化旅游人才开发策略探析》，《社会科学家》2007年第5期，第121~124页。
④ 汪胜华、黄蓉：《高校国际化旅游人才的跨文化交际能力教育研究》，《湖北民族学院学报》（哲学社会科学版）2012年第3期，第154~156、160页。

个方面，提出国际化旅游人才应具备国际思维和视野，了解国际旅游运作规则，有较强的外语交际能力、跨文化沟通能力和实践能力。[①] 从以上观点可以看出，对国际化旅游人才的概念定义学界尚没有统一标准，但其本质内涵较为固定。因此，本报告结合中国旅游业的国际化进程和发展趋势将国际化旅游人才定义为具有国际化思维和视野，系统掌握国际旅游知识，具有较强外语应用能力和跨文化交际能力与创新能力，能够胜任国际旅游岗位，能够在旅游业国际化进程中做出贡献的复合型人才。

（二）国际化旅游人才特征分析

国际化人才是影响我国旅游企业服务水准与国际接轨的核心要素之一，也是我国旅游企业走出国门、扩大经营规模、提高国际影响力的主要影响因素。本报告认为国际化旅游人才的特征包括具备国际思维与视野、尊重文化差异性、掌握旅游专业知识、具有跨文化沟通能力，以及具有创新精神和创新能力。

1. 具备国际思维与视野

由于国际旅游受国际政治关系的影响，国际旅游活动中涉及的许多重大问题需要由政府谈判解决，如签订国际旅游协定、航线协定、航空运输协定、移民和海关手续，以及保护本国公民外出旅游人身财产安全和正当权益等，由各有关国家政府部门协商决定。因此，国际化旅游人才的国际思维与视野不仅包括对旅游业在国际上的整体格局、前沿动态以及发展趋势有深入的了解，同时还应该把握国际旅游业发展的规律、国际形势对旅游业的影响，并能敏锐捕捉和准确把握潮流与最新成果。

2. 尊重文化差异性

在国际环境中，多元文化的冲突是一种常态，国际化旅游人才要在继承中国优秀传统文化的同时，以开放和尊重的态度看待文化的多样性，理解不同文

---

① 陈欣、胡坚达：《高职国际化旅游人才培养对策研究》，《中国大学教学》2016年第7期，第44~47页。

化的背景、价值观以及社会需求的差异，对当地文化保持足够的敏感性和灵活性。此外，在跨国环境中，旅游涉及的文化差异不只限于语言，还包括宗教、时间、空间、数字、美学和食物偏好等方面。因此，国际化旅游人才应深入了解有关国家和地区的悠久文明和历史文化，理解有关国家和地区的社会经济发展水平，愿意使用当地语言进行交流，尊重不同的生活方式和社会价值观。

3. 掌握扎实的旅游专业知识

国际旅游业是由高度细分的产业部门通过一个跨国的复杂分销链，销售住宿、餐饮、交通、观光、娱乐等产品和服务的产业。旅游业一直处于世界服务贸易的前沿，也是世界贸易组织口服务业开放承诺最多的一个领域。国际化旅游人才应具备扎实的旅游专业知识，善于运用旅游专业知识发现、分析和解决问题，与非国际化旅游人才相比，国际化旅游人才对知识的结构与质量有更高的要求，国际化旅游人才既要熟悉专业领域内的知识，又要掌握专业外的相关知识；既要有精深扎实的专业知识，又要具有雄厚的文化基础知识；既要掌握国际化的知识，又要掌握本土化的知识。由此，具备扎实的旅游专业知识是国际化旅游人才必备的特质之一。

4. 具有较强的跨文化沟通能力

旅游不仅是一种经济活动，而且是一种文化现象，文化的差异性使跨文化沟通能力成为国际化人才的显著特征。国际化旅游人才的跨文化沟通能力指以对旅游者文化背景的了解和旅游目的地社会文化的熟悉为基础，合理运用基本的语言沟通和非语言沟通技巧，以务实的态度，协调国际旅游活动与交往中的各种关系的能力。在国际旅游交流活动中，影响沟通的文化因素主要包括旅游服务者的文化背景、旅游者的文化背景、旅游目的地的社会文化和旅游企业的企业文化等。对国际化旅游人才而言，自身的文化背景和所供职企业的企业文化在一定时期内是相对稳定的，而旅游者的文化背景和旅游目的地的社会文化，则需要他们及时、自觉地了解和熟悉。

5. 具有创新精神和创新能力

旅游的魅力和价值在于为人们提供摆脱惯常居住生活的机会，使活动空间和活动内容发生转换，由此引发人们的新奇感受和体验。这不仅可以刺激

人对文化差异的感知和审美知觉的复苏，还能使人享受精神层次的满足和愉悦。因此，不断创新旅游产品不仅是消费者的需求，也是旅游业发展的必由之路。创新精神是以遵循客观规律为前提的，是一种敢于抛弃旧思想旧事物、创立新思想新事物的精神。而创新能力使国际化旅游人才具备敏锐的洞察力，能够准确把握市场和消费者的需求变化趋势，主动尝试新的理念和方法，不断寻求突破和发展。

二 国际化旅游人才胜任力要素及模型构建

（一）研究方法

扎根理论由 Glaser 和 Strauss 于 1967 年提出，通过编码探索反映社会现象的核心概念及概念间的联系，在系统收集和分析资料的过程中衍生出理论，是连接现实世界与理论世界的桥梁。[①] 该方法扎根于资料，在调查之前不提出理论假设，对调查资料进行经验概括，提炼概念，进而明确范畴与范畴之间的关系，是一种自下而上的归纳式研究方法。通过对多来源的数据进行编码分析可以逐步归纳出对研究现象的解释，该方法尤其适用于面向较新领域的探索性研究。[②] 基于此，本报告认为扎根于丰富的数据资料和具体的研究情境，自下而上对资料中的概念进行深入归纳和抽象，可提炼出国际化旅游人才胜任力要素。

（二）数据收集

本研究通过理论抽样进行样本筛选，充分考虑旅游业的研究情境，最终确定高职院校（职教本科、高职、中职）、从事国际化旅游事业的员工等作为本研究样本。一方面，职业院校的教师以及教学科研单位是

---

① Glaser B., Strauss A., *The Discovery of Grounded Theory: Strategic for Qualitative Research* (Chicago: Aldine Publishing Company, 1967).

② 陈向明：《社会科学中的定性研究方法》，《中国社会科学》1996 年第 6 期，第 93~102 页。

连接社会工作者与学生的桥梁，是实践与理论的结合者，更是未来旅游人才胜任力要素培养的直接"培训员"，可以更好地阐述与培育国际化旅游人才的胜任力；另一方面，从事国际化旅游工作的工作者直接与消费者接触，为其提供有形与无形的服务，符合旅游的情境化需要，使探索出的胜任力要素更加符合旅游业的情境需要。此外，多来源的样本可以增强研究结论的普适性与可靠性，更能有效解释国际化旅游人才胜任力要素。

科宾和施特劳斯曾指出，扎根理论的分析资料可以有多种来源，研究者不仅可以到现场获取一手资料，还可以通过网络收集二手资料，包括政府资料与文件，也可以使用图书馆和档案馆的资料。[①] 黄慧丹和易开刚关于平台型企业社会责任的内涵及维度探索也正是通过深度访谈、关于平台型企业社会责任的出版图书与相关报道、政府资料等多来源进行数据收集的。[②] 鉴于此，本研究结合深度访谈、相关报道资料、行业著作、开放式问卷等来搜集所需资料，时间为 2023 年 5~9 月。

深度访谈。本研究主要通过半结构化的深度访谈收集职教本科、高职、中职、知名旅游集团中从事国际化旅游工作的人才的质性资料，作为编码分析的一手数据。在具体操作中，主要锁定国内知名旅游职业院校的科研单位、权威学者、知名旅游集团的中高层管理人员和员工。采用该群体作为访谈对象的原因有三个方面。第一，旅游业的蓬勃发展得益于业内专家数十年的职业奉献，他们经历了旅游业兴衰更迭的发展历程，是业内当之无愧的"见证者"，对国际化旅游人才胜任力的要素认识更为深刻。第二，就科研单位与教师而言，他们一方面与企业、政府部门有密切联系，可以及时掌握国际环境对旅游人才胜任力要素的需要；另一方面基于学术与理论素养，他们的观点和看法更具前瞻性，对国际化旅游人才胜任力要素的理解和认知更

---

① 〔美〕朱丽叶·M. 科宾、安塞尔姆·L. 施特劳斯：《质性研究的基础：形成扎根理论的程序与方法（第 3 版）》，朱光明译，重庆出版社，2015。
② 黄慧丹、易开刚：《平台型企业社会责任的概念及其结构维度构建——基于扎根理论的探索性研究》，《企业经济》2021 年第 7 期，第 31~41 页。

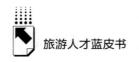

加全面和深刻。第三，知名旅游集团的发展历史悠久，在人才胜任力的培养方面受到业界公认，在日常运行中也注重对管理者及员工胜任力的培养和传承。通过访谈优秀员工可以获得更多具有针对性的案例和事件，提高数据资料的事实性、丰富性和准确性。

该阶段访谈了 28 位职业院校的科研单位代表人员及专业教师，其中男性 10 位、女性 18 位，平均年龄为 41 岁，平均从业年限为 10 年；3 家知名旅游集团的 9 位中高层管理者及员工。在操作过程中，研究者先将访谈提纲通过微信或邮件的形式发送到受访者手中，帮助其尽快熟悉访谈主题。正式访谈主要通过面对面访谈、电话访谈进行，包括 28 位职业院校人员（资料编号为 A1-A28），3 位中高层管理者（资料编号为 B1-B3），6 位一线员工（资料编号为 B4-B9）。在访谈时全程录音，结束后对录音进行转录形成可编辑的文本，最终得到 1665 分钟的录音音频，310406 字的访谈文本。

相关报道资料。采用公开的二手数据进行学术研究已有很长的历史，其可直接作为质性资料进行编码分析，为一手数据提供补充，提高研究结论的准确性。本研究主要通过二手数据来补充职业院校以及企业人员之外的其他资料，以增强研究结论的普适性。在具体的操作过程中，以"某行业+旅游人才胜任力"作为关键词，在两个以上的搜索引擎中进行检索，整理了 12 份完整的相关报告（资料编号为 B10-B21）。

行业专著。本研究将《胜任力：识别关键人才、打造高绩效团队》作为资料分析的第二类二手资料（资料编号为 B22），原因有以下两个方面。第一，该书的作者曾双喜是组织发展与人才管理专家，曾担任国内知名咨询公司合伙人。曾受聘担任广东省国资委特聘面试评委、三亚市人力资源开发局特约讲师、环球人力资源智库 2017 中国人力资源实践创新评选专家评审、世界经理人 2018 中国十大管理实践评审专家，其观点和看法较权威。第二，该著作从解码胜任力、构建胜任力和应用胜任力三个角度，详细介绍了胜任力的概念、胜任力模型的呈现形式，同时还介绍了万科集团、华润集团的胜任力模型，有助于从此类企业中习得旅游情境中国际化人才胜任力的要素及模型体系。

对收集到的各类数据资料按照研究脉络框架进行整理，检查资料的全面性、准确性和完整性，并与一手访谈数据进行对比，对不完整的资料进行补充，确保所研究的内容有足够的证据资料支撑，避免资料产生偏差。最终用于资料分析的质化数据包括37份访谈文本与开放式问卷（访谈文本及开放式问卷共计310406字）、12份网络素材（共计32174字）、1本专著。

根据不同的访谈对象，在开放式问卷中设计了不同的访谈问题。其中，针对职业院校人员的访谈问题为"从学术研究或人才培养的角度看，您觉得国际化旅游人才需要具备哪些素质与能力"。针对一线员工的访谈问题为"您认为作为一名国际化旅游人才需要具备哪些素质与能力？请您尽量结合平时在工作中的具体事件回答"。针对企业中高层管理者的访谈问题为"从企业日常管理或员工培养的角度看，您觉得国际化旅游人才需要具备哪些素质与能力"。

三 国际化旅游人才胜任力要素确定

（一）各要素内涵阐释

1. 外语语言沟通能力

（1）语言学习意识

语言学习意识指学习者对语言学习的认知和理解程度，以及对自己语言学习过程的思考和反思能力。拥有语言学习意识是掌握一门外语的前提。具备语言学习意识包括明确的学习目标、自主学习意识以及持续学习的意识。具体而言，首先，明确自己学习外语的目的是什么，例如为了更好地工作、学习或跨文化交流等。设定明确的学习目标可以帮助学习者更加有动力和方向地进行外语语言学习。其次，国际旅游人才应具备自主学习意识，持续提升自己的语言能力和专业知识，主动寻求学习机会以保持自身竞争力，并为游客提供更好的服务。最后，拥有语言学习意识还意味着国际旅游人才应具备持续学习的意识。外语学习是一个不断更新和发展的过程，学习者应具备持续学习的意识，不断积累和更新知识。他们应保持对外语学习的好奇心和求知欲，通过不断学习来提高自己的语言能力。

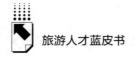

综上，具备语言学习意识的旅游人才有目标和动力去主动学习并掌握目标国家或地区的语言。

（2）外语基础知识

作为国际化旅游人才，外语基础知识指在学习一门外语时所需具备的最基本的知识。通过课堂培训、自主学习和实践经验等各种途径，从听、说、读、写四个方面掌握常用语言的相关知识。外语知识使国际旅游人才减少与外国旅游者的沟通成本，提高了沟通效率，能更好地满足游客的需求，提供更专业、更准确的服务，是外语沟通的前提也是跨文化交流的基石。

（3）外语表达能力

外语表达能力是跨文化交流的重要工具，指一个人使用非母语进行交流和表达的能力，它不仅包括听、说、读、写四个方面的技能，还包括灵活和准确地运用语言。一个拥有良好外语表达能力的个体能够流利、准确、自然地使用外语进行交流，并理解他人用外语表达的意思，这对国际旅游人才而言十分重要。具体而言，首先，外语表达能力能够促进跨文化交流，更好地理解和体验目的地文化。具备良好的外语表达能力将帮助其与游客进行顺畅的交流，可以向游客提供准确和更加易于接受的文化解释，拓展旅游体验的丰富性和深度，提高其旅游质量。其次，外语表达能力能帮助旅游人才更好地解决问题和应对危机。在旅游过程中，可能会出现各种问题和突发情况，具备外语表达能力的旅游人才可以与当地相关机构进行高效的沟通，解决问题，确保游客的安全和福祉。

2. 多元文化适应能力

（1）开放与尊重

开放与尊重指对不同文化保持好奇和开放的心态，尊重文化差异，具有跨文化同理心。开放与尊重的心态使旅游人才能够接纳和尊重不同文化背景的游客。具体而言，首先，开放和尊重他国文化的第一步是接纳和尊重不同国家文化的存在和多样性。旅游业通常需要从业者与来自各个国家和地区的游客交往，每个文化都有其独特的价值观、信仰和习俗。通过开放的心态，旅游人才能够理解和尊重不同文化的差异，并了解不同文化的需求和期望。其次，开放和尊重他国文化还涉及建立文化共识和对话的能力。国际旅游人才通过与其他文化背景的人分享自己的文化，理解彼此的差异和共同点，增进不同文化间的理解，更好地传播本国的文化和声音。

（2）国际文化常识

国际文化常识是对不同国家和文化的基本了解。它包括了解国家信息、地理知识、宗教文化、历史艺术等方面的知识。国际文化常识的掌握对国际旅游人才具有重要作用。具体而言，首先，国际文化常识能够丰富服务对象的旅游体验。旅游人才需要与来自世界各地的游客进行交流和互动。掌握国际文化常识可以帮助他们更好地理解和尊重不同文化的差异，促进有效的沟通和互动。具备国际文化常识的旅游从业者能提供更准确、真实和富有深度的文化解释，为游客提供更丰富、有意义的旅游体验。其次，国际文化常识能够帮助旅游从业者提升服务质量。了解不同国家和地区的文化习俗、礼仪规范和社会行为准则可以帮助国际旅游人才提升服务质量。他们可以根据游客的文化背景和偏好，提供适当的旅游建议和指导，避免误导或冒犯游客，从而有助于建立良好的客户关系，提升服务质量。最后，国际文化常识能够解决跨文化冲突。具备国际文化常识的旅游人才有一定的文化敏感性。在跨文化环境中，旅游人才可能会遇到各种文化冲突和误解，掌握国际文化常识可以帮助他们更好地理解和应对这些问题，避免冒犯或造成不适。他们可以通过尊重和包容的态度解决冲突，从而与客户保持良好的关系。

（3）跨文化交际能力

跨文化交际能力指在跨越不同文化和语言背景的人之间进行有效沟通和互动的能力。首先，国际化旅游人才应具备良好的倾听、表达和解释能力，了解不同文化之间的沟通方式和风格，并进行相应调整，因此在与不同国家旅游者沟通的过程中可以有效避免语言障碍和误解，从而能够更好地了解旅游者的需求，提供高质量的服务。其次，国际化旅游人才具备一定的文化适应能力是其进行跨文化交流的前提，例如，能够适应异国的饮食、生活方式、价值观和社交规范等。良好的文化适应能力使他们能够有效地适应和理解不同文化之间的差异，同时，人们更愿意接受其他文化的观点和表达，推动彼此的交流和融合，并与游客建立良好的关系。再次，跨文化的合作能力是跨文化交际能力的重要内容之一。在国际旅游业中，旅游服务提供商通常由来自不同文化背景和国家的员工组成，跨文化团队合作能够促进信息共享和团队协作。不同文化背景的团队成员具备独特的视角和经验，可以相互学习、互相补充，从而提高团队的协作效率和创新能力，以适应不同地区和文化的市场需求，提供创新产品和服务。最后，具有跨文化交际能力的人应具有更加开放的思维。通过跨文化交流和互动跳出自己的文化框架，开拓思维和探索其他文化的创新元素，激发新的想法、观念和艺术表达。这种跨文化的创新和发展有助于文化的传播和推广，同时促进国际旅游业的繁荣。

3. 国际旅游实践能力

（1）主动服务意识

主动服务意识指国际化旅游人才对游客需求的高度关注，通过热情的态度、主动的行动和准确的信息提供，为游客提供最优质的服务。主动服务意识主要体现在对游客热情接待、主动引导、时刻关注游客感受、对信息准确把握、及时解决问题等方面。首先，国际化旅游人才应用亲切的语言和表情，迎接到来的每一位游客。通过问候、介绍自己等方式，营造友好的氛围，让游客感受到尊重和欢迎。其次，国际化旅游人才应详细了解游客的需求和兴趣，根据游客的情况主动引导他们前往最适合他们的景点，提供具体的交通、餐饮等相关信息，并在途中提供足够的帮助和支持。再次，国际化旅游人才应时刻关注游客的感受和反馈，随时主动询问他们的意见和建议，并根据游客的意见进行改进，让游客享受到最优质的旅行体验。最后，国际化旅游人才应在出现问题时迅速解决，以最快的速度、最好的方式为旅游者提供帮助和支持，让游客信任旅游从业者、对旅游服务机构有良好的印象，并形成口碑效应。作为一名对职业具有高度责任心的国际化旅游人才，应始终保持主动服务意识，为旅游者提供最优质的服务和体验，树立起良好的形象和口碑，从而提升自身的竞争力。

（2）国际化旅游知识

作为国际化旅游人才，必须具备扎实的国际化旅游知识，了解旅游业的发展历史、现状和趋势，熟悉旅游学的基本原理，并善于运用旅游专业知识发现、分析和解决问题。国际化旅游人才应掌握或储备一定量的与旅游业紧密相关的知识。除了数量上的要求外，与非国际化旅游人才相比，国际化旅游人才对知识的质量有更高的要求。首先，国际化旅游人才应具备扎实的专业知识，熟悉旅游业的各个方面，包括旅游市场、旅游产品开发、旅游规范和标准等。掌握旅游学科的基本理论和方法，了解旅游管理、营销、规划等方向的专业知识。其次，国际化旅游人才应了解不同国家和地区的文化、历史、艺术等，以便更好地理解和尊重游客的文化背景。此外，还需要了解目的地的风俗习惯、礼仪规范等，以确保与游客之间的互动顺利进行。再次，国际化旅游人才应了解全球范围内的旅游市场和发展趋势，包括新兴旅游目的地、旅游科技应用、可持续旅游等。掌握国际旅游规范和标准，了解不同国家和地区的法律法规，确保在国际化旅游实践中合法经营。最后，国际化旅游人才应掌握本土旅游资源、文化特色和行业发展情况。了解本地旅游市场的需求和特点，结合国际化旅游知识，开展有针对性的产品创新和市场推广。通过掌握和应用这些国际化旅游知识，国际化旅游人才可以更好地应对和抓住国际化旅游环境中的挑战和机遇。

（3）专业化服务技能

专业化服务技能指国际化旅游人才在实践中所需具备的为游客提供高质量专业服务的能力。首先，国际化旅游人才应具备良好的沟通能力、口头和书面表达能力，能够与来自不同国家和地区的游客进行有效的交流，如流利的语言表达能力、准确的语音语调、清晰的逻辑思维等。其次，国际化旅游人才应通过了解并掌握专业的游客服务技巧，包括礼貌待客、倾听和理解游客需求、提供准确的信息和建议、处理投诉和问题等。通过专业的服务，让游客享受到热情、友好和高效的服务。再次，国际化旅游人才应具备制定旅游行程和安排活动的能力。根据游客的需求和时间限制，合理安排行程，协

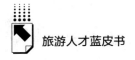

调各项活动的时间，确保游客的行程顺利进行。最后，国际化旅游人才应具备突发事件的处理能力。在旅游过程中，可能会出现各种突发事件，如意外事故、天气变化、健康问题等。国际化旅游人才应具备应对和处理这些突发事件的能力，保障游客的安全和利益。专业化服务技能是国际化旅游人才为游客提供优质服务必备的能力。只有通过不断地实践和经验积累，国际化旅游人才才可以逐渐提升自己的专业化服务技能，为游客带来更好的旅游体验。

4. 创新驱动发展能力

（1）创新突破思维

创新突破思维指国际化旅游人才在面对问题和挑战时，能够以创新的思维方式寻找新的解决方案和机会。首先，国际化旅游人才应具备开放的心态和思维，愿意接受新的观念、想法和方法。国际化旅游人才应积极主动地拓宽视野，与不同领域的人合作，从中汲取灵感和创新思路。其次，国际化旅游人才需要具备敏锐的洞察力，能够准确把握市场和消费者的需求变化趋势。通过分析数据、进行市场调研和观察，他们能够发现新的机会和趋势，及时做出相应的调整和创新。再次，创新突破思维强调从传统的思维模式中跳脱出来，进行思维的跳跃和联想。国际化旅游人才应将不同领域的知识与观念结合到一起，寻找新的创新点和解决方案。他们能够发挥想象力，提出独特的观点和见解。最后，国际化旅游人才在工作环境中应被鼓励和支持创新，并且允许出现错误。国际化旅游人才应从失败和错误中学习，不断改进和优化自己的创新思维方式。同时，他们应该主动尝试新的理念和方法，不断寻求突破和创新。创新突破思维是国际化旅游人才具备的一项重要能力，能够帮助他们在不断变化的旅游市场中保持竞争力。通过灵活的思维方式和创新的解决方案，他们能够为旅游业发展注入新的活力和动力，并推动行业的可持续发展。

（2）数字化前沿知识

数字化前沿知识指国际化旅游人才在数字化时代需具备的相关知识和技能。在信息时代，数字化正深刻影响着旅游业的各个方面。首先，国际化旅游人才需要了解并掌握互联网技术和应用，包括网站建设、在线预订系统、社交媒体营销等。利用互联网和数字化工具，为旅游企业提供全新的营销渠道和服务方式。其次，国际化旅游人才需要具备大数据分析的基础知识和技能，能够从庞大的数据中提取有价值的信息，并将其应用到旅游产品开发、市场策划等方面。通过利用数据分析结果，做出科学决策，并优化旅游服务和用户体验。再次，人工智能和机器学习技术正逐渐应用于游客服务、推荐系统、智能导览等领域。国际化旅游人才需要了解这些新兴技术，能够在实践中应用相关工具和算法。同时，随着智能手机的普及，移动应用和移动支付成为旅游行业发展的重要趋势。国际化旅游人才需要了解并熟悉各类移动应用和支付系统，能够为游客提供便捷的移动服务和支付方式。最后，虚拟现实（VR）和增强现实（AR）技术为旅游业带来了全新的体验和可能性。国际化旅游人才应了解这些技术的基本原理和应用场景，能够将其运用到旅游宣传、景区导览等方面。数字化前沿知识是国际化旅游人才必须掌握的，掌握这些知识可以帮助他们在迅速发展的数字化时代中保持竞争优势。掌握这些知识和技能，可以帮助他们更好地适应和引领旅游业的数字化转型，提供更具创新性和个性化的旅游产品与服务。

（3）个性化服务能力

个性化服务能力指国际化旅游人才在满足旅游者需求时，能够提供定制化、个性化的服务。随着旅游市场的发展和旅游者需求的多样化，提供个性化服务已成为吸引和留住游客的关键因素。首先，国际化旅游人才需要通过有效的沟通和调研手段，全面了解游客的需求和偏好。通过分析游客的个人特点、兴趣爱好、消费能力等信息，为游客提供个性化建议和服务。其次，国际化旅游人才应能够根据游客的需求和要求，为其设计和提供定制化的旅游行程和产品。他们能够结合游客的喜好、时间限制和预算等因素，制订个性化的旅游计划，并提供相应的服务支持。再次，个性化服务不仅要满足游客的基本需求，还要创造独特的旅游体验。国际化旅游人才能够结合目的地的特色和文化，为游客提供独特、令人难忘的旅游体验。他们应发挥想象力，设计新颖的活动和行程安排。最后，国际化旅游人才应善于与游客建立互信和合作关系，具备良好的游客管理能力。通过关注游客的反馈和意见，

及时做出回应和改进。个性化服务能力是国际化旅游人才必备的一项能力，使其在竞争激烈的旅游市场中脱颖而出。通过提供个性化、定制化服务，他们能够满足游客的多样化需求，提升游客满意度，并赢得游客的信赖。

"外语语言沟通能力""多元文化适应能力""国际旅游实践能力""创新驱动发展能力"主范畴提炼过程如表1至表4所示。

表1 "外语语言沟通能力"主范畴提炼过程

主范畴	范畴	贴标签	原始代表语句
外语语言沟通能力	语言学习意识	想要学习外语	B15-1:前两年在韩国做导游的时候,工作之余有在努力学习韩语; A8-1:我们学校本身定位就是培养国际化旅游人才,所以在平时会特别注重培养学生的语言学习能力,比如会定期举办英语角、英语演讲比赛等活动
	外语基础知识	掌握外语知识	A10-1:对国际化旅游人才而言,我们认为掌握外语知识很重要,所以在旅游管理、酒店管理等专业的课程设置中,为丰富学生的语言知识,会设置英语等必修课,也有韩语、日语等选修课
	外语表达能力	流利使用外语交流	B2-1:我目前在一家涉外酒店做前台,工作中会遇到很多外国人,需要流利地使用英语与他们沟通交流

表2 "多元文化适应能力"主范畴提炼过程

主范畴	范畴	贴标签	原始代表语句
多元文化适应能力	开放与尊重	文化开放性	B2-2:每个国家其实都有其独特的风俗习惯、文化传统等,我记得当时在印度带团的时候,是不能提及关于牛的话题的,因为牛在印度非常神圣;
		尊重多元文化	B7-1:我是左撇子,但是在埃及当地工作的时候,做事都是用右手,虽然很不习惯,但我尊重他们的文化
	国际文化常识	储备不同国家的文化常识	A2-1:在国际化旅游人才培养的课程设置中,为增加学生的多元文化常识,专门开设了"文明旅游""文化旅游"等选修课; B6-1:当时我在波兰运营一家小民宿,共有15间房,之前有做过功课,知道波兰人很忌讳13这个数字,认为它不吉利,所以在做房号时,我跳过了13这个数字
	跨文化交际能力	跨文化交流方式	B1-1:我记得我刚做导游那会儿,在法国带团时,那边与我们合作的公司员工真的非常热情,一上来就贴面吻,为了更好地融入当地文化,虽然很害羞、很不习惯,后面我也开始对着其他人做贴面吻

表3 "国际旅游实践能力"主范畴提炼过程

主范畴	范畴	贴标签	原始代表语句
国际旅游实践能力	主动服务意识	主动对客服务	B3-1:在日常培训时,前厅部经理强调我们这些一线员工眼里一定要有活儿,要主动为顾客服务,不要等顾客来问你; B14-2:我觉得主动、积极地为客人提供帮助、服务是我们酒店对员工的重要要求
	国际化旅游知识	国际旅游知识	A11-1:我们学校本身离越南很近,所以平时会专门开设"国际旅游"课程,以增进学生们对国际旅游知识的了解,具体课程内容包含国际旅游市场、国际旅游交通等
	专业化服务技能	掌握专业技能	E5-1:我在一家高档西餐厅工作,我觉得正确摆台、分辨各种刀叉的用途、为客人精准推荐菜品是这一岗位胜任力的体现

表4 "创新驱动发展能力"主范畴提炼过程

主范畴	范畴	贴标签	原始代表语句
创新驱动发展能力	创新突破思维	创新思维	B13-1:在我们园区(迪士尼),我们会努力使用一些新颖的、独特的服务模式,也会下意识地锻炼自己的创新思维,因为领导会对员工的创造性工作给予肯定和赞扬
	数字化前沿知识	数字化知识	A15-2:毫无疑问,现在数字化是企业转型的一大趋势,所以我们也在有意培养学生的数字化能力,通过开设数字化课程,介绍当下热门数字文旅产品,如数字藏品等,以丰富学生们持有的数字化前沿知识
	个性化服务能力	个性化服务	37-2:在我们酒店,我觉得为顾客提供差异化、个性化的服务是企业对我们的要求,也是我们需要掌握的工作能力之一,酒店会通过授权让我们有资源去提供个性化服务; B11-2:海底捞的普通一线员工,可以自由决定赠送客人水果盘或零食,一旦顾客有不满或其他要求,一线员工有权直接打折、免单等,针对不同客人的口味提供不同的味碟等

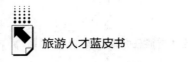

旅游人才蓝皮书

（二）整合性模型建构

对每一范畴进行深度分析，并围绕这一范畴确定相关关系，探索国际旅游人才所需的关键胜任力要素，并予以梳理概括，从职业素养（态度）、职业知识（知识）、职业能力（技能）三个层面提出国际化旅游人才胜任力要素内在逻辑与分析框架（见图1）。

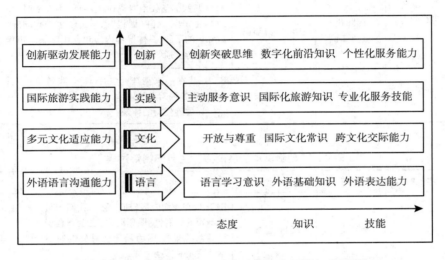

图1　国际化旅游人才胜任力要素的内在逻辑与分析框架

四　结论与讨论

本报告采用程序化扎根理论方法，从探索国际化旅游人才胜任力要素出发，以高职院校以及知名旅游集团为研究对象，选取职教本科、高职、中职、国际化旅游企业员工进行深度访谈。通过构建国际化旅游人才胜任力模型，为以后的人才培育提供了方向。研究结果显示，国际化旅游人才胜任力包含外语语言沟通能力、多元文化适应能力、国际旅游实践能力以及创新驱动发展能力四个维度。外语语言沟通能力指国际化旅游人才对外语语言知识学习的能力与意识，以及与目标群体能够顺畅沟通的能力，包括语言学习意识、外语基础知识及外语表达技能；多元文化适应能力指国际化旅游人才应具备跨文化交际能力，包括开放与尊重、国际文化常识、跨文化交际能力；国际旅游实践能力指国际化旅游人才应具备主动为顾客提供优质化、定制化服务的意识与知识，并将其付诸实践，包括主动服务意识、国际化旅游知识及专业服务技能；创新驱动发展能力指国际化旅游人才在数字化时代具备的创新意识与能力、数字化知识与能力，包括创新突破思维、数字化前沿知识及个性化服务能力。

习近平总书记强调："要大力培养掌握党和国家方针政策、具有全球视野、通晓国际规则、熟练运用外语、精通中外谈判和沟通的国际化人才，有针对性地培养'一带一路'等对外急需的懂外语的各类专业技术和管理人才。"[1] 旅游领域是最需要人才支撑的领域之一，而打造人才队伍非一时一日之功，建立国际化旅游人才胜任力模型不仅丰富和拓展了国际化旅游人才的胜任力要素，也对企业与国家培育国际化旅游人才具有实践指导意义。

---

[1] 《为共建"一带一路"培养语言人才（新论）》，中国共产党新闻网，2022年2月17日，http://theory.people.com.cn/n1/2022/0217/c40531_32353799.html。

需 求 篇

B.5
中国旅游业发展与中国旅游人才
需求趋势分析

张 骏*

摘 要： 近年来，我国旅游业迎接挑战，把握机遇，旅游市场得以调整恢复；通过重点任务实施服务国家发展；文旅深度融合促进行业呈现新面貌；科技助力旅游业实现转型升级，一系列新特点彰显旅游业的韧性与活力。在高质量发展背景下，旅游业还呈现服务大局，担负新时代新使命；统筹协调，推进均衡化新发展；提质增效，促进供给侧新改革；创新驱动，实现科技性新突破等新趋势。本报告针对我国旅游业发展特点，从人才强国战略视角出发，对旅游人才进行概念界定，并划分主要人才类型。在此基础上，提出三大人才需求趋势，包括高水平科技型旅游人才需求、高质量复合型旅游人才需求、高素质创新型旅游人才需求，为旅游人才优化培养提供参考。

* 张骏，博士，南京旅游职业学院副院长，教授，主要研究方向为旅游职业教育、文旅目的地建设等。

关键词： 旅游业　旅游人才　旅游市场

近年来，国际环境复杂多变，新冠疫情影响深远，我国旅游业坚持以习近平新时代中国特色社会主义思想为指导，深入贯彻落实党的二十大精神，迎接挑战、把握机遇、顽强拼搏、开拓进取、不断前行，呈现了一系列新特点、新趋势，也对旅游人才的发展提出了一系列新要求。

一　中国旅游业发展现状

（一）旅游市场调整恢复

2022 年，新冠疫情给旅游业带来诸多不确定因素。消费市场的出游行为也更趋保守，我国旅游业推动"限量、预约、错峰"常态化，启动旅游热点防疫预报机制。2022 年文化和旅游部会同相关部门印发了《关于促进服务业领域困难行业恢复发展的若干政策》《关于金融支持文化和旅游行业恢复发展的通知》等，深入开展文化和旅游企业服务月活动，集中推出 800 余项活动和惠企举措。文化和旅游领域纳入设备更新贷款贴息政策备选名单项目 1237 个。创新旅游服务质量保证金管理，自 2022 年 4 月起，暂退比例提高至 100%，允许新设旅行社暂缓缴纳。联合在线旅游企业发布旅游市场促进计划，建立健全季度经济形势研判机制等。各地文旅管理部门扎实做好"六稳"工作、全面落实"六保"任务，帮助旅游业市场主体用好用足普惠性扶持政策，还出台针对旅行社等旅游市场主体的一揽子助企纾困政策，启动旅游服务质量保证金改革试点，开展中小旅游企业服务月活动等帮助旅游企业走出疫情导致的经营困境。①

---

① 文化和旅游部：《2022 年全国文化和旅游厅局长会议工作报告》，2023 年 1 月。

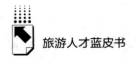

2022 年国内旅游人数为 25.3 亿人次，同比下降 22.1%，恢复至疫情前的 42.1%；实现国内旅游收入 2.04 万亿元，同比下降 30%，恢复至疫情前的 30.7%。① 2022 年，城镇居民游客人数为 19.3 亿人次，比上年下降 17.7%；农村居民游客人数为 6.0 亿人次，下降 33.5%。在 2022 年国内旅游收入中，城镇居民游客花费 16881 亿元，比上年下降 28.6%；农村居民游客花费 3563 亿元，下降 35.8%。②

随着我国疫情防控进入新阶段。文化和旅游部及时优化跨省旅游经营活动政策，取消"熔断"机制，恢复跨省团队旅游。自 2023 年 1 月 8 日起，取消入境隔离限制，旅游业迅速回暖，各地相继出台景区门票减免或打折、发放文化和旅游消费券等惠民利民政策措施。

国内旅游方面，据国内旅游抽样调查统计结果，2023 年第一季度，国内旅游总人次为 12.16 亿人次，比上年同期增加 3.86 亿人次，同比增长 46.5%。其中，城镇居民国内旅游人次为 9.44 亿人次，同比增长 52.0%；农村居民国内旅游人次为 2.72 亿人次，同比增长 30.1%。国内旅游收入（旅游总花费）为 1.30 万亿元，比上年增加 0.53 万亿元，增长 68.8%。其中，城镇居民出游花费 1.12 万亿元，同比增长 79.5%；农村居民出游花费 0.18 万亿元，同比增长 26.1%。③

出入境旅游方面，自 2023 年 2 月 6 日起试点恢复全国旅行社及在线旅游企业经营中国公民赴有关国家出境团队旅游和"机票+酒店"业务。自 3 月 15 日起，第二批出境团队旅游和"机票+酒店"业务恢复，外国人来华签证及入境政策也得到进一步优化调整。除去机票、签证、地接资源、目的地营销等

---

① 《2022 年中国旅游经济运行分析与 2023 年发展预测》，中国旅游研究院（文化和旅游部数据中心）网站，2023 年 2 月 21 日，http：//www. ctaweb. org. cn/cta/gzdt/202302/87d263c6c 80143059ebd91fe3ed430ad. shtml。

② 《中华人民共和国 2022 年国民经济和社会发展统计公报》，国家统计局网站，2023 年 2 月 28 日，https：//www. stats. gov. cn/sj/zxfb/202302/t20230228_ 1919011. html？ jump＝true。

③ 《2023 年一季度国内旅游数据情况》，文化和旅游部网站，2023 年 4 月 21 日，https：// zwgk. mct. gov. cn/zfxxgkml/tjxx/202304/t20230421_ 943280. html？ eqid＝85b870ca00029a5100 000003648867aa。

因素，出境游业务的全面复苏还需要航空、出入境等多部门政策协同，因此，中短期内出境游以有序逐步恢复为主。伴随入境游市场体系的重塑及旅游产品质量的提升，在各项利好政策的持续推动下，入境游市场将迎来全新的发展。提升世界级旅游目的地品质、关注城市旅游品牌的构建、创新推动国际旅游形象传播等均是提高我国入境旅游目的地市场竞争力的必由之路。

旅游业的调整恢复为旅游市场的稳开高走奠定了基础，根据中国旅游研究院的预测，2023 年国内旅游人数为 45.5 亿人次，同比增长 73% 左右，约恢复至 2019 年的 76%。实现国内旅游收入约 4 万亿元，同比增长约 89%，约恢复至 2019 年的 71%。全年出入境游客人数有望超过 9000 万人次，同比翻一番，恢复至疫情前的 31.5%。[①] 旅游业在防疫政策持续优化的背景下，有望迎来全面复苏和新一轮的高质量发展。

（二）通过重点任务的实施服务国家发展

新时代赋予旅游业发展新使命。近年来，我国旅游业发展坚持围绕中心、服务大局，体现了新担当。

从增强文化自信自强的角度来看，以红色旅游为例，红色旅游新业态蓬勃发展，促进了红色基因赓续。近年来，红色旅游不断掀起新热潮，进入高质量发展新阶段，红色旅游在核心内涵、市场结构、游客行为、产品创新、目的地发展、融合方式、科技赋能等方面呈现新特征、新趋势。2021 年是建党一百周年，调查显示，当年经典红色景区热度同比增长 89%，中共一大会址热度涨幅为 243%，井冈山风景名胜区热度涨幅为 140%，游客对红色旅游目的地红色文化氛围满意等级以上的比例为 94.5%，其中，非常满意和较满意的比例达79.1%。[②] 2022 年文化和旅游部更是推出了 10 家全国红色旅游融合发展试点

---

① 《2022 年中国旅游经济运行分析与 2023 年发展预测》，中国旅游研究院（文化和旅游部数据中心）网站，2023 年 2 月 21 日，http://www.ctaweb.org.cn/cta/gzdt/202302/87d263c6c 80143059ebd91fe3ed430ad.shtml。

② 《中国红色旅游消费大数据报告（2021）》，品橙旅游，2021 年 12 月 23 日，https://www.pinchain.com/article/262956。

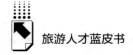

单位，开展红色旅游进校园、五好讲解员建设等一系列活动，推出一大批红色研学新课程、新时代红色故事。红色旅游已成为旅游业的重要组成部分，为红色文化的传承，以及讲好党史故事、讲好中国故事做出了新贡献。

从促进国家战略实施的角度来看，以乡村旅游为例，在乡村振兴国家战略实施的背景下，乡村旅游业发展如火如荼。据不完全统计，近年来，各地文化和旅游部门组织编制了2000多个乡村旅游规划①，指导乡村地区科学推进旅游资源开发和项目建设，全国乡村旅游重点村镇建设工作继续开展，2022年我国第四批298个乡村入选全国乡村旅游重点村镇名录，广西大寨村、重庆荆竹村入选联合国世界旅游组织"最佳旅游乡村"名单，优质乡村旅游品牌逐步涌现，社会资源投入加大，不断推进乡村旅游高质量发展。尤其是在疫情防控常态化期间，乡村旅游作为生态、休闲的近郊旅游产品受到越来越多的旅游者青睐。各地还普遍依托红色文化资源和绿色生态资源大力发展"红色乡村旅游"，为乡村旅游发展注入新动能。乡村旅游的蓬勃发展有力地促进了我国乡村振兴战略的全面实施。

从促进国际交流角度来看，开展多类型文旅活动，让世界了解中国、走近中国。近年来，"一带一路"文化和旅游交流合作持续深化，"欢乐春节""美丽中国""东亚文化之都"等品牌活动影响力不断扩大，中阿、中国—东盟、二十国集团等机制框架下的旅游交流合作持续深化。2022年第五届"阿拉伯艺术节"、发现中国之旅等活动成功举办，世界旅游联盟等我国主导的多边平台作用持续发挥。旅游业已成为加强对外交流合作和提升国家文化软实力的重要渠道。

（三）文旅深度融合促进行业呈现新面貌

近年来，文旅深度融合发展成为我国旅游业发展的重要特征。中国旅游研究院研究报告显示，超过九成的受访者表示会在旅游活动中进行文化消

---

① 《文化和旅游部对十三届全国人大四次会议第3638号建议的答复》，文化和旅游部网站，2021年9月16日，https://zwgk.mct.gov.cn/zfxxgkml/zhgl/jytadf/202111/t20211104_928809.html。

费。旅游者的文化体验内容主要包括文化场馆参观（占比为 29.6%）、打卡文艺小资目的地（占比为 46.1%）、看剧观展（占比为 47.9%）、演艺/节事（占比为 31.1%）、民俗体验（占比为 26.1%）等。[①] 文化体验已成为旅游体验的重要组成部分。坚持文旅相长，找准两者的相容性、契合处、联结点，已在各地形成了一批兼具文化和旅游特色的新产品、新服务、新业态。

近年来，我国文旅融合发展呈现三大显著特点。其一，文旅融合战略性举措不断加强。以国家公园和国家文化公园建设为例，国家层面战略性举措落地，取得显著成效。2022 年《国家公园管理暂行办法（征求意见稿）》成为国家公园建设的关键性制度保障；长城、长征、大运河、黄河、长江文化公园的建设工作统筹推进；国家文化公园官方网站和数字云平台加速建设，为文化传承和转化提供了有力支持。此外，《京张体育文化旅游带建设规划》《巴蜀文化旅游走廊建设规划》《旅游促进各民族交往交流交融计划》等得以印发并落地实施，文旅融合发展促进了文、旅、农、体等多业态间的融合，也对促进民族团结发挥了重要作用。

其二，文旅集聚区发展迅速。2021 年文化和旅游部公布了第一批国家级夜间文化和旅游消费集聚区名单，120 个项目入选，2022 年第二批 123 个项目入选。国家文化和旅游消费示范城市、试点城市建设等深入推进。各文旅集聚区承载的特色体验与业态满足了人们对美好生活的向往。比如，首批入选国家级夜间文化和旅游消费集聚区的南京长江路全长约 1800 米，集萃古都金陵千余年历史，集聚文旅商资源载体 30 余处，年客流量近 2000 万人次，长江路通过实施"八个夜文旅"计划，打造"色香味"俱佳的文旅"夜宴"，成为夜间文旅集聚区的典范，夜间文旅消费规模持续扩大。

其三，文旅融合型产品和服务不断涌现。在文旅融合的过程中，以博物馆、美术馆、艺术馆、书店等为代表的文化场所因各自本身的资源属性发挥

---

① 《2022 年中国旅游经济运行分析与 2023 年发展预测》，中国旅游研究院（文化和旅游部数据中心）网站，2023 年 2 月 21 日，http://www.ctaweb.org.cn/cta/gzdt/202302/87d263c6c80143059ebd91fe3ed430ad.shtml。

着越来越重要的作用；沉浸式演艺、汉服体验等一系列文旅融合的体验性"新玩法"越来越受到追捧；以沉浸式购物中心、亲子文旅体验馆、文旅不夜城项目为代表的文旅新地标越来越具有吸引力。比如，大唐不夜城街区项目就是其中的代表，该项目位于西安曲江新区西部，南北长 2100 米，东西宽 500 米，贯穿 6 个仿唐街区和西安音乐厅、陕西大剧院、西安美术馆、曲江电影城四大文化建筑，已成为一条现代化的"盛唐天街"、西安旅游必打卡的文旅融合新地标。

（四）科技助力旅游业实现持续转型升级

新一轮科技革命推动我国旅游业持续转型升级，一系列新设备、新工艺、新技术、新业态、新产品改变了旅游业的运营管理模式，也提升了旅游者的感知和体验。尤其是近年来，在疫情防控常态化的背景下，以旅游预约平台建设、分时段预约游览、流量监测监控、科学引导分流等为代表的智慧化旅游管理；以无接触预定、虚拟展示、智慧导览等为代表的科技化旅游服务全面普及，已成为旅游业的新常态。2022 年智慧旅游加快发展，《智慧旅游场景应用指南（试行）》等相继发布，推进"上云用数赋智"行动取得实效。

近年来，我国以数字化、网络化、智能化为特征的智慧旅游发展迅速，在四大方面取得显著进展。其一，旅游目的地智慧管理能力不断加强。根据文化和旅游部评选出的智慧旅游典型案例，旅游景区、度假区、乡村旅游建设运营方面均呈现智慧化转型特点。比如故宫博物院"智慧开放"项目实现 LBS 定位、GPRS 导航等功能；武夷山景区通过智慧管理平台实现了"资源保护数字化、经营管理智能化、产业整合网络化"功能；黄果树瀑布景区基于"一个中心，四个平台"的管理体系实现了智慧化的客流管理功能等，进一步增强了不同类型、不同规模旅游目的地的综合管理能力。

其二，智慧旅游大数据分析技术水平不断提升。文化和旅游部"2022 年文化和旅游数字化创新实践十佳案例"显示，全国旅游市场景气监测和政策仿真平台经过 2 年时间的平稳迭代和运行，目前已实现了对 130 多个旅游指标的研发和数据挖掘，能够为旅游管理和决策提供可靠依据。文化和旅游部信息中心依托文旅大数据网评信息系统，针对各类旅游经营主体开展广泛的评价、引导、预警等工作，有利于旅游业决策和管理工作的科学化。

其三，智慧旅游服务体系建设愈加完善。比如，北京市延庆区打造了"长城内外"全域旅游数字化生活新服务平台、黑龙江省黑河市提供了智慧旅游服务平台一站式无障碍服务、江苏省苏州市设计了"君到苏州"文化旅游总入口平台等，均从便捷出行、有效服务、一站式问题处理等方面提升了旅游公共服务的综合效能。值得指出的是，在数字技术的支持下，智慧旅游服务的适老化相关工作持续推进，2022 年 12 月，文化和旅游部资源开发司发布了 10 个智慧旅游适老化示范案例，以发展智慧旅游的方式解决老年人出游"数字鸿沟"问题。各地通过数字赋能提供更多适老化智能服务产品，让老年群体也能享受更便捷、更有温度的智慧旅游服务。

其四，智慧旅游促进了旅游资源的灵活配置。近年来，旅游电商平台积极布局"云旅游"、直播电商等新业态，并与更多旅游目的地的票务系统、酒店预订系统等实现有效链接，促进了旅游资源的高效配置，也助推旅游电商企业的业绩迅速回暖。以携程集团为例，数据显示，2022 年其净收入合计 200.39 亿元，净利润为 13.67 亿元，实现扭亏为盈。①

二　高质量发展背景下旅游业发展趋势

高质量发展是我国当前和今后一个时期确定发展思路、制定经济政策、实施宏观调控的根本要求，从高速度发展到高质量发展是量变到质变的转型过程。这一转变使经济运行更有效率、产业结构更加合理、企业提供的产品和服务品质更高，最终实现经济发展更可持续、生态环境更加绿色、社会分配更加公平。党的二十大报告明确提出要"加快构建新发展格局，着力推动高质量发展"，指出高质量发展是全面建设社会主义现代化

---

① 《携程集团宣布净赚 14 亿年报：近三年首次盈利》，中国网，2023 年 4 月 21 日，http：//t.m.china.com.cn/convert/c_0b7HD3GE.html。

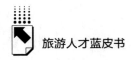

国家的首要任务。发展是党执政兴国的第一要务,而高质量发展具有鲜明的民生导向性,高质量发展应能够满足人的多层次需求,既为人民提供高质量的产品和服务以满足人的基本需要,也要保障公平正义,为人的自我实现创造社会环境和基本条件,从而满足人民日益增长的对美好生活的需要。①

在高质量发展的背景下,我国旅游业的发展呈现一系列新趋势、新特点。国务院印发的《"十四五"旅游业发展规划》,明确了"十四五"期间我国旅游业发展的目标,即"到 2025 年,旅游业发展水平不断提升,现代旅游业体系更加健全,旅游有效供给、优质供给、弹性供给更为丰富,大众旅游消费需求得到更好满足"。展望 2035 年,"旅游业综合功能全面发挥,整体实力和竞争力大幅提升,基本建成世界旅游强国,为建成文化强国贡献重要力量,为基本实现社会主义现代化作出积极贡献"。② 在这一目标的指引下,我国旅游业的发展需要契合高质量发展的整体性要求,通过转型升级,不断实现新的跨越。

(一)服务大局,担负新时代新使命

党的二十大报告指出要"以中国式现代化全面推进中华民族伟大复兴"。实践证明,中国式现代化是强国建设、民族复兴的唯一正确道路。我国旅游业的发展在新时代要主动服务大局,通过高质量发展,推动中国式现代化的新实践。通过服务"国之大者",勇担新时代新使命。

中国式现代化是中国共产党领导的社会主义现代化,既有各国现代化的共同特征,更有中国特色。中国式现代化的新实践对旅游业发展提出了新要求。其一,中国式现代化是人口规模巨大的现代化。我国幅员辽阔,人口规模巨大,需求特征多样,旅游消费市场业呈现鲜明的多元化特点。目前,大

---

① 赵剑波、史丹、邓洲:《高质量发展的内涵研究》,《经济与管理研究》2019 年第 11 期,第 15~31 页。

② 《"十四五"旅游业发展规划》,国家发展和改革委员会网站,2022 年 3 月 25 日,https://www.ndrc.gov.cn/fggz/fzzlgh/gjjzxgh/202203/t20220325_1320209.html。

众旅游出行和消费偏好发生深刻变化，线上线下旅游产品和服务加速融合，人民群众旅游消费需求将从低层次向高品质和多样化转变，由注重观光向兼顾观光与休闲度假转变，对旅游行业的发展提出了一系列新需求，旅游业的发展既要充分利用超大规模市场带来的坚韧需求基本面的优势，也要通过转型升级满足不同类型细分市场的需求，充分发挥为民、富民、利民、乐民的积极作用。

其二，中国式现代化是全体人民共同富裕的现代化。旅游业发展应当承担扩大内需的重要任务，成为加快释放内需潜力、形成强大国内市场、畅通国民经济循环、促进国民经济增长的重要引擎。尤其通过发展旅游业带动欠发达地区实现更高水平的小康和共同富裕，使不同地区、不同民族的民众都能享受到旅游业发展的成果，并通过旅游业发展促进当地群众文明水平提升，实现精神上的自信自强、生活上的和睦和谐，这是新时代旅游业发展的题中应有之义。

其三，中国式现代化是物质文明和精神文明相协调的现代化。"坚持以文塑旅、以旅彰文，推进文化和旅游深度融合发展"是党的二十大报告提出的要求，新时代旅游业的发展趋势必然是将产业发展、经济带动与文化素养培养、道德情操熏陶结合起来，让旅游成为发展社会主义先进文化、弘扬革命文化、传承中华优秀传统文化的重要载体。

其四，中国式现代化是人与自然和谐共生的现代化。这就要求新时代的旅游业发展要走内涵式发展的道路，在旅游开发的模式上坚持可持续发展，坚持节约优先、保护优先、自然恢复为主的方针；在旅游项目的打造、旅游服务的提供等方面践行"绿水青山就是金山银山"的理念，通过关键性理念、技术、标准、规范的创新发展为"美丽中国"建设做出新贡献。

其五，中国式现代化是走和平道路的现代化。在百年未有之大变局背景下，国际局势中的不稳定不确定因素进一步增加，我国面临的外部环境更趋复杂严峻，国内改革发展稳定任务艰巨繁重，要坚持稳中求进工作总基调，推动旅游业发展行稳致远，统筹好发展和安全的要求，在守住安全生产底线、生态安全底线、意识形态安全底线的同时，满足人民群众日益增长的多样化、普及化的文旅新需要，尤其是通过旅游业发展，大力构建全方位、多层次的中外交流合作新格局，讲好中国故事、传播好中国声音，展现可信、可爱、可敬的中国形象。通过涉外旅游业发展，加强国际传播能力建设，全面提升国际传播效能，深化文明交流互鉴，推动中华文化更好走向世界。

（二）统筹协调，推进均衡化新发展

现阶段，我国社会的主要矛盾是人民日益增长的美好生活需要和不平衡不充分的发展之间的矛盾。旅游业也面临发展不平衡、不充分的问题，旅游业的高质量发展，意味着需要实现产业格局的新优化和空间布局的新架构，从而促进旅游业均衡发展，以更好服务人民群众日益增长的美好生活需要。

从产业格局的角度来看，旅游业要把握新发展阶段、贯彻新发展理念、构建起新发展格局。具体来看，在旅游业发展目标的构建上，要从单纯的数量和速度评价转向质量和效益，重点关注旅游业的综合效益、居民出游率和游客人均消费、旅游全要素生产率等质量型指标。[①] 在旅游业市场格局的构建上，要处理好国内旅游大循环、国内国际旅游双循环共同发展的关系。一方面，通过重构旅游市场前沿和腹地，重塑城市旅游与乡村旅游的关系，形成一批优质的城市型旅游目的地和高品质的乡村型旅游目的地，促进国内旅游大循环在城乡之间有序开展。另一方面，通过中国旅游整体形象的打造，和不同地区的区域形象塑造，吸引国际旅游者探访，建设国际性高水平旅游目的地。让旅游业成为加快释放内需潜力、形成强大国内市场、畅通国民经济循环，并加强国际间经济和文化往来，促进国民经济增长和国际间交流的重要引擎。

从旅游产业空间布局的角度来看，高质量发展就是要缩小东西部地区之

---

① 宋瑞主编《2022～2023 年中国旅游发展分析与预测》，社会科学文献出版社，2023，第 17 页。

间、城乡之间的差距，缩小不同区域在旅游公共服务、旅游管理水平和旅游产品开发能力等方面的差距。因此，我国旅游业发展一方面将进一步以长城、大运河、长征、黄河国家文化公园和丝绸之路旅游带、长江国际黄金旅游带、沿海黄金旅游带、京哈—京港澳高铁沿线、太行山—武陵山、万里茶道等为依托，打造"点状辐射、带状串联、网状协同"的全国旅游发展格局。另一方面，将重点建设一批旅游枢纽城市，分类建设一批特色旅游目的地，带动周边旅游目的地发展，优化目的地布局。在城市规划布局中，还需要推动更多城市将旅游休闲作为城市基本功能，城市群规划建设应重点满足同城化、一体化旅游休闲消费需求；在城镇规划布局中，围绕推进以人的需求为核心的新型城镇化和美丽乡村建设，合理规划建设特色旅游村镇，实现城乡旅游休闲空间的优化布局。

此外，在推进全国旅游业统筹协调、均衡化新发展的过程中，坚持文化引领、生态优先保护的原则，传承好人文资源、保护利用好自然资源、创新资源保护利用模式，处理好发展与保护的关系、发展与稳定的关系等，也是旅游业发展的必然趋势。

（三）提质增效，促进供给侧新改革

在大众旅游时代，我国旅游业还面临发展不平衡不充分、改革任务重、创新动能尚显不足、治理能力和水平需进一步提升等诸多问题，尤其是如何推动旅游业从资源驱动向创新驱动转变。需要彻底改变粗放型的旅游开发、管理、运营模式和急功近利的发展观念，探索实现旅游业转型升级的新思路、新路径。

供给侧改革是适应和引领经济发展新常态的重大创新和必要举措。为有效解决制约旅游业发展的瓶颈问题，促进旅游业提质增效，应以供给侧改革着力解决旅游产品供给结构不合理的问题，以满足广大游客个性化、多元化的旅游需求。旅游业供给侧改革是一揽子工程，其重点可以从旅游企业发展、旅游产品创新、旅游业态融合等角度加以分析。

从市场主体的角度来看，旅游供给侧改革需要实现大中小旅游企业的共

同发展。通过做强、做优、做大骨干旅游企业，并稳步推进战略性并购重组和规模化、品牌化、网络化经营，进一步培育一批大型旅游集团和有国际影响力的旅游企业；同时还需要充分利用各项扶持政策，为中小型旅游市场主体纾困解难，支持中小微旅游企业特色发展、创新发展和专业发展，通过营造公平竞争的市场环境，增强我国旅游市场主体的活力和实力，为旅游供给侧改革的推进奠定更加坚实的基础。《"十四五"旅游业发展规划》明确提出要"着力扶持一批扎根农村、心系农民的乡村旅游企业""支持旅游规划策划、创意设计、研发孵化、管理咨询、营销推广等专业机构和服务企业发展。加强旅游企业品牌建设"①，把做优做强做大作为各类旅游企业发展关注的重点，实现大中小旅游企业的良性发展。

从旅游产品角度来看，我国旅游业发展需坚持精益求精，把提供优质产品放在首要位置。要建设一批富有文化底蕴的世界级旅游景区和度假区；打造一批文化特色鲜明的国家级旅游休闲城市和街区；大力发展高品质的红色旅游，突出爱国主义和革命传统教育，坚持培育和践行社会主义核心价值观；规范发展乡村旅游，助力乡村振兴战略的实施，此外还需要推进自驾车旅居车旅游、冰雪旅游、研学旅行、海洋旅游、山地旅游、温泉旅游、避暑旅游、内河游轮旅游、低空旅游等业态产品的新发展等，以形成形态多样、类型丰富、结构合理的多元旅游产品体系，为旅游者需求侧提供有效供给。

从产业融合发展的角度来看，我国旅游业需进一步推进"旅游+"和"+旅游"的相关工作，促进不同业态的融合发展。具体而言，要着重促进文化和旅游的业态融合、产品融合、市场融合、服务融合，以及旅游业与科技、教育、交通、体育、工业、农业、林草、卫生健康、中医药等领域的相互融合、协同发展，促进优势互补、形成发展合力，为供给侧改革的推进提供新动力。这就需要我国旅游业进一步发挥涉及面广、带动力强、开放度高

① 《国务院印发〈"十四五"旅游业发展规划〉》，中国政府网，2022年1月20日，https：// www.gov.cn/xinwen/2022-01/20/content_5669507.htm。

的优势，推动自驾游、冰雪旅游、红色旅游、乡村旅游、研学旅游、海洋旅游等业态创新内容、提质升级，推出更多定制化旅游产品、旅游线路，开发体验性强、互动性强的多业态融合性旅游项目，更好满足大众旅游特色化、多层次需求。产业融合发展将是我国旅游业提质增效、优化发展的主旋律，推动不同业态间，尤其是文化和旅游间的深度融合、创新发展，营造共生共赢的良好发展局面。

（四）创新驱动，实现科技性新突破

新一轮科技革命和产业变革深入推进，对旅游业提出了创新发展的新要求。《"十四五"文化和旅游科技创新规划》指出"聚焦智慧旅游发展关键技术，以科技创新提升旅游业数字化水平，深化'互联网+旅游'融合创新，丰富和优化数字旅游产品和服务共给，培育文化和旅游融合消费的新业态、新模式，提升旅游业现代化水平"。[①] 可见旅游业的创新发展需要充分运用数字化、网络化、智能化科技创新成果，升级传统旅游业态，改革旅游信息获取、供应商选择、消费场景营造、便利支付以及社交分享等旅游全链条，从而实现旅游管理和服务方式、旅游业态和旅游产品的全面升级。

从国家布局角度来看，《"十四五"旅游业发展规划》明确提出要实施"国家智慧旅游建设工程"[②]，以科技为引领，实现智慧旅游新发展。该工程的实施将从多个方面推进智慧旅游"上云用数赋智"，实现新一轮科技革命和产业变革在旅游业的落地见效。这也是我国旅游业通过智慧化、科技化发展促进产业创新的重要行动指南。"国家智慧旅游建设工程"从三个方面提出智慧旅游建设的具体举措。其一，要有效整合旅游、交通、气象、测绘等信息，综合应用第五代移动通信（5G）、大数据、云计算等技术，及时发布气象预警、道路通行、游客接待量等信息，加强旅游预约平台建设，建立大

---

① 《文化和旅游部关于印发〈"十四五"文化和旅游科技创新规划〉的通知》，文化和旅游部网站，2021年6月11日，https：//zwgk.mct.gov.en/zfxxgkml/kjjy/202106/t20210611_925154.html。

② 《国务院印发〈"十四五"旅游业发展规划〉》，中国政府网，2022年1月20日，https：//www.gov.cn/xinwen/2022-01/20/content_5669507.htm。

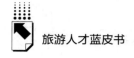

数据精准监管机制，实现旅游管理和监测预警的高效化、准确化。其二，要通过打造一批智慧旅游城市、旅游景区、度假区、旅游街区，促进一批数字化体验产品和沉浸式互动体验、虚拟展示、智慧导览等新型旅游业态的蓬勃发展，开发推进以"互联网+"为代表的旅游场景化建设，增强旅游产品的体验性和互动性，实现旅游服务的便利性和安全性，不断优化旅游者的体验感，提高人民的幸福感、获得感和安全感。其三，要加快推动大数据、云计算、物联网、区块链及5G、北斗系统、虚拟现实、增强现实等新技术在旅游领域的应用普及，推进夜间旅游装备、旅居车及营地、可移动旅居设备、游乐游艺设施设备、冰雪装备、邮轮游艇、低空旅游装备、智能旅游装备、旅游景区客运索道等自主创新及高端制造，通过培育一批智慧旅游创新企业和重点项目，促进旅游市场主体发展。

从旅游业具体运用场景来看，5G、大数据、人工智能、区块链等信息化新科技将大有用武之地。在丰富旅游体验方面，通过AR、VR等技术可进一步增强旅游者沉浸式体验的互动效果和感知效果，并通过智慧导览、云上体验等多种方式带给旅游者更优质的体验，从而促进旅游消费的蓬勃发展。在有效管理和精准营销方面，信息化技术可以打破信息壁垒，弥合数据鸿沟，提升管理和服务的效率，也可以让旅游供给与旅游需求更好地适配，提高市场运转效率，促进供需两旺、良性发展等。随着智慧旅游运用场景的不断拓展和技术本身的迭代发展，智慧旅游将在优化管理、促进资源配置、提升旅游体验等方面发挥更加重要的作用，科技发展必将助推旅游业的发展变革。

三 人才强国战略视角下旅游人才需求趋势分析

（一）人才强国战略视角下旅游人才定义

当前世界处于百年未有之大变局，我国处于实现中华民族伟大复兴的关键时期。"治国经邦，人才为急"，面对新起点和新局面，必须更加注重人才队伍建设，为国家富强、民族复兴提供人才支撑。2002 年中共中央办公厅和国务院办公厅印发的《2002—2005 年全国人才队伍建设规划纲要》首次提出实施"人才强国战略"。2007 年人才强国战略作为发展中国特色社会主义的三大基本战略之一，被写入党章和党的十七大报告。

自党的十八大以来，一系列新理念、新战略、新举措的提出推动我国人才工作不断深入发展，并且取得了历史性成就，人才队伍快速壮大，人才效能和人才比较优势持续增强，我国已拥有一支规模庞大、素质优良、结构不断优化、作用日益突出的人才队伍。站在新的历史起点上，新时代对人才工作提出了新要求。党的二十大报告指出，要深入实施人才强国战略，"培养造就大批德才兼备的高素质人才，是国家和民族长远发展大计。功以才成，业由才广。坚持党管人才原则，坚持尊重劳动、尊重知识、尊重人才、尊重创造，实施更加积极、更加开放、更加有效的人才政策，引导广大人才爱党报国、敬业奉献、服务人民"。①

旅游业的发展离不开旅游人才的保障和支持。《"十三五"旅游人才发展规划纲要》将旅游人才定义为旅游人力资源中能力和素质较高，具有一定旅游专业知识、专门技能，能够进行创造性劳动，提供高质量服务，并对旅游业发展做出一定贡献的人。② 在学界，学者们则从不同角度，对旅游人才加以多样化的定义。李明宇认为旅游人才是为游客提供旅游服务的人员，如导游、饭店从业人员等；③ 叶祥坤认为旅游人才主要指景区接待员、导游、旅游酒店服务员等基础旅游服务的从业人员。④ 这类观点对旅游人才的定义主要限于旅游服务层级。刘学岚从旅游人才体系的角度出发，认为旅游人才由高级

---

① 《习近平：高举中国特色社会主义伟大旗帜　为全面建设社会主义现代化国家而团结奋斗——在中国共产党第二十次全国代表大会上的报告》，共产党员网，2022 年 10 月 25 日，https：//www. 12371. cn/2022/10/25/ARTI1666705047474465. shtml。
② 《国家旅游局办公室关于印发"十三五"旅游人才发展规划纲要的通知》，文化和旅游部网站，2017 年 7 月 3 日，https：//zwgk. mct. gov. cn/zfxxgkml/rsxx/rcgl/202012/t20201213_919310. html。
③ 李明宇：《浅析我国旅游人才培养的现状与对策》，《人才资源开发》2016 年第 12 期，第 55 页。
④ 叶祥坤：《湖北省英山县全域旅游人才队伍建设研究》，武汉轻工大学，硕士学位论文，2022，第 10 页。

管理干部、中级管理干部、专业技术人员、翻译导游、服务人员与一般工作人员、研究人员组成;① 刘住从旅游业主体人才的构成角度出发,认为旅游人才包括旅游行政管理人才、旅游企业经营人才、旅游专业技术人才、旅游服务技能人才。② 这类定义将旅游人才从服务层面拓展至旅游业发展的各个维度。童地轴认为,旅游人才指发展旅游业所需的具有某种工作特长和综合素养的人员,尤其指各级旅游管理部门和旅游企业中的各类管理人员与技术工人、服务人员。③ 何凌认为,旅游人才从职业范围来看,指在旅游行业中为游客提供旅游服务的人员,具体包括在六大旅游要素(食、住、行、游、购、娱)岗位上从事旅游服务与管理工作的人员;从能力构成上看,旅游人才则指具有一定文化知识、专业技能熟练、思想道德素质良好,并且能够为旅游业做出一定贡献的人。④ 此类定义不仅重视旅游人才的具体工作技能,也关注到旅游人才的综合素养问题。

基于以上文旅部门对旅游人才的定义和学者们对旅游人才内涵的不同诠释,本研究认为可以从狭义和广义两个层面上对旅游人才进行界定。狭义上的旅游人才,指直接为游客提供旅游服务的高技能人员,包括食、住、行、游、购、娱等各个岗位上从事旅游服务与管理工作的人员。广义上的旅游人才,指掌握旅游专业知识,具备旅游业研究、规划、开发、管理、服务等能力,综合素养较高,能够推动旅游业理论或实践发展,并为之做出积极贡献的各类专业人员。

(二)人才强国战略视角下旅游人才的主要类型

旅游人才的具体分类目前也尚未形成定论。为推进旅游人才队伍建设与发展,文化和旅游部在《"十四五"期间文化和旅游人才发展规划》中明确

---

① 刘学岚:《旅游人才和旅游教育评析》,《旅游发展研究》1996年第2期,第60~61页。
② 刘住:《走旅游人才强国之路——中国旅游人才状况及规划方向》,《旅游学刊》2006年第S1期,第6~10页。
③ 童地轴编著《旅游业概论》,安徽大学出版社,2009,第134~136页。
④ 何凌:《基于职业能力导向的海南高职旅游人才培养路径研究》,福建师范大学,硕士学位论文,2017,第13页。

提出推动文化和旅游人才队伍建设,按照从事领域将旅游人才的类型划分为乡村振兴人才、科技创新人才、高技能人才、产业发展人才、公共服务人才、市场运营和管理人才、文化交流和旅游推广人才等。江苏、浙江、贵州、内蒙古等多个省份也积极推出省级文化和旅游发展规划,其中根据旅游人才从事的领域将旅游人才划分为行业人才、专业技术人才、服务技能人才、导游解说人才等类型。

学界对旅游人才类型的具体分类由于界定标准的不同,呈现多样化的特点。比较具有代表性的是姜绍华在新时代大众旅游和全域旅游,以及旅游跨界融合发展的新趋势、新特点下,将旅游人才的类型按照技能划分为管理型人才、复合型人才、创新型人才、跨界型人才、技能型人才、服务型人才。[1] 与之类似刘住按照旅游人才队伍的专业结构、层次结构、分布结构将旅游人才划分为高层次人才与高技能人才、复合型人才与专业型人才、管理型人才与经营型人才、应用型人才与研究型人才等。[2] 周富广则按照具体的工作范畴将旅游人才划分为旅游产业人才、旅游事业人才、旅游研究专家、旅游教育培训人才等。[3] 还有学者根据旅游人才从事的相关领域将旅游人才划分为旅游行政管理人才、旅游企业经营管理人才、旅游专业技术人才、旅游服务技能人才、乡村旅游实用人才等。[4]

结合对现有研究的梳理,基于人才强国战略视角,本研究认为可以从旅游人才从事领域的角度将其划分为旅游企业经营人才、旅游行政管理人才、旅游研究人才、旅游教育培训人才、旅游专业技术人才、旅游服务技能人才

---

[1] 姜绍华:《新型旅游人才的类型、特点及其培养路径——以山东为例》,《山东工商学院学报》2022年第1期,第118~124页。

[2] 刘住:《走旅游人才强国之路——中国旅游人才状况及规划方向》,《旅游学刊》2006年第S1期,第6~10页。

[3] 周富广:《乌托邦的差异化旅游教育模式探讨——以福建省旅游教育为例》,《湖北第二师范学院学报》2014年第8期,第80~83页。

[4] 袁媛:《中国旅游人才培养模式研究》,中国社会科学院研究生院,博士学位论文,2013,第136页。

等。按照人才的技能特点,可将旅游人才划分为服务型人才、管理型人才、科技型人才、创新型人才、复合型人才等。不同类型的旅游人才在旅游业发展中都起到了重要作用。

(三)人才强国战略视角下旅游人才需求总体趋势

《"十四五"期间文化和旅游人才发展规划》指出,我国旅游人才工作的总体目标是到 2025 年,文化和旅游人才工作取得新的重要进展。文化和旅游人才队伍规模更加壮大,人才队伍的专业结构、年龄结构进一步优化,人才在区域、城乡之间的布局更加合理,复合型、创新型人才比重进一步上升,文化和旅游人才成为引领文化事业、文化产业和旅游业高质量发展的重要保障。[1] 为实现这一总目标,规划还针对人才创造活力竞相进发、人才培养方式更加丰富多元、人才发展体制机制不断完善、人才发展环境进一步优化等方面提出具体目标。为促进一系列人才工作目标的达成,需要对当前和未来旅游业人才需求的趋势进行研判,并以契合发展、适度超前的理念加强人才培养,以旅游人才发展促进旅游业健康、持续发展。结合对我国旅游业发展现状与趋势的分析,以及对旅游人才定义与分类的探析,本研究认为在人才强国战略背景下,高水平科技型、高素质创新型、高质量复合型旅游人才的需求愈加凸显,这对旅游教育提出了新要求。

1. 高水平科技型旅游人才的需求

科技发展激发了旅游业新活力,以"智慧旅游"为代表的新业态促进旅游业由人力密集型向科技型转型。云计算、物联网等新科技,使旅游物理资源和信息资源得到高度系统化整合和深度开发,"非接触服务""线上虚拟体验""智能餐饮"等新兴事物层出不穷,一批科技型旅游公司也得以蓬勃发展。无论是"直播带货"还是"智慧导览",都需要有一批高水平的科技型旅游人才,能够熟练运用科技手段,同时谙熟旅游业的发展规律,掌握

---

[1]　文化和旅游部:《"十四五"期间文化和旅游人才发展规划》,2022 年 4 月 11 日。

旅游管理与服务的基本技能，从而运用科技提升旅游服务、改善旅游体验、创新旅游管理、优化旅游资源。目前，旅游教育改革相对滞后，无论是专业的设置、课程内容还是教学方式都还不能很好地适应科技发展的需求，高水平科技型人才的培养任重道远。

2. 高素质创新型旅游人才的需求

以国内大循环为主体、国内国际双循环相互促进的新发展格局逐步形成，国内供给侧改革和全域旅游发展得如火如荼等使旅游市场发生了深刻变化，当代社会需要谙熟市场规律、懂得产业运作、能够灵活应对环境变化的高素质创新型旅游人才。随着我国进入中国特色社会主义新时代，人民对美好生活有了新的期待，进入由"有没有"向"好不好"过渡的新阶段，消费需求呈现多样化、多层次、多方面的特点，传统的大众旅游产品已不能满足旅游者的多元化需求，产品创新的需要也愈加凸显。目前，策划、运维、营销、设计等领域兼具领导力、执行力，具有开创精神，能够进一步讲好中国故事，创设新业态、新产品的创新型旅游人才较为匮乏，限制了我国旅游业发展，同时不利于我国旅游业增强应对市场风险的能力。传统旅游教育重视技能的培养，但对学生灵活应对环境变化、市场风险、多元需求等的创新教育明显不足，墨守成规的教育方式也不利于创新型人才的培养。

新时代旅游业承担着新使命，只有根据行业发展，着力推动重点人才培养，并统筹推进各方面旅游人才队伍建设，创新人才工作体制机制，全方位培养、引进、用好人才，聚天下英才而用之，才能在中国式现代化新实践中为促进旅游业的健康持续发展提供强有力的人才支撑。

3. 高质量复合型旅游人才的需求

无论是文旅融合发展趋势，还是科技与旅游业更加密切结合的趋势，以及疫情防控常态化的要求，都需要具有跨界融合能力的高质量复合型旅游人才。复合型人才包括知识复合、能力复合、思维复合等多方面，拥有丰富的专业知识和较强的技术能力，且具有一定的发展潜能。比如，研学旅行需要从业者不仅了解旅游资源的特质、旅游产品的特点，还需要具有一定的教育教学能力、心理疏导能力和组织管理能力；而民宿管家不仅是客房、餐饮的

管理者，同时是参与性体验活动的策划者、主客人际关系的维护者等。此类旅游人才知识丰富，具有跨专业的学科背景，掌握多项技能。而目前，我国旅游教育体系不完备、专业设置相对固化、课程体系设置欠科学等都在一定程度上限制了旅游人才多元技能、跨界融合能力的培养。

B.6
中国旅游企业人力资源
及人才状况调查报告

苏　炜　许超友*

摘　要： 人力资源及人才是旅游业发展的核心要素。本报告通过采用焦点小组访谈、问卷调研以及对主流招聘平台进行数据挖掘等方法，分析了2022年我国旅游企业的旅游人力资源及人才的学历、专业、培训、薪酬、员工规模与流失、校企合作等现状，以及我国不同地区、不同类型的旅游企业对人力资源及人才的岗位、规模、学历、专业素养等需求情况，发现我国旅游企业人力资源和人才存在流失率和招聘需求"双高"的现象。高职高专学历的毕业生是我国旅游企业的主流需求。旅游企业转型升级不但衍生出旅游定制师、旅游大数据分析师等新岗位需求，同时对旅游人力资源及人才的素质提出新要求。

关键词： 旅游企业　人力资源　旅游人才

人力资源和人才是旅游企业发展的重要基础，也是核心要素。2022年，我国疫情防控进入"乙类乙管"的常态化防控阶段，市场环境的变化、消费需求的转变、新技术的应用为我国旅游业发展带来了新的机遇和挑战，旅游企业对人力资源及人才的需求也呈现新特征。

---

* 苏炜，博士，南京旅游职业学院酒店管理学院院长，副教授，主要研究方向为旅游产业发展、旅游职业教育；许超友，南京奥派教育咨询有限公司项目经理，主要研究方向为旅游大数据挖掘与分析。

一 旅游企业人力资源及人才内涵界定

（一）旅游人力资源内涵界定

与自然资源、资本资源和信息资源相比，人力资源是生产活动中最活跃的因素，也是最重要的因素。从人力资源概念的诞生与发展历程来看，"人力资源"一词最早出现于约翰·R.康芒斯在 1919 年和 1921 年出版的《产业荣誉》和《产业政府》两本著作中。彼得·德鲁克于 1954 年在《管理实践》中对"人力资源"的概念进行了明确界定，他认为人力资源拥有当前其他资源所没有的素质，即"协调能力、融合能力、判断力和想象力"。20 世纪 60 年代，美国经济学家 W. 舒尔茨提出了现代人力资本理论，他认为人力资本是具有劳动能力的人身上的、以劳动者数量和质量表示的资本，它是通过投资形成的。该理论的提出使人力资源的概念更加深入人心。[①] 在现代的管理学理论中，人力资源指一定范围内的人口中具有智力和体力劳动能力的人的总和，包括数量和质量两个方面。

旅游人力资源是旅游业在发展过程中不断投资与积累形成的，从事与旅游业有直接关系并影响旅游业发展的人员。狭义上，旅游人力资源主要包括旅行社、景区、酒店、会展等相关旅游企业的直接就业人员。广义上，旅游人力资源既包括旅行社、景区、酒店、会展等相关旅游企业的直接就业人员，还包括批发与零售业、交通运输、仓储和邮政业、信息传输、软件和信息技术服务业、租赁和商业服务业，水利、环境和公共设施管理业，文化、体育和娱乐业等旅游相关产业的人力资源。[②] 本报告的旅游人力资源主要指已从事或潜在从事旅游业直接工作的人员。

[①] 刘永芳主编《管理心理学》，清华大学出版社，2016，第 8~9 页。
[②] 《国家旅游及相关产业统计分类（2018）》，国家统计局网站，2018 年 5 月 29 日，https：//www. stats. gov. cn/sj/tjbz/gjtjbz/202302/t20230213_ 1902767. html。

（二）旅游人才内涵界定

相对于人力资源，人才的概念更加聚焦。2010 年，中共中央、国务院颁布《国家中长期人才发展规划纲要（2010—2020 年）》，对"人才"进行了明确的定义，即具有一定的专业知识或专门技能，进行创造性劳动并对社会做出贡献的人，是人力资源中能力和素质较高的劳动者。因此，旅游人才指旅游人力资源中能力和素质较高，具有一定旅游专业知识、专门技能，能够进行创造性劳动、提供高质量服务，并对旅游业发展做出一定贡献的人。

旅游人才资源属于旅游人力资源，但又不等同于旅游人力资源。和普通的旅游人力资源相比，旅游人才资源对旅游产业发展以及价值形成的作用更大。根据《"十三五"旅游人才发展规划纲要》对旅游人才的划分，旅游人才主要包括旅游行政管理人才、旅游企业经营管理人才、旅游专业技术人才、旅游技能人才和乡村旅游实用人才等。本报告主要聚焦于旅游企业中的经营管理以及技术技能人才。①

二　调研方案设计与说明

（一）调研内容

本报告采用定量与定性相结合的方法，针对 2022 年我国旅游企业人力资源及人才状况开展调研。调研的内容主要包括以下三个方面。

一是旅游企业的基本情况。包括企业类型、分布、2022 年营业额以及校企合作开展情况等。二是旅游企业 2022 年人力资源及人才基本情况。包括企业人力资源及人才的学历结构、专业结构、培训情况、考核和薪资情况以及流失情况等。三是旅游企业对人力资源及人才的需求情况。包括人力资

---

① 《国家旅游局办公室关于印发"十三五"旅游人才发展规划纲要的通知》，文化和旅游部网站，2017 年 7 月 3 日，https：//zwgk.mct.gov.cn/zfxxgkml/rsxx/rcgl/202012/t20201213_ 919 310.html。

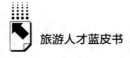

源及人才的需求数量，以及旅游企业对人力资源及人才的学历、专业素养与职业资格证书的需求情况等。

（二）调研方法

1. 焦点小组访谈

邀请旅游企业人力资源负责人进行线上焦点小组访谈。围绕2022年度我国旅游企业的经营状况、招聘计划、对旅游类专业学生的用工需求变化、旅游企业中新技术和新工艺的应用、旅游企业人力资源管理遇到的挑战等问题进行了调研，为调查问卷的优化、调研样本选择和调研开展奠定基础。

2. 问卷调研

本次调研通过邮件、问卷星向各类旅游企业人力资源负责人发放问卷，具体掌握2022年度我国旅游企业的人力资源及人才的薪酬、培训、流失、需求等方面的数据。同时，为更好地掌握旅游企业人力资源及人才的相关数据，本次调研还通过问卷星向各类旅游企业的员工发放问卷，从员工视角了解旅游企业的人力资源及人才的学历、专业、薪酬与培训情况。

3. 数据挖掘

使用爬虫技术对51job、智联招聘、前程无忧、最佳东方等四个主流招聘平台的旅游企业人力资源及人才招聘数据进行挖掘与文本分析，掌握我国旅游企业对旅游人力资源及人才的需求规模和质量规格。

（三）调研样本

本报告调研样本共包括以下四个方面。

一是企业焦点小组访谈。对17个旅游企业人力资源负责人进行焦点小组访谈，旅游企业涵盖景区、旅行社、酒店、研学公司、民宿等，覆盖东部、中部、西部地区。

二是企业问卷调研。通过邮件、问卷星平台向旅游企业发放调研问卷，共回收问卷367份，其中有效问卷352份，有效问卷回收率达95.91%。

三是旅游企业人力资源及人才问卷调研。通过问卷星平台发放调研问卷，共回收问卷 897 份，其中有效问卷 386 份，有效问卷回收率达 98.77%。

四是主流招聘平台抓取数据。抓取 51job、智联招聘、前程无忧、最佳东方 4 个主流招聘平台 2029 个酒店、1633 个景区、1217 个旅行社、128 个研学（教育科技）公司、237 个民宿以及 315 个会展公司 2022 年员工招聘数据。

三 被调查企业及人力资源基本情况

（一）被调研旅游企业类型

本次问卷调研主要覆盖旅游度假区、酒店、景区、线上线下旅行社、会展公司、研学公司、民宿等旅游企业。在有效回收的 352 个旅游企业（见附录二）样本中，酒店占 38.64%，线下线上旅行社占 19.03%，景区占 19.03%，会展公司占 7.39%，研学公司占 5.11%，民宿占 6.25%，旅游度假区占 3.98%（见图 1）。按照旅游企业的级别划分，五星或 5A 或甲级企业占

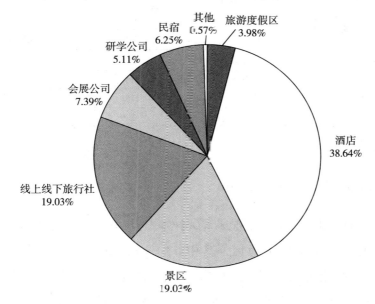

图 1 被调研旅游企业类型

43.18%，以五星级酒店和5A级景区居多，四星或4A或乙级企业占18.18%，其中有两家乙级民宿，另有33.24旅游企业没有参与评星，主要是会展公司、精品酒店及研学公司等。从被调研企业的规模来看，36.93%的企业注册资金超过5000万元，主要是酒店和景区，注册资金在500万元及以下的企业占21.59%，以民宿、研学公司以及部分线下旅行社居多。按照企业类型划分，被调研企业中民营企业较多，占61.36%，国有企业占32.39%（见表1）。

表1　被调研旅游企业基本情况

单位：家，%

企业基本情况	分类	数量	比例
企业等级	二星或2A以下	6	1.70
	三星或3A或丙级	13	3.69
	四星或4A或乙级	64	18.18
	五星或5A或甲级	152	43.18
	无等级	117	33.24
企业注册资金	500万元及以下	76	21.59
	500万~1000万元（含）	67	19.03
	1000万~5000万元（含）	79	22.44
	5000万元以上	130	36.93
企业类型	国有企业	114	32.39
	民营企业	216	61.36
	其他	22	6.25

（二）被调研旅游企业分布

从被调研企业区域分布情况来看，样本覆盖华南、华北、华中、华东、西南、西北、东北等各个地区，其中53.98%旅游企业位于华东地区，12.50%的旅游企业位于华南地区，5.97%的旅游企业位于西南地区，7.10%的旅游企业位于西北地区，5.11%的旅游企业位于东北地区，华北和华中地区的旅游企业的占比均为7.67%（见图2）。

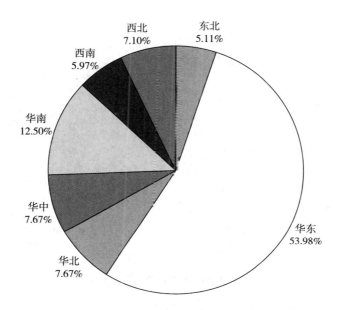

图 2　被调研旅游企业的区域分布情况

（三）被调研旅游企业经营情况

从旅游企业经营情况来看，大多数被调研企业开业年限在 5~20（含）年，其中，开业 5~10（含）年的企业占 21.59%；10~20（含）年的企业占 46.88%；开业在 20 年以上的企业占 5.11%，主要为旅行社和酒店企业；开业 3 年及以下的企业占 12.78%，主要为近年来兴起的民宿和研学公司（见图 3）。从 2022 年被调研旅游企业的营业收入情况来看，仅有 12.22% 的企业营业收入超过 1 亿元，主要是一些旅游度假区、景区和酒店。22.15% 的企业营业收入在 1000 万元及以下，主要为民宿、研学公司等小型企业（见图 4）。

（四）被调研旅游企业校企合作情况

早在 2019 年，国务院发布《国家职业教育改革实施方案》时就提出要深化产教融合，支持和鼓励旅游企业参与职业教育，并于 2021 年 7 月公布了首批 63 家国家级产教融合型企业。2023 年 6 月，国家发展改革委、教育

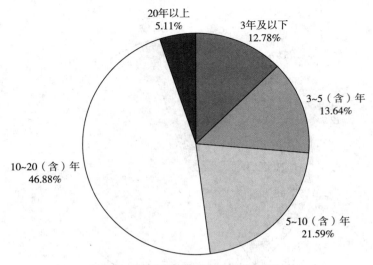

图 3　被调研旅游企业的开业年限

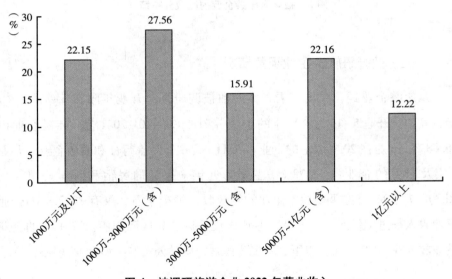

图 4　被调研旅游企业 2022 年营业收入

部等 8 部门联合印发《职业教育产教融合赋能提升行动实施方案（2023—2025 年）》，明确 2025 年要在全国建设培育 1 万家以上产教融合型企业等一系列目标，加强职业教育产教融合。

旅游企业积极参与旅游人才培养，并将院校作为重要的员工储备来源。94.32%的旅游企业存在校企合作关系，其中有93.37%的旅游企业与高职高专院校有合作，26.80%的旅游企业与本科院校有合作，且51.81%的旅游企业合作院校数量超过5所。

在合作方式方面，共建实习基地乃是占比最大的合作方式（占比为95.78%），此外，旅游企业也越来越多地参与院校的师资队伍建设（占比为65.96%）、共同制定人才培养方案（占比为53.01%）、共同开发教材（占比为29.52%）等（见图5）。此外，有33.73%被调研企业与院校建立了订单班，55.36%的企业订单班人数超过30人。

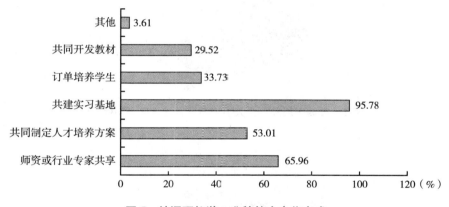

图5 被调研旅游企业的校企合作方式

（五）被调研旅游企业人力资源及人才基本情况

为更好地掌握旅游企业中人力资源及人才的现状，课题组[①]针对全国不同类型旅游企业中的在职员工发放了调研问卷。被调研的886名旅游企业员工分布在全国各个区域，其中华东地区占比最高，达35.21%，西北和东北地区占比较低，分别为6.09%和5.76%（见图6）。其中，来自酒店、景区

---

① 课题组为江苏高校哲学社会科学重点研究基地（新时代应用型旅游人才研究中心）旅游人才供给与需求研究项目组，研究成员主要有操阳、苏炜、王新宇、张晓玲、张骏、马卫、崔英方。

和线上线下旅行社的员工较多，占比分别为 36.23%、28.67% 和 17.72%（见图7）。

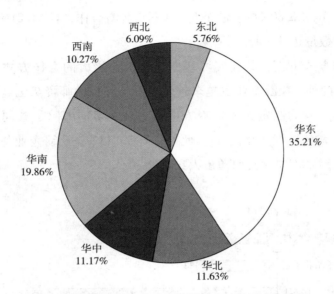

图6 被调研旅游企业人力资源及人才地区分布情况

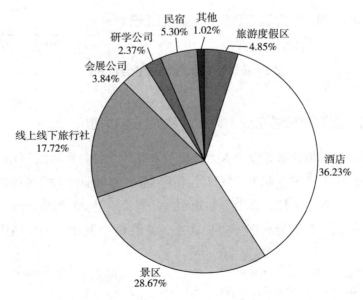

图7 被调研旅游企业人力资源及人才企业分布情况

　　从学历结构来看，在被调研旅游企业中，高职高专学历的从业人员占比最高，达 54.52%，其次是高中及中职学历，占比达 27.65%，拥有本科学历的从业人员相对较少，占比为 13.09%。硕士研究生及以上学历占比相对较小，仅为 3.50%，且大多来自旅游技术支持等其他类型企业和部分研学公司。高中及中职以下学历占比也较小，仅为 1.24%，主要来自民宿、酒店等旅游企业。从年龄结构来看，77.09% 被调研旅游企业人力资源及人才年龄在 21～40 岁。且 35.78% 的旅游企业人力资源及人才工作年限在 4～10 年，仅有 5% 左右的被调研旅游企业员工工作年限在 1 年以下，主要为实习生（见表 2）。

表 2　被调研旅游企业人力资源及人才基本情况

单位：人，%

人力资源基本情况	分类	人数	占比
学历	高中及中职以下	11	1.24
	高中及中职	245	27.65
	高职高专	483	54.52
	本科	116	13.09
	硕士研究生	29	3.27
	博士研究生	2	0.23
年龄	20 岁以下	87	9.82
	21～30 岁	291	32.85
	31～40 岁	392	44.24
	41～50 岁	98	11.06
	51 岁及以上	18	2.03
工作年限	1 年以下	45	5.08
	1～3 年	218	24.60
	4～10 年	317	35.78
	11～20 年	163	18.40
	21～30 年	101	11.40
	31 年及以上	42	4.74

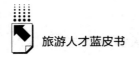

四 被调查旅游企业人力资源及人才现状

（一）旅游企业人力资源及人才学历结构

1.旅游企业人力资源及人才总体学历结构

在人力资源总体学历结构方面，对旅游企业的调研情况和旅游企业人力资源问卷调研情况呈现相似结果。从旅游企业现有员工学历层次来看，在被调研旅游企业中，高职高专学历占比在被调研旅游企业中相对较高，其中有63.07%的被调研旅游企业高职高专学历员工占比超过40%，27.84%的被调研旅游企业高职高专学历员工占比在50%以上。高中及中职学历员工在被调研旅游企业中所占比重也较高，25.85%的被调研旅游企业高中及中职学历员工占比超过50%。本科学历员工在被调研旅游企业中相对较少，只有6.53%的被调研旅游企业本科学历员工占比超过50%，有68.47%的被调研旅游企业本科学历员工占比在30%及以下（见图8）。由此可见，高中及中职与高职高专院校是旅游人才的主要来源。

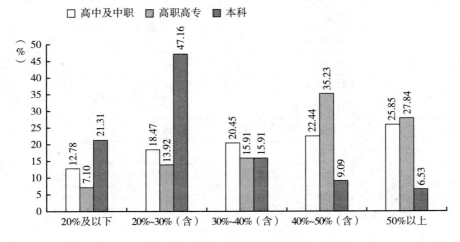

图8 被调研旅游企业员工学历结构

2. 不同地区旅游企业人力资源及人才学历结构

从全国范围看，不同地区旅游企业员工的学历结构有所差异。根据表3来看，华东地区、华南地区被调研旅游企业高职高专学历员工占比相对较高，分别有37.89%、27.27%的企业高职高专学历员工占比超过50%。东北、华中和西北地区高职高专学历员工占比相对较低，分别只有11.11%、11.11%和8.00%的企业高职高专学历员工超过50%。从本科学历结构来看，华东和华南地区的本科学历员工占比相对较高，分别有7.37%、9.09%的企业本科学历员工占比超过50%，西南地区旅游企业本科学历员工相对较少，有超过80%以上的被调研企业本科学历员工占比低于30%（见表4）。

表3　被调研旅游企业拥有高职高专学历的员工地区分布情况

单位：%

地区	20%及以下	20%~30%（含）	30%~40%（含）	40%~50%（含）	50%以上
东北	11.11	5.56	27.78	44.44	11.11
华东	3.16	11.58	15.79	31.58	37.89
华北	11.11	7.41	11.11	55.56	14.81
华中	3.70	25.93	25.93	33.33	11.11
华南	4.55	11.36	9.09	47.73	27.27
西南	19.05	33.33	14.29	19.05	14.29
西北	28.00	20.00	16.00	28.00	8.00

表4　被调研旅游企业拥有本科学历的员工地区分布情况

单位：%

地区	20%及以下	20%~30%（含）	30%~40%（含）	40%~50%（含）	50%以上
东北	22.22	44.44	22.22	5.56	5.56
华东	23.68	43.68	14.74	10.53	7.37
华北	11.11	62.96	18.52	3.70	3.70
华中	25.93	48.15	14.81	7.41	3.70
华南	6.82	54.55	18.18	11.36	9.09
西南	19.05	61.90	9.52	4.76	4.76
西北	36.00	32.00	20.00	8.00	4.00

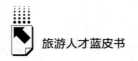

3. 不同类型旅游企业人力资源及人才学历结构

不同类型旅游企业中员工学历结构也存在差别（见表5和表6）。在被调研旅游企业中，其他类型的旅游企业主要是旅游产业链中的智慧技术开发及应用型企业，因此对学历要求比较高，员工学历基本在本科及以上。在被调研旅游企业中，研学公司员工学历水平总体较高，分别有38.89%、44.44%的研学公司本科学历、高职高专学历员工占比超过50%。在酒店中，高职高专学历员工占主要部分，69.85%的被调研酒店高职高专学历员工占比超过40%，仅有3.68%酒店本科学历员工占比超过50%，且主要是一些小型精品酒店。在线上线下旅行社中，有14.93%的被调研企业本科学历员工占比超过40%，但其中线上旅行社的本科学历员工占比普遍高于线下旅行社。会展公司中高职高专学历员工占比也较高，仅有23.07%的会展公司本科学历员工占比超过40%，但84.62%的被调研会展公司高职高专学历员工占比超过40%。此外，在被调研的民宿中，员工数量普遍较少，有4.54%的被调研民宿本科学历员工占比超过50%，36.36%的被调研民宿高职高专学历员工占比超过50%。在访谈过程中，民宿负责人谈到目前民宿中大多数员工是本地居民。规模越小的民宿，员工学历层次越低。

表5 不同类型被调研旅游企业本科学历员工占比情况

单位：%

旅游企业类型	20%及以下	20%~30%（含）	30%~40%（含）	40%~50%（含）	50%以上
旅游度假区	64.28	14.29	0.00	14.29	7.14
酒店	33.82	40.44	16.91	5.15	3.68
景区	13.43	58.21	16.42	10.45	1.49
线上线下旅行社	7.46	65.67	11.94	11.94	2.99
会展公司	11.54	42.31	23.08	7.69	15.38
研学公司	16.67	22.22	5.55	16.67	38.89
民宿	0.00	50.00	31.82	13.64	4.54
其他	0.00	0.00	0.00	0.00	100.00

表6　不同类型被调研旅游企业高职高专学历员工占比情况

单位：%

旅游企业类型	20%及以下	20%~30%（含）	30%~40%（含）	40%~50%（含）	50%以上
旅游度假区	21.43	7.14	14.29	28.57	28.57
酒店	5.88	8.82	15.44	37.50	32.35
景区	13.43	34.33	13.43	29.85	8.96
线上线下旅行社	4.48	13.43	19.40	44.78	17.91
会展公司	0.00	3.85	11.54	30.77	53.85
研学公司	0.00	0.00	22.22	33.33	44.44
民宿	9.09	13.64	18.18	22.73	36.36
其他	0.00	0.00	0.00	0.00	100.00

（二）旅游企业人力资源及人才专业结构

从被调研旅游企业员工的专业结构来看，旅游类专业较为集中，但是从旅游类专业占比来看，仅有10.80%的被调研旅游企业旅游类专业员工占比超过50%，57.10%的旅游企业旅游类专业员工占比为30%~50%（含），有9.66%的旅游企业旅游类专业员工占比在20%及以下，这也从另一个角度说明我国旅游类专业学生的对口就业率不容乐观（见图9）。

在高中及中职、高职高专、本科三个学历层次的旅游企业员工中，分别有50.66%、53.21%、44.83%的员工毕业于非旅游类专业。在毕业于旅游类专业的员工中，旅游管理类专业员工占比相对较高[1]，三个学历层次占比分别为29.52%、31.88%、36.21%，酒店管理类专业员工占比次之[2]（见图10）。

---

[1] 这里将高职高专院校的旅游管理、导游、旅行社经营与管理、智慧景区开发与管理、休闲服务与管理、会展策划与管理等专业统称为旅游管理类专业，2021年专业目录调整后新增旅游类专业，目前还没有毕业生。

[2] 酒店管理类专业在中职阶段为高星级饭店运营与管理专业，高职高专阶段为酒店管理与数字化运营专业，本科或职教本科阶段为酒店管理专业。

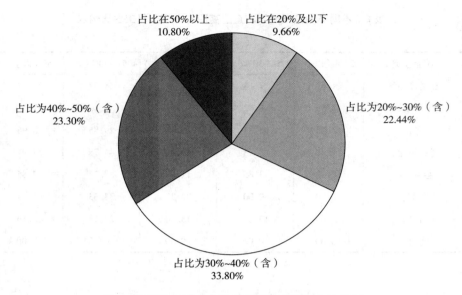

图9　被调研旅游企业中旅游类专业员工占比情况

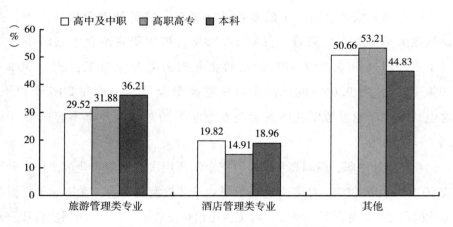

图10　被调研旅游企业员工的专业结构

（三）旅游企业人力资源及人才培训情况

疫情给旅游企业经营产生了严重影响，但并未影响旅游企业对产品和服务质量的追求，尤其在旅游业竞争日益激烈的背景下，旅游企业纷纷将培训作为实现内涵式发展、提升企业竞争力的重要手段之一。在被调研旅游企业中，有20.45%的被调研旅游企业2022年的培训成本占该年总成本的10%以上，仅18.18%的被调研旅游企业2022年的培训成本低于总成本的5%。有66.48%的被调研旅游企业2022年人均接受培训10次以上，仅6.53%的被调研旅游企业人均培训次数在3次以下。而且，旅游企业人力资源调研结果显示，有52.48%的被调研对象表示2022年自己接受的企业培训超过10次，只有5.87%的被调研对象认为所在旅游企业不重视培训，自己2022年接受的培训不足3次。

（四）旅游企业人力资源及人才薪酬情况

1.旅游企业人力资源及人才总体薪酬情况

旅游企业的人力成本占比普遍较高，在被调研的旅游企业中，有61.65%的被调研旅游企业人力成本占比在30%~40%（含），有13.92%的被调研旅游企业人力成本占比超过40%（见图11）。但旅游企业人力资源的薪酬情况不容乐观。根据人力资源和社会保障部公布的《2022年企业薪酬调查信息》[①]，健康、体育和休闲服务人员，住宿和餐饮服务人员等旅游业相关人员的薪酬中位数分别为4.51万元、4.56万元，在公布的67个职业中，按照薪酬从低到高排列，分别排第9位、第10位。两个职业的薪酬高位数分别为8.37万元、8.24万元，分别居第12位、第10位，整体薪酬偏低。而根据智联招聘公布的《2023年第二季度中国企业招聘薪酬报告》[②]，广告/会展/公关、旅游/度假、酒店/餐饮三个旅游相关行业的平均薪酬，以及薪酬中位数在44个行业中分别排第39位、第42位、第43位。

在被调研的旅游企业中，有46.50%的被调研企业一线员工平均月薪在4000元以下。在管理层中，也仅有41.76%的被调研企业主管平均

---

① 《2022年企业薪酬调查信息》，人力资源和社会保障部网站，2023年6月25日，http：//www.mohrss.gov.cn/SYrlzyhshbzb/laodonggmanxi_ /fwyd/202306/t20230625_ 501934.html。
② 智联招聘：《2023年第二季度中国企业招聘薪酬报告》，2023年。

月薪能达到 6000 元以上。部门经理收入有所提升，有 35.51% 的被调研企业部门经理平均月薪在 8000~10000 元，有 33.81% 的被调研企业部门经理平均月薪超过 1 万元。

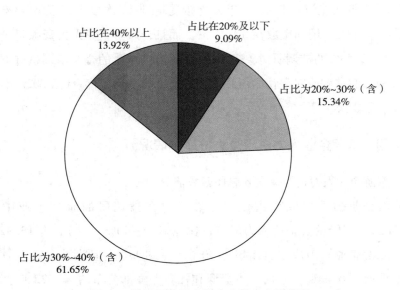

图 11　被调研旅游企业人力成本占比情况

从被调研的旅游企业员工 2022 年平均月薪数据来看，有 55.75% 的被调研旅游企业员工月薪在 3000~6000（含）元，有 8.92% 的被调研旅游企业员工月薪在 3000 元及以下，主要为一些实习生或入职 1 年以下的员工。有 2.37% 的被调研旅游企业员工月薪高于 1 万元，主要为旅游企业的高层管理人员（见图 12）。其中，基层员工的年度薪酬与《2022 年企业薪酬调查信息》公布的年度薪酬中位数基本一致。

2. 不同地区旅游企业人力资源及人才薪酬情况

2021 年，课题组重点筛选了 51job、智联招聘、前程无忧、最佳东方等 4 个主流招聘平台中北京、上海、广州、深圳、杭州、南京 6 座城市的招聘薪资数据，发现这些城市的大多数岗位针对高职高专学生的招聘薪资都在 4000（含）~8000 元。在这几座城市中，深圳的工资水平相对较高，在招

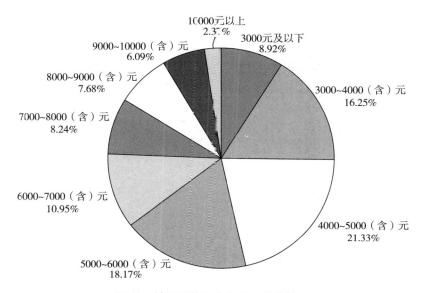

图 12　被调研旅游企业员工月薪情况

聘高职高专学历的学生时有 34.93% 的岗位招聘月薪在 6000（含）～8000元，有 18.69% 的岗位招聘薪资超过 12000 元（见图 13）。

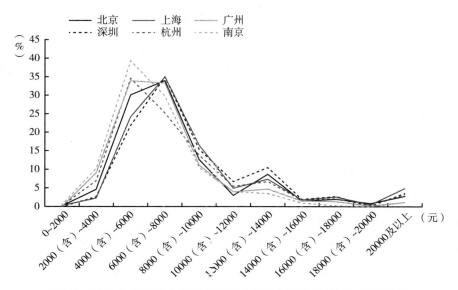

图 13　2021 年典型城市旅游企业针对高职高专学生的招聘薪资待遇

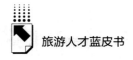

旅游企业招聘本科生的工资水平相对较高，在被调研的几个典型城市中，有60%以上的旅游企业能够为本科生提供8000元及以上的工资待遇。在上海有81.58%的被调研旅游旅游企业可以提供该水平的工资。在广州、深圳，有16%以上的旅游企业能提供20000元及以上的月薪（见图14）。

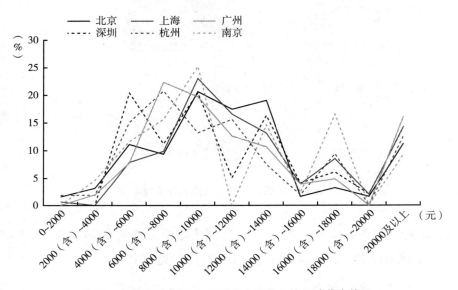

图14 典型城市旅游企业针对本科学生的招聘薪资待遇

从被调研旅游企业员工薪酬的地区分布情况来看，西北、西南地区大多数被调研旅游企业员工月薪在3000~5000（含）元。华东地区被调研旅游企业月薪为5000~8000（含）元的员工占比较高，华南地区被调研旅游企业月薪在8000元以上的员工占比较高（见图15）。

3. 不同类型旅游企业人力资源及人才薪酬情况

根据被调研旅游企业数据，会展公司和研学公司的基层员工月薪相对较高，分别有3.85%、5.56%的基层员工月薪超过6000元，高于其他几个类型的旅游企业。有19.23%的会展公司基层员工平均月薪在5000~6000（含）元。酒店、景区、民宿的基层员工月薪相对较少，分别只有11.03%、7.46%、9.09%的基层员工月薪在5000元以上（见表7）。

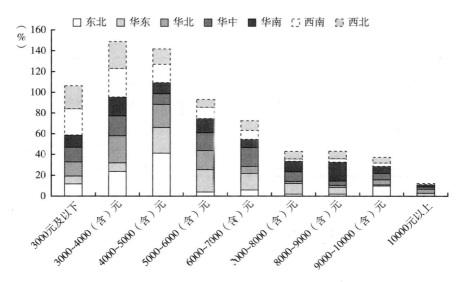

图 15 被调研旅游企业员工月薪的地区分布情况

表 7 不同类型被调研旅游企业基层员工的月薪情况

单位：%

月薪	旅游度假区	酒店	景区	线上线下旅行社	会展公司	研学公司	民宿	其他
3000 元及以下	7.13	13.97	7.46	4.48	7.69	0.00	4.55	0.00
3000~4000(含)元	64.29	41.91	40.30	43.28	50.00	50.00	27.27	0.00
4000~5000(含)元	14.29	33.09	44.78	38.81	19.23	33.33	59.09	50.00
5000~6000(含)元	14.29	8.09	5.97	13.43	19.23	11.11	9.09	50.00
6000 元以上	0.00	2.94	1.49	0.00	3.85	5.56	0.00	0.00

在被调研旅游企业中层管理人员中，研学公司和会展公司中层管理人员的月薪水平依然较高，分别有 50.00%、38.46%的被调研旅游企业中层管理人员月薪在 8000 元及以上。酒店和景区中层管理人员月薪相对较低，分别有39.71%、34.33%的被调研企业中层管理人员月薪水平在 5000 元以下（见表8）。但在访谈过程中，酒店和景区人力资源管理人员也谈到，一般酒店和景区都提供食宿，所以表现出来的月薪水平会比其他类型的旅游企业稍低。

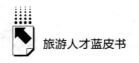

表8 不同类型被调研旅游企业中层管理人员的月薪情况

单位：%

月薪	旅游度假区	酒店	景区	线上线下旅行社	会展公司	研学公司	民宿	其他
5000 元以下	7.14	39.71	34.33	17.91	7.69	11.11	9.09	0.00
5000（含）～8000 元	57.14	44.85	37.31	52.24	53.85	38.89	54.55	0.00
8000（含）～10000 元	28.57	15.44	25.37	23.88	30.77	44.44	27.27	50.00
10000 元及以上	7.14	0.00	2.99	5.97	7.69	5.56	9.09	50.00

（五）旅游企业人力资源及人才流失情况

1. 旅游企业人力资源及人才总体流失情况

从被调研旅游企业人力资源及人才流失情况来看，整体流失率偏高，2022 年有 16.76% 的被调研旅游企业人力资源流失率超过 30%，44.60% 的被调研旅游企业人力资源流失率在 10%~20%（含），只有 7.95% 的被调研旅游企业人力资源流失率控制在 10% 及以下（见图 16）。

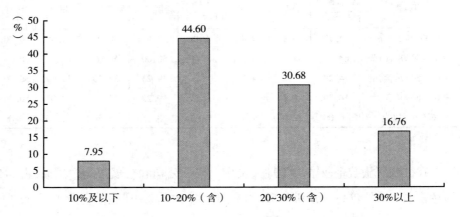

图16 被调研旅游企业 2022 年人力资源及人才流失情况

而从旅游企业人力资源流失的原因来看，工资待遇是旅游企业人力资源流失的最重要原因，占被调研旅游企业的 78.41%。职业压力（占比为

52.84%)、工作环境（占比为 44.32%）也是旅游企业人力资源流失的重要原因（见图 17）。在访谈过程中，旅游企业负责人也谈到，很多员工会因为工作强度大、收入水平相对较低而选择其他行业。

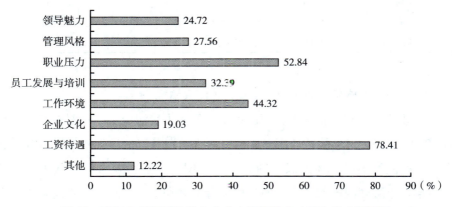

图 17　2022 年被调研旅游企业人力资源及人才流失的主要原因

2. 不同地区旅游企业人力资源及人才流失情况

尽管旅游企业人力资源流失率整体偏高，但不同区域旅游企业的人力资源流失情况有所不同。通过对不同区域旅游企业人力资源流失率进行分析，发现华东、华南地区的被调研旅游企业人力资源流失率整体偏高，分别有56.85%、45.45% 的被调研旅游企业人力资源流失率超过 20%。西南、西北地区均有超过 60% 的被调研旅游企业人力资源流失率在 20% 及以下（见表 9）。这与区域旅游经济发展水平相关，地区经济发展水平越高，员工的就业机会通常越多，流失的可能性就会越高。

表 9　不同区域被调研旅游企业人力资源流失率

单位：%

区域	10% 及以下	10%~20%（含）	20%~30%（含）	30% 以上
东北	11.11	55.56	22.22	11.11
华东	3.68	39.47	34.74	22.11
华北	22.22	40.74	33.33	3.70

续表

区域	10%及以下	10%~20%(含)	20%~30%(含)	30%以上
华中	11.11	59.26	22.22	7.41
华南	13.64	40.91	27.27	18.18
西南	9.52	61.90	19.05	9.52
西北	8.00	60.00	24.00	8.00

3. 不同类型旅游企业人力资源及人才流失情况

在被调研的旅游企业中，酒店和景区的人力资源流失率相对较高，分别有19.85%、25.37%的被调研酒店和景区人力资源资源流失率超过30%。且人力资源流失率在10%及以下的酒店多为国有企业，人力资源队伍建设相对稳定。旅游度假区的人力资源流失率相对较低，有78.57%的被调研旅游度假区人力资源流失率在20%及以下。有50%及以上的被调研线上线下旅行社、会展公司和研学公司人力资源流失率在10%~20%（含）（见表10）。民宿的人力资源流失率较低，但在访谈中，民宿负责人谈到很多乡村民宿因地理位置较为偏僻，员工流失率往往较高，但因为有部分民宿的员工是民宿负责人，所以人力资源流失率相对较低。

表10 不同类型被调研旅游企业人力资源流失率

单位：%

旅游企业	10%及以下	10%~20%(含)	20%~30%(含)	30%以上
旅游度假区	21.43	57.14	14.29	7.14
酒店	6.62	36.03	37.50	19.85
景区	7.46	32.84	34.33	25.37
线上线下旅行社	8.95	62.69	20.90	7.46
会展公司	3.85	61.54	19.23	15.38
研学公司	5.56	50.00	33.33	11.11
民宿	9.09	45.45	31.82	13.63
其他	50.00	50.00	0.00	0.00

五 被调查旅游企业人力资源及人才需求情况

（一）旅游企业人力资源需求规模情况

1. 旅游企业岗位需求情况

课题组通过对 51job、智联招聘、前程无忧、最佳东方等四个主流招聘平台抓取的共计 8447 家旅游企业 8.58 万个岗位招聘数据进行分析（见表 11），发现景区/乐园的主要热门需求岗位包括旅游产品销售、讲解员、票务和游乐运营，旅行社的主要招聘岗位是导游和票务。2022 年由于出境游几乎全部关闭，所以原来较为热门的"签证"岗位几乎没有需求，但是根据旅游消费者对个性化旅游产品的消费需求，新增了旅游产品策划师岗位的招聘数据。在酒店/民宿中，餐饮服务员仍然是热门需求岗位，2022 年四大招聘平台抓取的餐饮服务员招聘岗位达 27845 个，同时，随着居民周边游、短途游的增加，民宿成为很多旅游消费者的选择，2022 年四大招聘平台有 476 个民宿管家的岗位需求。此外，随着茶饮消费需求的增加，2021 年人力资源和社会保障部新增了"调饮师"职业，招聘平台出现 5043 个咖啡师/调饮师岗位需求。本次招聘平台数据还抓取了 387 家研学公司的招聘数据，这些公司主要对研学策划师、研学产品经理等岗位提出了需求。

表 11 2022 年招聘平台抓取部分旅游企业岗位招聘数量

单位：个

景区/乐园		旅行社		酒店/民宿		研学公司	
岗位	需求数量	岗位	需求数量	岗位	需求数量	岗位	需求数量
旅游产品销售	2377	导游	2357	餐饮服务员	27845	研学策划师	316
讲解员	599	票务	2048	中餐厨师	13446	研学产品经理	309
票务	520	旅游产品策划	1385	餐厅领班	6573	研学老师	267

景区/乐园		旅行社		酒店/民宿		研学公司	
岗位	需求数量	岗位	需求数量	岗位	需求数量	岗位	需求数量
游乐运营	420	行程管理/计调	1274	酒店部门经理	5332	活动学管师	241
				酒店前台	5124		
				咖啡师/调饮师	5043		
				礼仪/迎宾	5009		
				配菜/打荷	4834		
				民宿管家	476		

2. 不同地区旅游企业对人力资源及人才的需求情况

从不同地区的旅游企业招聘需求来看，华东和华南地区旅游经济发展较好，且人力资源流失率相对较高，因此招聘需求也较多。华东、华南地区分别有 50.00%、52.27%的被调研旅游企业 2023 年招聘需求在 20 人以上。西南、东北地区 2023 年招聘需求相对较少，分别有 14.29%、22.22%的被调研旅游企业 2023 年招聘需求在 5 人以下（见表 12）。

表 12 2023 年不同地区的旅游企业招聘需求情况

单位：%

地区	5 人及以下	6~10 人	11~20 人	21~50 人	50 人以上
东北	22.22	50.00	16.66	5.56	5.56
华东	6.32	7.89	35.79	37.89	12.11
华北	3.70	44.44	14.82	29.63	7.41
华中	11.11	51.85	7.41	25.93	3.70
华南	6.82	9.09	31.82	43.18	9.09
西南	14.29	4.76	57.14	9.52	14.29
西北	8.00	16.00	48.00	20.00	8.00

3. 不同类型旅游企业对人力资源及人才的需求情况

不同类型旅游企业招聘需求存在显著差异（见表13）。民宿、研学公司等主要为中小企业，因此被调研的研学公司和民宿2023年的招聘需求大多在10人及以下。酒店和景区目前还处于劳动密集型产业阶段，因此招聘需求普遍较大，分别有33.09%、31.34%的被调研酒店和景区2023年招聘需求在50人以上。旅游度假区因企业规模较大，2023年招聘人数也较多，71.43%的被调研旅游度假区招聘需求在50人以上。在访谈过程中，上海迪士尼、北京环球影城等主题乐园的负责人谈到企业的年均招聘需求均在500人以上。

表13　2023年不同类型旅游企业招聘需求情况

单位：%

旅游企业	5人及以下	6~10人	11~20人	21~50人	50人以上
旅游度假区	0.00	0.00	7.14	21.43	71.43
酒店	1.47	18.38	16.18	30.88	33.09
景区	4.48	26.87	19.40	17.91	31.34
线上线下旅行社	5.97	32.84	23.88	34.33	2.98
会展公司	15.38	11.54	57.69	15.39	0.00
研学公司	11.11	66.67	22.22	0.00	0.00
民宿	81.82	18.18	0.00	0.00	0.00
其他	100.00	0.00	0.00	0.00	0.00

（二）旅游企业员工素质需求情况

1. 旅游企业员工学历需求情况

课题组采用爬虫技术对51job、智联招聘、前程无忧、最佳东方等主流招聘平台抓取的数据进行分析（见图18），高职高专学历员工仍是各旅游企业招聘的主流需求，占所有招聘岗位的54.38%。中职或高中、本科学历员工次之，分别占20.63%、17.95%，其中研学公司对本科学历员工的需求较大。旅游企业对初中、博士学历员工需求数量较少，占比分别为 0.66%、0.14%。

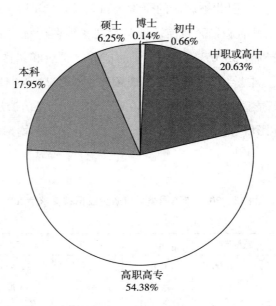

图18　旅游企业员工的学历需求

2. 旅游企业员工专业需求情况

在旅游企业对高职高专旅游类专业员工需求方面，旅游管理专业员工需求量仍是最高，达到被调研企业的 82.10%。酒店管理专业更名为"酒店管理与数字化运营"后，也受到旅游企业的欢迎，需求量占被调研企业的 69.03%。而旅游企业对近两年新增的旅游类专业员工需求相对较低，如葡萄酒文化与营销、民宿管理与运营、定制旅行管理与服务、研学旅行管理与服务和智慧旅游技术应用 5 个专业的招聘需求企业占比分别为 24.72%、8.24%、22.16%、22.16% 和 11.93%（见图19）。

在旅游企业对本科旅游类专业员工需求方面，旅游管理专业员工是需求最大的，占被调研企业的 91.19%，酒店管理专业次之，占比为 72.73%，旅游企业对旅游规划与设计专业的本科生需求相对较少，只占被调研企业的 27.27%（见图20）。

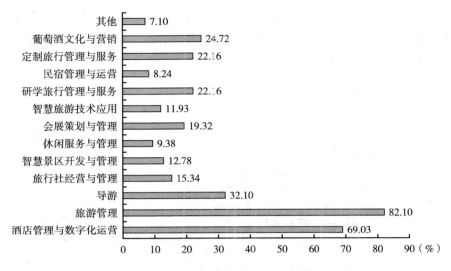

图19 旅游企业对高职高专旅游类专业的需求情况

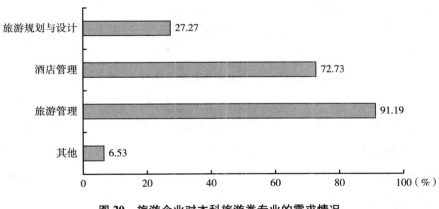

图20 旅游企业对本科旅游类专业的需求情况

3. 旅游企业员工的素质要求

被调研旅游企业招聘基层人员的素质要求如图21所示，被调研旅游企业普遍认为服务意识（占比为80.97%）、团队协作（占比为61.65%）、吃苦耐劳（占比为63.35%）、抗压耐挫（占比为50.00%）和沟通协调能力（占比为69.03%）等软技能比较重要，专业技能（占比为41.19%）、行业认同

（占比为 37.50%）相对比较重要，而毕业院校（占比为 18.47%）、专业对口（占比为 21.31%）、理论知识（占比为 21.59%）和职业资格证书（占比为 24.72%）对于基层员工而言不那么重要。

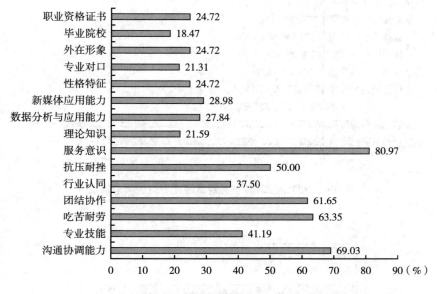

图 21　被调研旅游企业招聘基层人员的素质要求

此外，2021 年高职高专院校旅游类专业目录更新，进一步提出提升旅游人才新媒体应用能力、数据分析与应用能力的要求。在对旅游企业负责人访谈时，他们表示信息化、数字化已成为旅游业的重要发展趋势，未来旅游人才应能够更加熟练地运用信息化、数字化技术工具，以进一步提高服务质量和效率。

在招聘管理人员时，被调研旅游企业认为管理水平（占比为 69.03%）、忠诚度（占比为 60.51%）、职业道德（占比为 59.38%）、工作经验（占比为 55.97%）、专业知识（占比为 53.13%）等因素比较重要，而外语能力（占比为 12.78%）、国际化水平（占比为 18.47%）相对不重要（见图 22）。

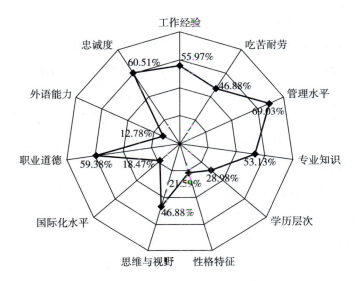

图22　被调研旅游企业招聘管理人员的素质要求

六　调研结论

2022年，我国旅游业相比于2020年和2021年有较大程度的复苏，旅游新需求、新岗位和新技术都在推动旅游业转型和升级。中国旅游业在业态、产品、服务、管理等方面发生了深刻的变化，从而使旅游业人才需求发生新的变化。课题组通过焦点小组访谈、问卷调研、数据挖掘等方式梳理了2022年我国旅游企业的人力资源及人才现状及需求情况，具体而言，目前我国旅游企业人力资源及人才现状与需求主要表现在以下几个方面。

第一，旅游企业人力资源和人才存在流失率和招聘需求"双高"的情况。不管是从人力资源和社会保障部公布的薪酬数据，还是从旅游企业、旅游从业者的调研情况来看，旅游行业相对较低的工资水平导致人力资源及人才的不断流失。2022年，46.44%的被调研旅游企业人力资源及人才流失率超过20%，其中酒店和景区的人力资源及人才流失率相对较高。在这种情况下，旅游企业的人力资源招聘需求也比较高，作为劳动密集型行业，星级

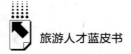

饭店、旅行社等旅游企业从业人员数量逐年下降,劳动力缺口逐步扩大,并成为影响旅游业发展的瓶颈,这也倒逼旅游企业进行技术升级和转型发展。

第二,高职高专学历人力资源是我国旅游企业的主流需求,旅游管理专业最受欢迎。根据问卷调研和招聘网站数据分析,高职高专学历员工在我国现有旅游企业中占比最高,也是旅游企业招聘的主流需求,占所有招聘岗位的54.38%。在人才需求专业结构方面,无论是高职高专还是本科院校,旅游管理专业需求量都遥遥领先,占比分别为82.10%和91.19%。

第三,旅游企业转型升级衍生新岗位,对人才素质提出新要求。新技术对旅游市场需求的影响不断推动旅游企业转型升级,针对个性化、新业态旅游消费需求的旅游产品策划师、旅游定制师、旅游体验师、研学产品销售、民宿管家、旅游大数据分析师等岗位需求都有所增加。而在对人才素质需求方面,除了对软技能的要求之外,旅游企业还对人才的数据分析、新媒体应用能力提出相应需求。

B.7
旅游人才需求规模预测与分析

王新宇*

摘　要：　本报告主要采用历年《中国旅游统计年鉴》《中国统计年鉴》《中国旅游业统计公报》等官方数据以及网络抓取的数据，利用灰色GM（1，1）模型和Elman神经网络模型对旅行社、星级酒店和A级景区的人才岗位需求与旅游业总体人才需求进行预测。从预测结果来看，旅游人才供需结构性矛盾依旧突出，星级酒店和住宿业人才需求逐年下降，民宿人才需求增长较快，旅行社和A级景区人才需求保持增长趋势。结合抓取的网络招聘数据，可以发现数字化、创新型、复合型的高素质旅游人才需求占比较大。本报告建议旅游类专业设置与调整、招生计划的制定、人才培养方案的修订等要依据旅游市场人才需求进行调整。

关键词：　旅游人才　人才需求　灰色GM（1，1）模型　Elman神经网络模型

一　旅游人才需求规模现状分析

（一）2019年旅游人才需求规模状况

从我国旅游业2010~2019年的发展数据来看，我国旅游总收入和旅游总人数保持增长趋势（见图1）。随着全面建成小康社会持续推进，旅游已成为人民群众日常生活的重要组成部分，我国旅游业进入大众旅游时代，

---

* 王新宇，南京旅游职业学院副教授，主要研究方向为智慧旅游、信息技术等。

旅游人才需求旺盛。国家旅游局发布的《"十三五"旅游人才发展规划纲要》明确指出，到 2020 年，全国旅游业直接就业人数将达 3300 万人。[①]据此，2019～2020 年，旅游业直接就业人数将增加 474 万人。此外，课题组[②]通过对在专业招聘网站 51job、智联招聘、58 同城、最佳东方上抓取的数据进行分析，2019 年全国旅游类相关企业在四大招聘网站共发布招聘岗位 1029794 个，可以看出，我国旅游人才市场需求规模较大。

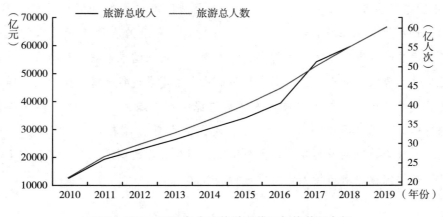

图 1　2010～2019 年中国旅游总收入与旅游总人数

从文旅融合和旅游新业态发展情况来看，《中国旅游研究院报告："五一"出游季　文旅休闲时》显示，2019 年"五一"假期，亲子游更青睐各类博物馆、文化古迹、非遗内容，"跟着书本去旅行""寓教于游"是热门。夜间旅游消费旺盛，2019 年"五一"假期，游客夜间消费金额占全天的29.92%，夜间旅游已成为游客感知当地文化、体验当地生活方式的重要渠道；2019 年"五一"期间，参观博物馆、美术馆、图书馆、科技馆和历史

---

① 《国家旅游局办公室关于印发"十三五"旅游人才发展规划纲要的通知》，文化和旅游部网站，2017 年 7 月 3 日，https：//zwgk. mct. gov. cn/zfxxgkml/rsxx/rcgl/202012/t20201213_919310. html。

② 课题组为江苏高校哲学社会科学重点研究基地（南京旅游职业学院新时代应用型旅游人才研究中心）旅游人才供给与需求研究项目组，研究成员主要有操阳、苏炜、王新宇、张晓玲、张骏、马卫、崔英方。

文化街区的游客占比分别达 44.5%、30.4%、32.4%、36.4% 和 30.0%，全网主题公园、人文景观和博物馆类景区在线购票人数分别同比增长 28.1%、25.2% 和 18.1%。[①] 可见，文化体验游、乡村民宿游、休闲度假游、研学知识游等旅游新业态发展态势良好，新业态人才需求较旺盛。

（二）2020~2022 年旅游人才需求规模状况

2020~2022 年旅游人才需求明显下降。新冠疫情给旅游业带来了前所未有的冲击和挑战，旅游业受损严重（见图 2）。

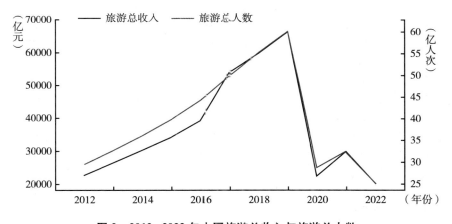

图 2　2012~2022 年中国旅游总收入与旅游总人数

从图 2 可以看出，2020~2022 年旅游产业受损较重，旅游业总收入和旅游人数双双降低，且降幅较大。2021 年，旅游总收入和游客人数虽有小幅反弹，但是 2022 年又下滑探底。受疫情影响，旅游人才需求规模大幅下降。据新旅界（LvJieMedia）统计，截至 2021 年 12 月 31 日，50 家文旅上市公司中，排除美团、复星旅游文化，48 家旅游上市公司 2021 年末比 2019 年末共减少 36593 人，相比 2019 年员工数量整体减少了 14%。从减员数量来

---

① 《中国旅游研究院报告："五一"出游季　文旅休闲时》，品橙旅游网，2019 年 5 月 6 日，http://www.pinchain.com/article/190840。

看，减员最多的3家企业，分别是携程（减员10568人）、锦江酒店（减员7639人）、首旅酒店（减员5959人）。减员1000~5000人的企业有8家，减员1000人以下的企业有23家（见表1）。

表1 2019~2021年上市旅游企业员工数量变化情况

单位：人

序号	证券名称	2021年员工总数	2020年员工总数	2019年员工总数	2021年相比2019年人员变动
1	美团	100033	69205	54580	+45453
2	携程	33732	33400	44300	−10568
3	锦江酒店	33162	35072	40801	−7639
4	华侨城A	24526	23986	25003	−477
5	华住	24384	23028	18352	+6032
6	中国中免	14720	14217	10780	+3940
7	首旅酒店	13448	14594	19407	−5959
8	复星旅游文化	10263	12949	—	—
9	中青旅	6994	8016	9761	−2767
10	新华联	6660	7469	8398	−1738
11	同程旅行	5339	4813	5431	−92
12	岭南控股	4843	5389	6116	−1273
13	曲江文旅	4446	4320	4710	−264
14	海昌海洋公司	4192	4282	5012	−820
15	黄山旅游	3686	3546	3605	+81
16	东方园林	3396	3459	3388	+8
17	华天酒店	3354	3845	4450	−1096
18	ST凯撒	2946	4270	6270	−3324
19	云南旅游	2540	3178	2646	−106
20	三峡旅游	2520	2649	2932	−412
21	桂林旅游	2205	2331	2507	−302
22	峨眉山A	1951	2040	2016	−65
23	途牛	1916	2133	6188	−4272
24	山水比德	1880	1323	1044	+836
25	奥雅设计	1750	1437	1239	+511
26	众信旅游	1745	3089	5468	−3723

序号	证券 名称	2021 年 员工总数	2020 年 员工总数	2019 年 员工总数	2021 年相比 2019 年 人员变动
27	九华旅游	1740	1529	1546	+194
28	丽江股份	1666	1646	1663	+3
29	金陵饭店	1634	1536	1380	+254
30	天目湖	1237	1292	1192	+45
31	三特索道	1237	1235	1608	−371
32	宋城演艺	1159	1441	1451	−292
33	金马游乐	1115	1014	1056	+59
34	长白山	1092	1025	1337	−245
35	张家界	1027	1074	1118	−91
36	华谊兄弟	683	800	959	−276
37	君亭酒店	577	629	706	−129
38	*ST 西域	526	515	468	+58
39	西藏旅游	515	561	574	−59
40	*ST 圣亚	488	519	633	−145
41	三湘印象	454	500	650	−196
42	西安旅游	438	491	691	−253
43	锋尚文化	312	271	248	+64
44	*ST 腾邦	254	616	1626	−1372
45	国旅联合	221	188	159	+62
46	*ST 雪发	155	342	397	−242
47	祥源文化	144	185	270	−126
48	*ST 东海 A	118	120	133	−15
49	*ST 全新	82	76	84	−2
50	*ST 海创	40	50	69	−29

资料来源：《从这份旅游上市企业裁员报告 看疫情下多少旅游人失去饭碗》，搜狐网，2022 年 5 月 9 日，https://www.sohu.com/na/545246922_476087。

（三）2023年旅游人才需求规模状况

自 2023 年 1 月以来，旅游业迅速回暖。根据文化和旅游部官网数据，上半年国内旅游总人数达 23.84 亿人次，同比增长 63.9%；国内旅游收入为 2.30 万亿元，同比增长 95.9%。[①] 节假日、月度和季度的市场指标、城市热度、游客满意度的环比和同比数据均表明，旅游经济迎来战略转折点，进入不可逆转的复苏上升新通道。无论是居民出游意愿、企业家信心，还是旅游经济运行综合景气指数，均已达到近 3 年的最好水平。另据前程无忧发布的《2023 旅游业从业预期调查报告》[②]，伴随国内、国际旅游出行市场进入持续复苏态势，旅游业招工需求量增大，促进相应岗位招聘需求触底反弹，91.8% 的受访从业者目前已处于就业状态；48.2% 的受访从业者表示自己所在企业（机构）正在招聘旅游主播、旅行定制师等新职业中的至少一种与个性化和精细化业务相关的岗位员工。可以预见，随着旅游经济稳步进入上升通道，对旅游人才的需求也将开始回升。

二　旅游业人才需求规模预测的相关说明

（一）预测对象的选取

本课题的预测对象主要选取了星级酒店及住宿业、旅行社、A 级景区。

从研究对象的角度来看，星级酒店及住宿业、旅行社、A 级景区是目前旅游业的典型企业类型。它们都是直接从事旅游经济活动，为旅游者提供食、住、行、游、购及娱乐等消费并取得相应收入的独立单位，可将其作为旅游人才需求规模预测的研究对象。

从预测的数据要求来看，旅游人才需求预测需要准确、完整、权威的历史数据。《中国旅游统计年鉴》和《中国文化文物与旅游统计年鉴》中有关于星级酒店、旅行社、A 级景区就业人数的相关数据，国家统计局有

---

① 《2023 年上半年国内旅游数据情况》，文化和旅游部网站，2023 年 7 月 13 日，https：//zwgk.mct.gov.cn/zfxxgkml/tjxx/202307/t20230713_945923.html。
② 《〈2023 旅游业从业预期调查报告〉：超九成已处于就业状态》，网易新闻，2023 年 2 月 28 日，https：//www.163.com/dy/article/HULTIFJ60514R9KQ.html。

住宿业从业人员数据，这些均为连续、权威的数据，适宜采用。同时，每年文化和旅游部发布的《文化和旅游发展统计公报》中也有这几类企业的数据，其他类型的企业很少涉及，只有部分不连续、散碎、不权威的数据。

（二）数据来源

为保证数据的准确和权威，本次使用的人才需求数据主要来源于国家统计部门的权威数据以及课题组采集的数据：2000~2022年星级酒店、旅行社、A级景区就业人数的相关数据来自《中国旅游统计年鉴》和《中国文化文物与旅游统计年鉴》；2014~2019年全国旅游业直接从业人数相关数据来自中国旅游研究院发布的《中国旅游业统计公报》；2011~2013年全国就业人数（推算2011~2013年旅游业直接就业人数用）相关数据来自国家统计局；2004~2019年住宿业从业人员数据来自国家统计局。课题组与南京奥派信息技术有限公司合作，从51job、智联招聘、58同城、最佳东方四大人才招聘网站上，通过网络爬虫技术抓取旅游企业发布的招聘信息，作为新业态人才需求分析数据。

（三）预测模型的选取

目前人才预测的方法达150多种，其中广泛使用的有30余种，从知网检索情况来看，国内学者采用较多的人才需求预测方法有灰色系统模型和神经网络模型。本课题主要选择了灰色GM（1，1）模型和Elman神经网络模型。

灰色系统具有所需因素少、模型简单、运算方便、预测精度高等优点，可以较好地对非线性系统进行预测，灰色系统常用的预测模型是GM（1，1）模型，该模型比较适合进行人才需求预测。

Elman神经网络模型是应用较为广泛的一种典型的反馈型神经网络模型。Elman神经网络具有动态记忆功能，非常适合时间序列预测问题，应

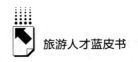

用 Elman 神经网络模型预测人才需求也是比较适合的。

本课题对星级酒店和旅行社采用上述两种方法同时进行预测，并对两种方法进行对比讨论，同时为使预测更加科学，课题组取两者算数平均值作为预测结果。但对 A 级景区而言，由于 Elman 神经网络模型需要的样本数量较多（如果样本量太少，可能造成过度拟合，影响预测精度），故而采用灰色 GM（1，1）模型进行预测。

三　旅游业整体人才需求预测分析

（一）预测数据来源

2011～2019 年全国旅游业直接就业人数如表 2 所示。其中 2014～2019 年的直接就业人数是国家旅游局公布的统计数据，2011～2013 年没有正式公布的数据，因为需要预测 2020～2023 年的就业数据，按灰色系统的预测样本要求，短期预测需要 10 个左右的样本[①]，所以需要对 2011～2013 年的数据进行比例法推算[②]，具体算法如下。取距离缺失数据年份较近的 2014～2017 年的 4 期数据进行分析，每年的旅游统计数据中旅游直接和间接就业人数占全国就业总人数的比例逐年增加，2014 年为 10.19%，2015 年为 10.20%，2016 年为 10.26%，2017 年为 10.28%，这 4 年平均年递增率为 0.03%，按此比例推算，2011～2013 年的占比分别为 10.10%、10.13%、10.16%，而旅游业直接就业人数占旅游业总就业人数的比例各年份变化不大，一般为 35%，设旅游业直接就业人数为 T，全国就业总人数为 P，则根据上述分析，2011 年旅游业直接就业人数 T = P×0.101×0.35，而每年全国就业总人数 P 可以从国家统计局网站上查到，代入公式计算即可得到 2011

---

① 王学萌、张继忠、王荣：《灰色系统分析及实用计算程序》，华中科技大学出版社，2001。

② 杨德平、刘喜华：《经济预测与决策技术及 MATLAB 实现》，机械工业出版社，2016。

年旅游业直接就业人数，同法可得 2012 年和 2013 年的旅游业直接就业人数。

表2　2011~2019年旅游业直接就业人数

单位：万人

年份	2011	2012	2013	2014	2015	2016	2017	2018	2019
就业人数	2701	2720	2737	2779.4	2798	2813	2825	2826	2825

（二）预测模型选择与验证

因为旅游业直接就业人数的历史数据较少，所以不适合用 Elman 神经网络模型进行预测，只能使用灰色 GM（1，1）模型进行预测。利用软件计算后得出相对误差。后验差比 $C=0.292$，小概率误差 $P=1$，预测精度为 1 级，表明模型预测效果好，可以应用灰色 GM（1，1）模型进行预测。2011~2019 年旅游业实际就业人数与预测就业人数如表 3 和图 3 所示。

表3　2011~2019年旅游业实际就业人数与预测就业人数对比

单位：万人，%

年份	2011	2012	2013	2014	2015	2016	2017	2018	2019
实际就业人数	2701	2720	2737	2779.4	2798	2813	2825	2826	2825
预测就业人数	2701	2735	2751	2767	2782	2798	2814	2830	2846
相对误差	—	0.55	0.51	-0.45	-0.57	-0.53	-0.39	0.14	0.74
平均相对误差	—	0.49							

（三）预测结果分析

令当年需求人数为 Y，上年的需求人数为 PY，则当年新增工作岗位需高等院校培养的数量为：$T=Y-PY$，最终预测出 2023~2026 年全国旅游人才

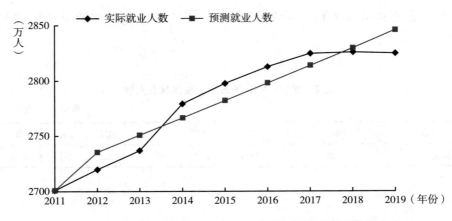

图3 2011~2019年旅游业实际就业人数与预测就业人数

需求总量，如表4所示。根据课题组预测，2026年旅游人才需求总量约为2911万人，其中新增岗位约16万个。

表4 2023~2026年旅游人才需求总量预测

单位：万人，万个

指标	2023年	2024年	2025年	2026年
预测人才需求	2862	2878	2895	2911
新增工作岗位	—	16	17	16

四　典型旅游企业人才需求规模预测分析

本课题主要选择星级酒店、A级景区、旅行社等典型旅游企业人才需求进行预测分析。

（一）星级酒店及住宿业人才需求规模预测与分析

1. 预测数据来源

（1）星级酒店的预测数据来源

2000~2019年，全国星级酒店就业人数如表5所示。

表5　2000~2019年星级酒店就业人数

单位：人

年份	2000	2001	2002	2003	2004	2005
就业人数	1124896	1052054	1216076	1350600	1446104	1517070
年份	2006	2007	2008	2009	2010	2011
就业人数	1580403	1668095	1669179	1672602	1580963	1542751
年份	2012	2013	2014	2015	2016	2017
就业人数	1590590	1502496	1351869	1344503	1196564	1124641
年份	2018	2019				
就业人数	1025435	1061600				

（2）住宿业的预测数据来源

2004~2019年，全国住宿业（限额以上住宿单位，即年主营业务收入在200万元及以上）就业人数如表6所示。

表6　2004~2019年住宿业就业人数

单位：人

年份	2004	2005	2006	2007	2008	2009	2010	2011
就业人数	1282173	1529270	1622802	1744142	1998667	2000484	2108179	2156638
年份	2012	2013	2014	2015	2016	2017	2018	2019
就业人数	2107502	2094185	1979000	1911615	1863303	1820851	1780363	1819634

2. 预测模型选择与验证

（1）运用灰色GM（1，1）模型对星级酒店就业人数进行预测

如前文所述，进行短期预测，样本量以不超过10个为宜。故本次预测采用的样本量为10个。

将2010~2019年的数据代入，使用软件计算的过程本节不再详细讨论，只给出结果（见表7和图4）。后验差比 $C = 0.225$，小概率误差 $P = 1$，预测精度为1级，表明模型预测效果较好。

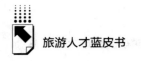

表7　2010～2019年星级酒店实际就业人数与预测就业人数对比
[（灰色GM（1，1）模型预测]

单位：人，%

指标	2010年	2011年	2012年	2013年	2014年
实际就业人数	1580963	1542751	1590590	1502496	1361869
预测就业人数	1580963	1625880	1534855	1448926	1367808
相对误差	—	5.39	−3.50	−3.57	0.44
指标	2015年	2016年	2017年	2018年	2019年
实际就业人数	1344503	1196564	1124641	1025435	1061600
预测就业人数	1291231	1218942	1150699	1086277	1025462
相对误差	−3.96	1.87	2.32	5.93	−3.40
平均误差	3.38				

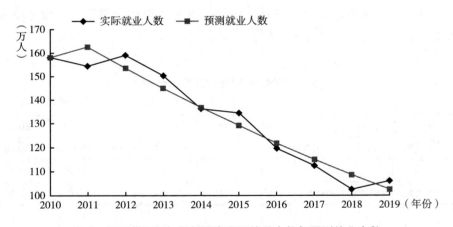

图4　2010～2019年星级酒店实际就业人数与预测就业人数

预测2023～2026年星级酒店人才需求量如表8所示。

表8　2023～2026年星级酒店人才需求预测[灰色GM（1，1）模型预测]

单位：人

年份	2023	2024	2025	2026
预测人才需求	968051	913855	862693	814395

（2）运用灰色 GM（1，1）模型对住宿业就业人数进行预测

将 2010~2019 年住宿业的原始数据作为序列输入，预测结果如表 9 和图 5 所示；后验差比 $C=0.233$，小概率误差 $P=1$，预测精度为 1 级，表明模型预测效果较好，所以可以应用灰色 GM（1，1）模型进行预测。预测 2023~2026 年住宿业人才需求如表 10 所示。

表9　2010~2019 年住宿业实际就业人数与预测就业人数对比
［灰色 GM（1，1）模型预测］

单位：人，%

指标	2010 年	2011 年	2012 年	2013 年	2014 年
实际就业人数	2108179	2156638	2107502	2094185	1979000
预测就业人数	2108179	2155262	2100286	2046713	1994506
相对误差	—	−0.06	−0.34	−2.27	0.78
指标	2015 年	2016 年	2017 年	2018 年	2019 年
实际就业人数	1911615	1863303	1820851	1780363	1819634
预测就业人数	1943631	1894053	1845740	1798660	1752780
相对误差	1.67	1.65	1.37	1.03	−3.67
平均误差	1.43				

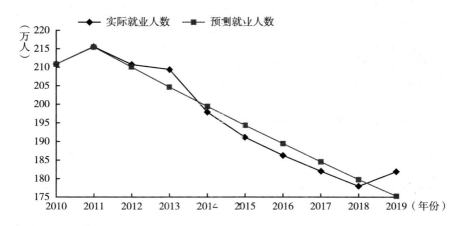

图5　2010~2019 年住宿业实际就业人数与预测就业人数
［灰色 GM（1，1）模型预测］

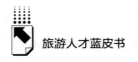

表 10　2023~2026 年住宿业人才需求预测［灰色 GM（1，1）模型预测］

单位：人

年份	2023	2024	2025	2026
预测人才需求	1708070	1664502	1622044	1580670

（3）运用 Elman 神经网络模型对星级酒店就业人数进行预测

把 2000~2019 年的星级酒店就业人数作为原始数据，利用训练好的模型（训练方法见前文）进行迭代仿真计算，可得 2005~2023 年的预测数据。其中，2005~2019 年的预测结果与实际值的对比如表 11 和图 6 所示，可见平均误差较小，预测值与真实值拟合较好。预测 2023~2026 年星级酒店人才需求如表 12 所示。

表 11　2005~2019 年星级酒店实际就业人数与预测就业人数对比
（Elman 神经网络模型预测）

单位：人，%

指标	2005 年	2006 年	2007 年	2008 年	2009 年	2010 年	2011 年	2012 年
实际就业人数	1517070	1580403	1668095	1669179	1672602	1580963	1542751	1590590
预测就业人数	1516932	1580331	1664164	1691248	1630818	1603623	1549784	1576260
相对误差	−0.01	0.00	−0.24	1.32	−2.50	1.43	0.46	−0.90
指标	2013 年	2014 年	2015 年	2016 年	2017 年	2018 年	2019 年	
实际就业人数	1502496	1361869	1344503	1196564	1124641	1025435	1061600	
预测就业人数	1505777	1365499	1347632	1193717	1125018	1024853	1063192	
相对误差	0.22	0.27	0.23	−0.24	0.03	−0.06	0.15	
平均误差	0.54							

表 12　2023~2026 年星级酒店人才需求预测（Elman 神经网络模型预测）

单位：人

年份	2023	2024	2025	2026
预测人才需求	998235	921962	829760	836612

因住宿业样本量较小，为防止过度拟合，本次没有采用 Elman 神经网络模型对住宿业人才需求进行预测。

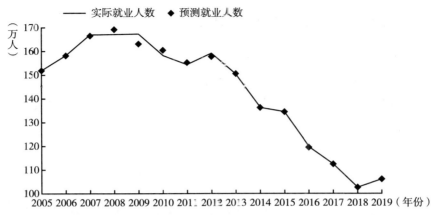

图 6　2005~2019 年星级酒店实际就业人数与预测就业人数（Elman 神经网络模型预测）

3. 预测结果分析（含对比分析）

对星级酒店人才需求进行预测，灰色 GM（1，1）模型平均误差为 3.38%；Elman 神经网络模型的平均误差 0.54%。两者对 2023~2026 年星级酒店人才需求的预测结果如表 13 所示，对于星级酒店，两者的预测结果有一定差别，但总体趋势一致，且差别在可以接受的范围内；取两者算术平均值作为星级酒店人才需求预测结果，如表 14 所示。

表 13　2023~2026 年星级酒店人才需求预测
[灰色 GM（1，1）模型与 Elman 神经网络模型对比]

单位：人，%

指标	2023 年	2024 年	2025 年	2026 年
灰色 GM（1,1）模型	968051	913855	862693	814395
Elman 神经网络模型	998235	921962	829760	836612
相差百分比	3.12	0.89	−3.82	2.73

表 14　2023~2026 年星级酒店人才需求预测（组合预测）

单位：人

年份	2023	2024	2025	2026
预测人才需求	983143	917909	846227	825504

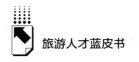
（二）旅行社人才需求规模预测与分析

1. 预测数据来源

2000～2019 年全国旅行社就业人数如表 15 所示。选取 2010～2019 年的数据作为灰色 GM（1，1）模型的历史数据，2000～2019 年的数据作为 Elman 神经网络模型的原始数据。

表 15　2000～2019 年旅行社就业人数

单位：人

年份	2000	2001	2002	2003	2004	2005	2006
就业人数	164336	192408	229147	249802	246219	248919	285917
年份	2007	2008	2009	2010	2011	2012	2013
就业人数	307977	321655	308978	277262	299755	318223	339993
年份	2014	2015	2016	2017	2018	2019	
就业人数	341312	334033	346219	358873	411384	415941	

2. 预测模型选择与验证

（1）运用灰色 GM（1，1）模型进行预测分析

将样本数据输入程序后进行检验，得出后验差比 $C = 0.310$，小概率误差 $P = 1$，预测精度为 1 级，表明该模型可以用于预测旅行社的人才需求。预测结果如表 16 和图 7 所示。

表 16　2010～2019 年旅行社实际就业人数与预测就业人数对比
［灰色 GM（1，1）模型预测］

单位：人，%

指标	2010 年	2011 年	2012 年	2013 年	2014 年
实际就业人数	277262	299755	318223	339993	341312
预测就业人数	277262	300683	312309	324385	336928
相对误差	—	0.31	-1.86	-4.59	-1.28
指标	2015 年	2016 年	2017 年	2018 年	2019 年
实际就业人数	334033	346219	358873	411384	415941
预测就业人数	349955	363487	377541	392139	407302
相对误差	4.77	4.99	5.20	-4.68	-2.08
平均误差	3.31				

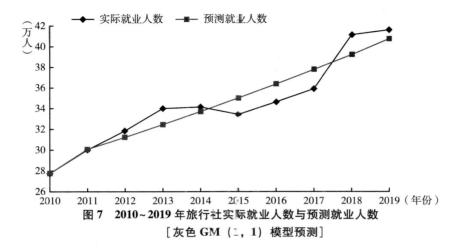

图 7 2010~2019 年旅行社实际就业人数与预测就业人数
[灰色 GM (1, 1) 模型预测]

2023~2026 年全国旅行社的人才需求预测结果如表 17 所示。

表 17 2023~2026 年旅行社人才需求预测 [灰色 GM (1, 1) 模型预测]

单位: 人

年份	2023	2024	2025	2026
预测人才需求	423050	439408	456398	474045

(2) 运用 Elman 神经网络模型进行预测分析

将 2000~2019 年的全部数据输入训练好的模型, 利用模型进行迭代仿真计算, 可得 2005~2026 年的预测数据。其中 2005~2019 年的预测结果如表 18 和图 8 所示, 2023~2026 年的人才需求预测结果如表 19 所示。

表 18 2005~2019 年旅行社实际就业人数与预测就业
人数对比 (Elman 神经网络模型预测)

单位: 人, %

指标	2005 年	2006 年	2007 年	2008 年	2009 年	2010 年	2011 年	2012 年
实际就业人数	248919	285917	307977	321655	308978	277262	299755	318223
预测就业人数	248942	285875	308024	321622	308986	277203	299861	318144
相对误差	0.009	-0.015	0.015	-0.010	0.003	-0.021	0.035	-0.025

续表

指标	2013 年	2014 年	2015 年	2016 年	2017 年	2018 年	2019 年	
实际就业人数	339993	341312	334033	346219	358873	411384	415941	
预测就业人数	339981	341363	334134	345994	359081	411308	415849	
相对误差	−0.004	0.015	0.030	−0.065	0.058	−0.018	−0.022	
平均误差	0.023							

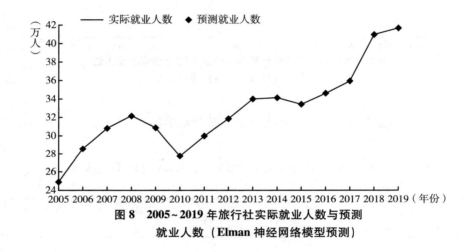

图 8　2005～2019 年旅行社实际就业人数与预测
就业人数（Elman 神经网络模型预测）

表 19　2023～2026 年旅行社人才需求预测（Elman 神经网络模型预测）

单位：人

年份	2023	2024	2025	2026
预测人才需求	423985	429008	451019	483493

3. 预测结果分析（含对比分析）

在旅行社人才需求预测中，灰色 GM（1，1）模型的平均误差为 3.31%，Elman 神经网络模型的平均误差为 0.023%。

两者对 2023～2026 年旅行社人才需求的预测结果如表 20 所示。从表 20 可以看出，两者的预测结果有一定差别，但差别不大，取两者的算术平均值作为最终的预测结果，如表 21 所示。

表20　2023~2026年旅行社人才需求预测［灰色GM（1，1）模型
与Elman神经网络模型对比］

单位：人，%

指标	2023年	2024年	2025年	2026年
灰色GM（1,1）模型	423050	439408	456398	474045
Elman神经网络模型	423985	429008	451019	483493
相差百分比	0.22	-2.37	-1.18	1.99

表21　2023~2026年旅行社人才需求预测（组合预测）

单位：人，个

指标	2023年	2024年	2025年	2026年
预测人才需求	423518	434208	453709	478769
新增岗位数	—	10690	19501	25060

（三）A级景区人才需求规模预测与分析

1. 预测数据来源

2014~2019年A级景区就业人数如表22所示，没有采用2014年以前的数据是因为，2014年之后的年份，每年景区的就业人数比以往的年份多出很多（2013年为237961人，2014年为1215384人，2015年为1229238人，2016年为1287706人，2017年为1300945人，2018年为1344759人），推测2014年之后和2014年之前的A级景区就业人数统计口径可能不一致，所以，课题组基于2014~2019年的数据进行预测。

表22　2014~2019年A级景区就业人数

单位：人

年份	2014	2015	2016	2017	2018	2019
就业人数	1215384	1229238	1287706	1300945	1344759	1620170

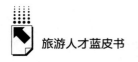

2. 预测模型选择与验证

由于数据样本较少，Elman 神经网络模型不适用，故采用灰色 GM（1，1）模型进行预测分析。经模型计算后发现 2019 年数据异常，无法通过灰色 GM（1，1）模型验证，经过观察，发现 2019 年数据（1620170 人）比 2018 年（1344759 人）高出 20%，属于异常数据，需要用剔除法进行剔除。剔除异常数据后，再次使用灰色 GM（1，1）模型进行预测，得出如表 23 所示的实际就业人数和预测就业人数。后验差比 $C=0.1772$，小概率误差 $P=1$，预测精度为 1 级，说明可以应用灰色 GM（1，1）模型预测 A 级景区的人才需求。经过软件计算，2023~2026 年 A 级景区人才需求预测结果如表 24 所示。预测结果显示，2026 年 A 级景区人才需求为 1545544 人，新增岗位 42391 个。

表 23　2014~2018 年 A 级景区实际就业人数和预测就业人数对比

单位：人，%

指标	2014 年	2015 年	2016 年	2017 年	2018 年
实际就业人数	1215384	1229238	1287706	1300945	1344759
预测就业人数	1215384	1237249	1272141	1308016	1344904
相对误差	—	0.65	−1.21	0.54	0.01
平均误差	0.60				

表 24　2023~2026 年 A 级景区人才需求预测

单位：人，个

指标	2023 年	2024 年	2025 年	2026 年
预测人才需求	1421829	1461926	1503153	1545544
新增岗位数	—	40097	41227	42391

五　旅游新业态人才需求预测与分析

根据文化和旅游部 2018 年 12 月发布的《关于提升假日及高峰期旅游供给品质的指导意见》，未来将着力开发文化体验游、乡村民宿游、休闲度假游、生态和谐游、城市购物游、工业遗产游、研学知识游、红色教育游、康养体育游、邮轮游艇游、自驾车房车游等11个旅游新业态。

课题组调研发现，相比2020年，2021年房车旅游、民宿旅游、度假旅游、会展旅游、邮轮旅游等5种新业态的招聘信息数量均大幅下降，但房车旅游和民宿旅游下降相对慢点，分别是2019年的9.2%和12.2%（见表25）。《"十四五"旅游业发展规划》出现了4次"民宿"一词，要"推进乡村民宿高质量发展"，同时提出，"推进自驾车旅居车旅游，实施自驾游推进计划，形成网络化的营地服务体系和比较完整的自驾车旅居车旅游产业链，推出一批自驾车旅居车营地和旅游驿站"。课题组以民宿为例，预测该业态的人才需求。

表25　2019~2021年四大招聘网站旅游新业态招聘信息

单位：条

年份	房车旅游	民宿旅游	度假旅游	会展旅游	邮轮旅游
2019	1722	8435	16879	18552	5621
2020	439	2845	1985	1699	1032
2021	158	1031	108	89	30

2014~2020年的民宿数量（见表26和图9）。因为2016年后民宿数量出现爆发式增长，故灰色GM（1，1）模型不适合此序列的预测。但从数据来看，民宿业的发展速度较快，数量依然保持在高位，急需专业人才。

表26　2014~2020年民宿数量

单位：家

年份	2014	2015	2016	2017	2018	2019	2020
数量	30200	42658	50200	200000	210000	169800	380000

资料来源：2014~2016年数据来自中商产业研究院，2017年数据来自中国旅游协会民宿客栈与精品酒店分会发布的《2017年民宿产业发展研究报告》，2018年数据来自《2018中国民宿产业发展研究报告》，2019年数据来自过聚荣主编的《中国旅游民宿发展报告（2019）》，2020年数据来自智研咨询的《2021~2027年中国民宿行业供需态势分析及竞争格局预测报告》。

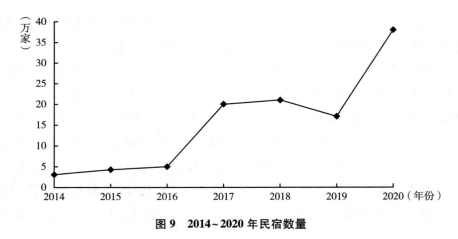

图9 2014~2020年民宿数量

可见，随着文旅融合发展，互联网技术、人工智能技术等在旅游业的深入运用，旅游企业更需要综合素质高、兼具跨界知识与技能的人才，这对旅游人才培养提出了新要求。

结　语

为科学预测旅游人才需求规模，为院校旅游类专业设置、招生计划制定、人才培养等提供依据，课题组使用灰色GM（1，1）模型和Elman神经网络模型进行人才需求规模预测，为便于预测算法程序交流，本次使用MATLAB编程。利用历年《中国旅游统计年鉴》《中国统计年鉴》《中国旅游业统计公报》等官方数据以及网络抓取数据，对2023~2026年旅游业人才需求总量，以及星级酒店、旅行社、A级景区的人才需求规模进行了预测。通过收集并整理各旅游研究机构发布的民宿研究报告，对"乡村民宿旅游"这个新业态的人才需求规模进行了预测。

预测结果显示，总体来看旅游人才供需结构性矛盾依旧十分突出；星级酒店及住宿业人才需求逐年下降；民宿业人才需求增长较快；旅行社人才需求继续保持增长趋势，且增长幅度较大。通过对抓取的网络招聘数据进行分析，旅行社新增岗位有旅游主播、旅行定制师等。A级景区人才需求量逐年增加，增加幅度比较稳定，结合网络招聘数据和《"十四五"文化和旅游发展规划》中有关智慧旅游景区建设的阐述"支持一批智慧旅游景区建设，发展新一代沉浸式体验型旅游产品，推出一批具有代表性的智慧旅游景区"，可见，在未来景区人才需求中，有部分是与智慧旅游、旅游大数据应用相关的岗位人才。

《"十四五"旅游业发展规划》明确提出："推进旅游与科技、教育、交通、体育、工业、农业、林草、卫生健康、中医药等领域相加相融、协同发展，延伸产业链、创造新价值、催生新业态，形成多产业融合发展新局面。"因此，可以预见，随着旅游产业转型升级，旅游领域数字化、网络化、智能化不断深入推进，以及"旅游+"和"+旅游"产业融合发展局面的形成，数字化、专业化、创新型、复合型的高素质旅游人才将成为旅游业高质量发展的重要支撑，也为院校人才培养的供给侧改革提出了新要求。

B.8
旅游人才质量结构分析[*]

张晓玲[**]

摘　要： 本报告主要采用网络爬虫技术和文本挖掘技术获得的数据，根据旅游人才质量词典指标体系，利用文本频率分析法对旅行社、酒店、景区三类旅游企业岗位群的人才需求质量规格进行分析，获得旅游企业对旅游人才质量规格的共性要求。旅游企业在职业素质方面的要求主要集中于职业道德与责任感、身体素质和团队协作能力等；在知识与能力方面的要求主要集中于专业知识与技能、营销能力、信息技术与应用能力等，且企业对职业素质的关注度超过知识与能力。因此，院校在修订旅游专业人才培养方案、重构课程体系以及进行教育教学改革时，要高度重视旅游人才质量规格的新变化和新要求。

关键词： 旅游人才　人才质量　职业素质

一　旅游企业典型岗位与工作任务分析

旅游企业是从事旅游经济活动，为旅游者提供食、住、行、游、购及娱乐等消费并取得相应收入的独立单位。本报告研究的旅游企业主要指直接旅游企业，包括旅行社、酒店、景区等。

---

[*] 本报告研究依据本书 B2 构建的"旅游人才质量词典指标体系"。
[**] 张晓玲，南京旅游职业学院副教授，主要研究方向为最优化、旅游统计、职业教育。

（一）旅行社企业典型工作岗位与工作任务分析

课题组①通过对 60 余家旅行社进行调研，根据旅行社的部门架构，对旅行社岗位群进行了重新梳理。旅行社岗位群主要包括营销岗位群、运营岗位群、策划岗位群、导游岗位群等。

1. 营销岗位群的主要工作任务分析

营销岗位主要包括旅游顾问、旅游产品销售、渠道专员、客服等。营销岗位的工作任务是推广和销售旅游产品、管理现有渠道资源和维护发展客户关系、开拓新市场和发展新客户资源等。

（1）推广和销售旅游产品

负责推广和销售旅游产品，需熟悉旅行社的行程线路、特色景点、线路报价以及优惠条件，能够根据产品特色找准目标群体，掌握旅游产品的细节和特点，准确把握客户需求，提供专业化的旅行方案，有效地把旅游产品推广和销售出去。

（2）管理现有渠道资源和维护发展客户关系

旅游营销人员需要管理维护好现有的渠道资源，经常拜访渠道成员，从渠道成员处获取目标市场的第一手资料，整理分析，设计产品，帮助渠道成员进行销售，能够对渠道成员进行业务培训。

维护发展客户关系需筛选出值得和必须建立关系的客户，经常与关系对象进行联络和沟通，进行长期的反馈和追踪，与客户维系长期的战略伙伴关系。

（3）开拓新市场和发展新客户资源

旅游营销人员需要更加关注潜在客户的需求，扩大市场空间，挖掘潜在旅游产品，并且通过大规模的推广活动发展新客户资源，迅速占领市场。

---

① 课题组为江苏高校哲学社会科学重点研究基地（新时代应用型旅游人才研究中心）旅游人才供给与需求研究项目组，研究成员主要有操乪、苏炜、王新宇、张晓玲、张骏、马卫、崔英方。

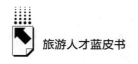

2. 运营岗位群的主要工作任务分析

运营岗位主要包括计调、签证等。运营岗位的工作任务是组织、安排和协调旅游项目与活动。他们的职责是安排和组织旅游活动、处理团队中出现的问题、评估团队风险、协调供应商和伙伴、控制预算等。

（1）安排和组织旅游活动

负责安排和组织旅游活动，确保旅游活动顺利进行，这包括确定旅游路线、制定行程表以及安排交通、酒店住宿和旅游景点参观等。旅游运营人员需对旅游目的地进行深入了解，包括了解当地交通、住宿、饮食、文化和语言等信息。

（2）处理团队中出现的问题

团队中常常会出现各种问题，例如，旅游者可能会迟到或丢失物品等。旅游运营人员需要解决这些问题并确保旅游者的体验不受影响。

（3）评估团队风险

负责评估团队风险，包括本地安全问题和旅游者的安全问题。他们需要研究目的地的历史、文化、政治、气候和天气等信息，以便预测可能影响旅游者的情况。对于风险较高的地区需要采取额外的安全措施，例如雇用当地安保人员。

（4）协调供应商和伙伴

负责与供应商和伙伴协调。他们需要与酒店、旅游景点、航空公司和当地旅游组织等进行沟通，以确保旅游计划的成功执行。旅游运营人员需要与这些供应商建立长期的关系，并维护良好的合作关系。

（5）控制预算

负责制定旅游计划的预算，并确保在预算范围内执行计划。需要计算成本，包括交通、住宿、餐饮、门票和其他费用。旅游运营人员需要选择合适的价格和旅游方案，以确保旅游者在旅行中感到舒适和满意。

3. 策划岗位群的主要工作任务分析

策划岗位主要包括旅游数据分析师、旅游产品设计顾问、旅游策划师等。策划岗位的主要工作任务是旅游产品的设计和研发、产品市场分析和成本核（结）算、产品供应商的筛选和运维等。

（1）旅游产品的设计和研发

负责设计、开发、定制、优化旅游产品线路，进行产品线管理，审核旅游产品策划并负责推广落地。

（2）产品市场分析和成本核（结）算

通过客户研究、数据分析、竞品监控等了解市场变化，反馈行业信息并提出相应对策。同时负责产品的成本核算、结算、报价，及产品质量把控等。

（3）产品供应商的筛选和运维

负责对旅游产品供应商进行考察评估、洽谈和签约等，对供应商和同业资源进行运营和维护等。

4. 导游岗位群的主要工作任务分析

导游岗位主要包括地方导游、全陪导游和领队。导游岗位的主要工作任务是根据旅行社与游客签订的合同或约定，组织和安排游客的旅游活动，为游客导游、讲解，介绍（地方）文化和旅游资源，解答游客的问询和反馈游客意见，处理旅途中遇到的问题，保障游览活动的顺利完成。

（1）组织和安排游客的旅游活动

地方导游负责妥善安排当地旅游团的旅游活动，全陪导游、领队负责制定旅游团的旅游计划，监督各个接待单位的执行情况、接待质量。地方导游和全陪导游都要对游客的人身安全、财务安全、日常出行和住宿负责。

（2）为游客导游、讲解，介绍（地方）文化和旅游资源

地方导游必须熟知当地的旅游资源，便于向游客介绍景点的背景知识并及时解答游客的疑问。领队主要负责国外的旅行任务，需熟练掌握当地的语言，以及目的地国家的风俗习惯等。

（3）负责解答游客的问询和反馈游客意见，处理旅途中遇到的问题

负责耐心解答游客的问询，协助处理旅途中遇到的问题，反映游客的意见和要求，协助安排游客会见、会谈活动，保障旅游活动顺利进行。

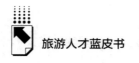

（二）酒店企业典型工作岗位与工作任务分析

课题组通过对100余家酒店进行调研，根据酒店的部门架构，对酒店岗位群进行了重新梳理。酒店岗位群主要分为前厅、客房、餐饮、厨房、营销、工程、人力资源等。本报告研究的岗位群主要为前厅岗位群、客房岗位群、餐饮岗位群、厨房岗位群等。

1. 前厅岗位群的主要工作任务分析

前厅岗位主要包括前台接待员、前台主管、领班、前厅部经理、宾客关系经理、礼宾员、行政楼层主管、总机领班等。前厅岗位的主要工作任务是招徕并接待宾客（组织客源）、组织接待和协调对客服务、控制客房状况等。

（1）招徕并接待宾客（组织客源）

负责接待客人，为客人提供优质的订房、登记、邮件、问讯、电话、留言、行李、委托代办、换房、钥匙、退房等各项服务。

（2）组织接待和协调对客服务

负责向有关部门下达各项业务指令，然后协调各部门解决指令执行过程中遇到的新问题，联络各部门为客人提供优质服务。

（3）控制客房状况

负责随时掌握每间客房最完整最准确的资料，并对客房资料进行记录、统计、分析、预测、整理和存档，为客房的销售和分配提供可靠的依据。

2. 客房岗位群的主要工作任务分析

客房岗位主要包括房务部总监、客房部经理、行政管家、客房主管/领班/服务员、各楼层主管/领班、公共区域主管/领班/服务员、洗衣房主管/领班/服务员等岗位。客房岗位群的主要工作任务是负责酒店客房的清洁和保养，做好客房接待服务，满足客人各方面的正当需求，与其他部门协调配合，保证满足客人的客房服务需求，为客人创造一个清洁、美观、舒适、安全的住宿环境。

（1）酒店客房的清洁和保养

负责定期对客房进行清洁，保证客房的卫生和整洁，负责客房内的设施维修和保养，负责酒店所有布草及员工制服的保管和洗涤工作等。

（2）客房接待服务

负责了解客人的需求和反馈，及时按照客人需求进行程序补充及完善。

（3）与其他部门协调合作，保证满足客人的客房服务需求

还需要与其他部门协调配合，如前台部门、餐饮部门等，确保客人在酒店内的住宿体验。

3.餐饮岗位群的主要工作任务分析

餐饮岗位主要包括餐饮总监、餐饮部经理、中餐厅经理/主管/领班/服务员、西餐厅经理/主管/领班/服务员、大堂主管/领班/服务员、咖啡厅主管/领班/服务员、宴会厅主管/领班/服务员、酒吧主管/领班/服务员、管事部主管/领班/服务员等。餐饮岗位群的主要工作任务是提供餐饮服务、菜单设计、成本控制等。

（1）提供餐饮服务

提供餐饮服务包括接待客人、点菜、送餐、结账等环节。需要确保客人在餐厅用餐期间得到优质服务。

（2）菜单设计

负责菜单设计，菜单设计需要综合考虑客人的口味、需求、文化背景等多个方面，设计出符合客人需求的菜单。

（3）成本控制

成本控制指能够通过合理的采购、库存管理、成本核算等方式控制餐厅的运营成本，保证餐厅的日常高效运行。

4.厨房岗位群的主要工作任务分析

厨房岗位主要包括行政总厨、中厨厨师长/厨师、西餐厨师长/厨师、冷菜厨师、饼房厨师长/厨师、打荷厨师、面点师等。厨房岗位的主要工作任务是生产菜品、确保厨房食品卫生、成本控制等。

（1）生产菜品

掌握所烹制菜系的基本特点，并熟知本酒店经营菜式的烹制要领和技术要求，熟知各种出菜成品的标准，确保味道、质感、观感、营养卫生达到标准，保证餐品质量。

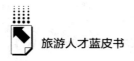

（2）确保厨房食品卫生

负责厨房食品卫生工作，催促检查食品、餐具、用具和厨房的卫生，杜绝食物中毒事故，做好厨房消毒工作。

（3）成本控制

掌握进货品种、质量、数量、价格，加强对食品原材料、各类物料、水、电、煤的管理，降低成本、提高效益。

（三）景区企业典型工作岗位与工作任务分析

课题组通过对 50 余家景区进行调研，根据景区的部门架构，对企业岗位群进行了重新梳理。景区的工作岗位主要包括接待、营销、运维、娱乐表演等。本报告主要研究的景区岗位群为景区接待岗位群、景区营销岗位群、景区运维岗位群等。

1. 景区接待岗位群的主要工作任务分析

景区接待岗位主要包括讲解员、景区接待员等。景区接待岗位的主要任务是制定接待方案、负责讲解工作、整理接待资料等。

（1）制定接待方案

接到客人预订信息，详细了解客人的基本情况、到达时间等，根据客人要求制定接待方案，做好客人在景区食、宿、行、游、购、娱、讲解等方面的接待工作。

（2）负责讲解工作

负责为客人讲解本地气候、风土人情、特产以及景区基本情况。

（3）整理接待资料

负责做好接待客人的资料收集、汇总、存档、保密工作等。

2. 景区营销岗位群的主要工作任务分析

景区营销岗位主要包括票务、旅游产品销售、渠道专员等。景区营销岗位的主要任务是销售门票和旅游商品、负责与商户洽谈合作、负责市场调研、维护管理渠道资源等。

（1）销售门票和旅游商品

负责门票以及景区直营店的旅游商品销售。

（2）负责与商户洽谈合作

了解商户的业务现状与实际需求并结合消费者的消费动向制定个性化的营销方案，与商户谈判并达成合作。完成沟通协调、信息录入等工作。

（3）负责市场调研

调研市场动态，对产品数据进行统计分析，对自有旅游产品进行整合升级，提升产品的用户满意度。

（4）维护管理渠道资源

需要管理维护好现有的渠道资源，经常拜访渠道成员，帮助渠道成员进行销售，对渠道成员进行业务培训。

3. 景区运维岗位群的主要工作任务分析

景区运维岗位主要包括景区运营、设施设备维护和环境监控等。景区运维岗位主要负责景区的发展规划、景区产品及设施设备的维护和管理、景区智慧化建设等。

（1）景区的发展规划

负责制定和实施景区发展规划与年度经营计划，持续开展市场调研，根据市场变化调整景区经营方针以及发展策略。

（2）景区产品及设施设备的维护和管理

负责管理景区内各种产品及设施，包括游乐设施、景点、餐饮、购物等，提升与优化景区形象与服务。

（3）景区智慧化建设

负责景区智慧化平台的建设和维护，保障景区智慧化设施的正常运行。

二　旅游企业岗位需求预测与人才质量要求分析

（一）旅行社岗位群需求预测与人才质量要求分析

1. 旅行社岗位群需求预测分析

旅行社岗位群主要分为营销岗位群、运营岗位群、策划岗位群、导游岗

位群。

根据 2021 年南京奥派公司在 51job、智联招聘、58 同城、最佳东方四大主流招聘平台抓取的旅行社招聘数据，营销岗位群需求量最大，占比达 67%；运营岗位群占比为 17%，策划岗位群占比为 9%，导游岗位群占比为 7%（见图 1）。与 2020 年相比，旅行社招聘岗位主要集中在营销和运营类岗位，占比合计达 84%，但策划类岗位占比提升了 6 个百分点，究其原因主要是受疫情影响，小规模、私密、自由的小型"私家团"成为跟团旅游的"新常态"，因此需要具备设计和定制个性化旅游产品能力的策划人才。

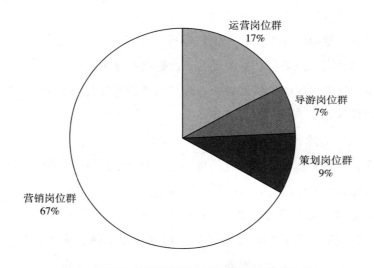

图1 2021 年旅行社四类岗位群招聘数量的占比

2. 旅行社岗位群人才质量要求分析

根据旅游人才质量词典指标体系，对指标属性关键词的指标频率进行统计，分析旅行社营销、运营、导游、策划四类岗位群的人才质量规格要求。

（1）营销岗位群的人才质量规格要求分析

根据图 2 可知，在营销岗位群人才质量规格要求中，职业素质方面企业最注重的是身体素质、职业道德与责任感、团队协作能力；知识与能力方面企业最重视的是营销能力、管理组织能力、专业知识与技能。

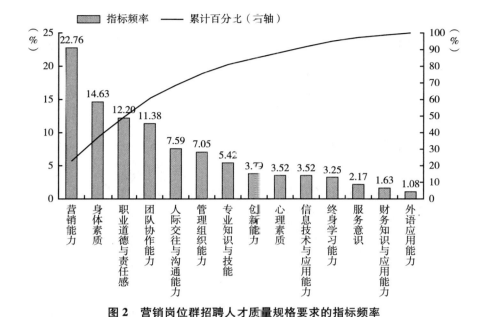

图 2　营销岗位群招聘人才质量规格要求的指标频率

（2）运营岗位群的人才质量规格要求分析

根据图 3 可知，在运营岗位群人才质量规格要求中，职业素质方面企业最注重的是团队协作能力、创新能力、人际交往与沟通能力；知识与能力方面，企业最关注的是营销能力、专业知识与技能、管理组织能力。

（3）策划岗位群的人才质量规格要求分析

根据图 4 可知，在策划岗位群的人才质量规格要求中，职业素质方面企业重视的是团队协作能力、创新能力、人际交往与沟通能力；知识与能力方面企业重视的是专业知识与技能、信息技术与应用能力、财务知识与应用能力。

（4）导游岗位群的人才质量规格要求分析

根据图 5 可知，在导游岗位群的人才质量规格要求中，职业素质方面企业最关注的是团队协作能力、身体素质和终身学习能力；知识与能力方面企业最关注的是专业知识与技能、营销能力和管理组织能力，其中专业知识与技能在质量词典里包含导游资格证书，在抓取的招聘信息中，导游岗位一般

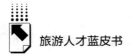

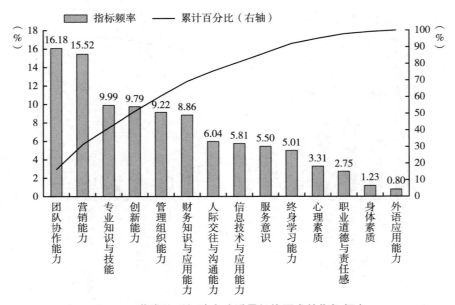

图 3 运营岗位群招聘人才质量规格要求的指标频率

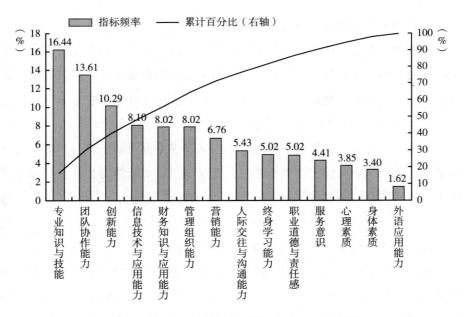

图 4 策划岗位群招聘人才质量规格要求的指标频率

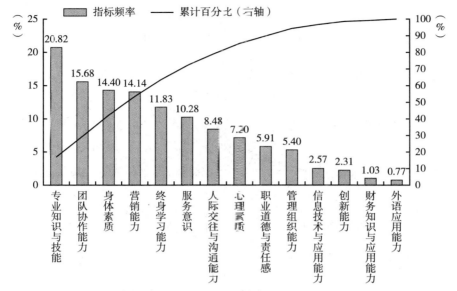

图 5　导游岗位群招聘人才质量规格要求的指标频率

要求有资格证书，而领队对外语应用能力有较高要求，而本次研究结果显示导游岗位群对外语应用能力的要求较低，究其原因主要是自 2021 年以来出境游业务基本暂停，在抓取的招聘信息中领队岗位的招聘人数非常少。

3. 旅行社四类岗位群人才质量规格要求

旅行社对四类岗位群人才质量规格要求存在差异，营销岗位群最看重营销能力，策划岗位群和导游岗位群最看重专业知识与技能，运营岗位群最看重团队协作能力（见图 6）。

4. 旅行社四类岗位群人才质量规格要求的共性与个性分析

旅行社四类岗位群排前 3 位的人才质量规格要求如表 1 所示。职业素质方面的共性要求是团队协作能力；知识与能力方面的共性要求是专业知识与技能和管理组织能力。近年来，旅游企业对四类岗位群人才质量规格要求出现明显变化。

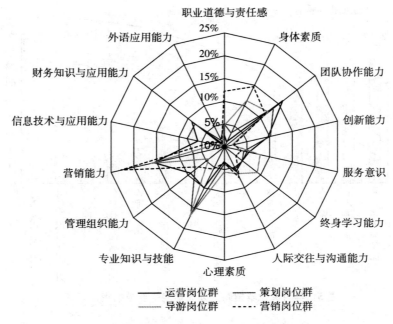

职业道德与责任感

外语应用能力

财务知识与应用能力

信息技术与应用能力

营销能力

管理组织能力

专业知识与技能

心理素质

人际交往与沟通能力

终身学习能力

服务意识

创新能力

团队协作能力

身体素质

—— 运营岗位群　　—— 策划岗位群
—— 导游岗位群　　---- 营销岗位群

图6　旅行社四类岗位群人才质量规格要求雷达图

表1　旅行社四类岗位群排前3位的人才质量规格要求

人才质量规格要求	营销岗位群	运营岗位群	策划岗位群	导游岗位群
职业素质	身体素质	团队协作能力	团队协作能力	团队协作能力
	职业道德与责任感	创新能力	创新能力	身体素质
	团队协作能力	人际交往与沟通能力	人际交往与沟通能力	终身学习能力
知识与能力	营销能力	营销能力	专业知识与技能	专业知识与技能
	管理组织能力	专业知识与技能	信息技术与应用能力	营销能力
	专业知识与技能	管理组织能力	财务知识与应用能力	管理组织能力

在职业素质模块中，在企业对各岗位群的职业素质要求中，身体素质的位次得到明显提升。新冠疫情让企业更加关注招聘人才的身体素质。

在知识与能力模块中，相比2020年，在营销岗位中营销能力占比由16.67%上升至22.76%，在运营岗位中，营销能力占比由6.35%提升至

15.52%，可以看出各岗位群对营销能力的要求提高了。随着科技在旅游产业中的应用越来越广泛，加之新冠疫情加速了中国旅游向数字化和智能化应用的普及，旅游企业对员工的数字化营销能力、智慧旅游新技术应用能力的要求也会越来越高。

（二）酒店岗位群需求预测与人才质量要求分析

1.酒店岗位群需求预测分析

本报告主要研究的酒店岗位群包括前厅岗位群、客房岗位群、餐饮岗位群、厨房岗位群四类。

根据2021年南京奥派公司在51job、智联招聘、58同城、最佳东方四大主流招聘平台抓取的招聘信息分析，用人需求最多的3个岗位群是餐饮岗位群、前厅岗位群、客房岗位群，合计占酒店招聘总量的79%，其中餐饮岗位群需求数量最多（见图7）。而餐饮岗位群的咖啡师、调酒师、茶艺师、侍酒师等有技能要求的岗位需求量较大，占餐饮岗位群招聘数量的27%。

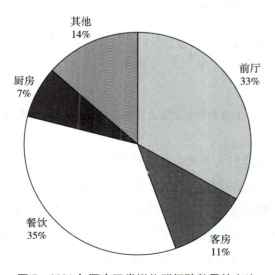

图7　2021年酒店四类岗位群招聘数量的占比

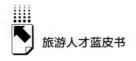

2. 酒店岗位群人才质量规格要求分析

根据旅游人才质量词典指标体系，对指标属性关键词的指标频率进行统计，分析酒店前厅、客房、餐饮、厨房岗位群的人才质量规格要求。

（1）前厅岗位群的人才质量规格要求分析

由图8可知，在前厅岗位群人才质量要求中，职业素质方面企业最重视的是职业道德与责任感、团队协作能力、心理素质，尤其是职业道德与责任感的占比远高于其他指标；知识与能力方面企业最重视的是专业知识与技能、信息技术与应用能力、营销能力。

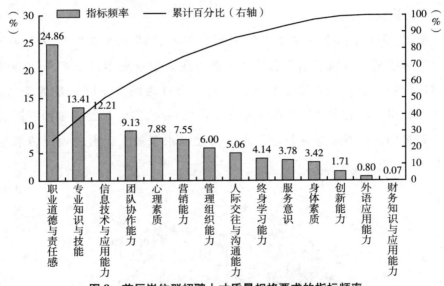

图8　前厅岗位群招聘人才质量规格要求的指标频率

（2）客房岗位群的人才质量规格要求分析

由图9可知，在客房岗位群人才质量规格要求中，职业素质方面企业最重视的是职业道德与责任感、团队协作能力、人际交往与沟通能力，尤其是职业道德与责任感的占比明显高于其他指标；知识与能力方面企业最重视的是专业知识与技能、营销能力、管理组织能力。

（3）餐饮岗位群的人才质量规格要求分析

由图10可知，在餐饮岗位群的人才质量规格要求中，职业素质方面企

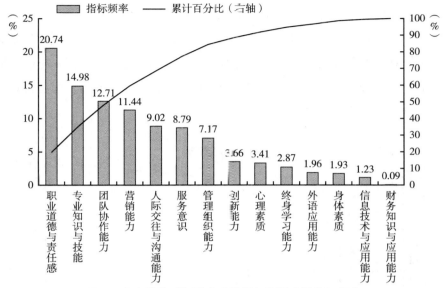

图9　客房岗位群招聘人才质量规格要求的指标频率

业最重视的是服务意识、身体素质和团队协作能力；知识与能力方面企业最
重视的是营销能力、专业知识与技能、管理组织能力。调酒师、茶艺师、侍
酒师不仅需要专业证书，也需要具备终身学习能力。

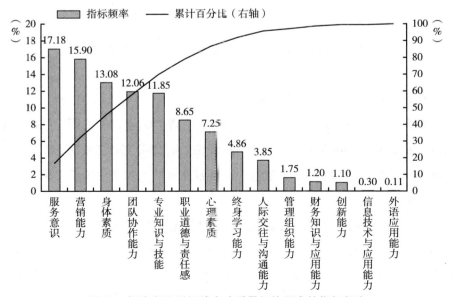

图10　餐饮岗位群招聘人才质量规格要求的指标频率

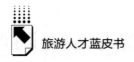

（4）厨房岗位群的人才质量规格要求分析

由图11可知，在厨房岗位群的人才质量要求中，职业素质方面企业最重视的是团队协作能力、服务意识和身体素质；知识与能力方面中企业最重视的是专业知识与技能、管理组织能力、信息技术与应用能力。中西餐厨师不仅需要专业证书，也需要具备终身学习能力。

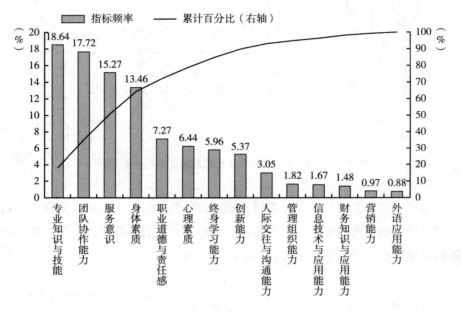

图11　厨房岗位群招聘人才质量规格要求的指标频率

3. 酒店四类岗位群人才质量规格要求

酒店对四类岗位群人才质量规格要求存在差异，客房和前厅岗位群最重视的人才质量规格要求是职业道德与责任感。厨房岗位群最重视的人才质量规格要求是专业知识与技能，餐饮岗位群最重视的人才质量规格要求是服务意识（见图12）。

4. 酒店四类岗位群人才质量规格要求的共性与个性分析

从表2可以看出，酒店四类岗位群的人才质量规格要求是存在共性的。职业素质方面企业最关注的是团队协作能力，同时也关注职业道德与责任

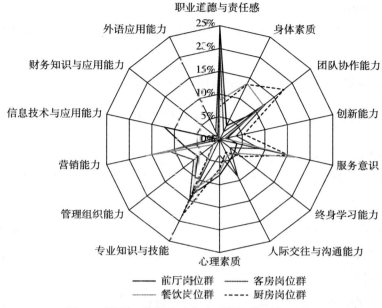

图12 酒店四类岗位群人才质量规格要求雷达图

感、服务意识和身体素质。学校要将职业责任教育贯穿专业教育的各个环节，同时注意培养学生的职业认同感和职业自豪感。

表2 酒店四类岗位群排前3位的人才质量规格要求

人才质量规格要求	前厅岗位群	客房岗位群	餐饮岗位群	厨房岗位群
职业素质	职业道德与责任感	职业道德与责任感	服务意识	团队协作能力
	团队协作能力	团队协作能力	身体素质	服务意识
	心理素质	人际交往与沟通能力	团队协作能力	身体素质
知识与能力	专业知识与技能	专业知识与技能	营销能力	专业知识与技能
	信息技术与应用能力	营销能力	专业知识与技能	管理组织能力
	营销能力	管理组织能力	管理组织能力	信息技术与应用能力

知识与能力方面，酒店最关注的是专业知识与技能，也较关注营销能力、管理组织能力以及信息技术与应用能力。随着酒店管理数字化和智慧化的发展，信息技术与应用能力的关注度得到提升。

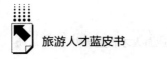

相比 2020 年，酒店对前厅、客房、餐饮、厨房四类岗位群人才质量规格要求发生明显变化。一是职业素质模块。新冠疫情发生后，身体素质为企业招聘人才较为关注的素质指标之一。二是知识与能力模块。信息技术与应用能力、营销能力和服务意识的关注度得到提升。

（三）景区岗位群需求预测与人才质量要求分析

1. 景区岗位群需求预测分析

景区岗位群包括景区接待岗位群、景区营销岗位群、景区运维岗位群、娱乐表演岗位群。其中，娱乐表演岗位群不属于本课题研究范围，故不做分析。

根据四大招聘网站抓取的数据，景区营销岗位占比为 55%，景区接待岗位占比为 24%，景区运维岗位仅占 17%（见图 13）。与 2020 年相比，景区营销岗位占比从 37% 提升到 55%。根据 2022 年 3 月中国风景区协会发布的《中国风景名胜区高质量发展大数据分析报告》，数字化技术赋能景区，使景区的营销模式越来越丰富，因此对营销人才的需求旺盛。

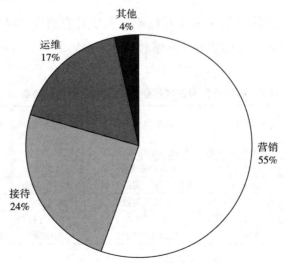

图 13　景区三类岗位群招聘数量的占比

2. 景区三类岗位群人才质量规格要求分析

根据旅游人才质量词典指标体系，对指标属性关键词的指标频率进行统计，分析景区三类岗位群的人才质量规格要求。

（1）景区接待岗位群的人才质量规格要求分析

由图 14 可知，在景区接待岗位群人才质量规格要求中，职业素质方面企业最重视的是服务意识、身体素质、人际交往与沟通能力；知识与能力方面企业最重视的是专业知识与技能、营销能力、信息技术与应用能力。

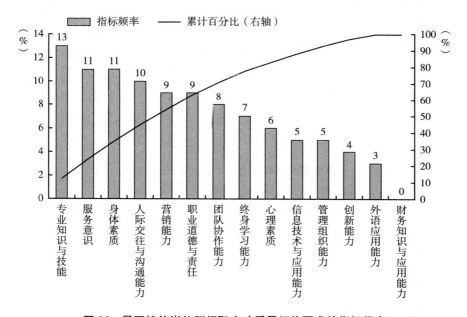

图 14　景区接待岗位群招聘人才质量规格要求的指标频率

（2）景区营销岗位群的人才质量规格要求分析

由图 15 可知，在景区营销岗位群人才质量规格要求中，职业素质方面企业重视的是团队协作能力、身体素质和服务意识；知识与能力方面企业重视的是营销能力、专业知识与技能、信息技术与应用能力。

（3）景区运维岗位群的人才质量规格要求分析

由图 16 可知，在景区运维岗位群人才质量规格要求中，职业素质方面企业重视的是身体素质、职业道德与责任感、团队协作能力；知识与能力方面企业重视的是专业知识与技能、营销能力、管理组织能力。

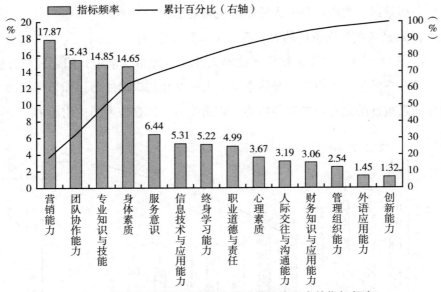

图 15　景区营销岗位群招聘人才质量规格要求的指标频率

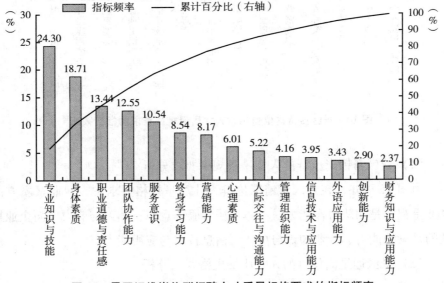

图 16　景区运维岗位群招聘人才质量规格要求的指标频率

3. 景区三类岗位群人才质量规格要求

景区对三类岗位群人才质量规格要求存在差异，营销岗位群最重要的人才质量规格要求是营销能力，运维岗位群和接待岗位群最重要的人才质量规格要求是专业知识与技能（见图17）。

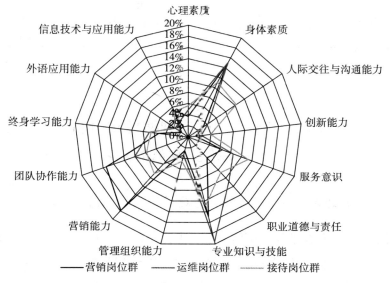

图17　景区三类岗位群人才质量规格要求雷达图

4. 景区三类岗位群人才质量规格要求的共性与个性分析

如表3所示，景区三类岗位群的人才质量规格要求各有侧重点。职业素质方面的共性要求是身体素质，对服务意识、团队协作能力也比较关注。知识与能力方面的共性要求是专业知识与技能、营销能力。与2020年相比，景区各岗位群对营销能力和信息技术与应用能力的要求有明显提高。

表3　景区三类岗位群排前3位的人才质量规格要求

人才质量规格要求	接待岗位群	营销岗位群	运维岗位群
职业素质	服务意识	团队协作能力	身体素质
	身体素质	身体素质	职业道德与责任感
	人际交往与沟通能力	服务意识	团队协作能力

续表

人才质量规格要求	接待岗位群	营销岗位群	运维岗位群
知识与能力	专业知识与技能	营销能力	专业知识与技能
	营销能力	专业知识与技能	营销能力
	信息技术与应用能力	信息技术与应用能力	管理组织能力

三 旅游人才质量规格要求分析
对供给侧改革的启示

（一）推动人才培养改革和人才培养方案的修订

目前，我国旅游业正处于转型升级中，一方面，传统观光旅游要提升品质；另一方面，休闲度假旅游正迅速崛起，各种旅游新兴业态快速发展。这些新的变化都需要新型旅游专业人才，这就要求旅游人才培养院校应根据行业发展趋势、市场需求进行人才培养改革。在人才培养方案的修订上，最重要的前提是进行科学合理的专业设置，专业设置并不仅仅依据专业体系，而是依据科学的职业岗位分析。本报告对旅游企业各岗位群的人才质量规格要求进行分析，可以为人才培养方案的修订提供参考，人才培养方案应根据职业岗位对学生知识、能力、素质等方面的要求，结合专业特点，制定符合市场需求的培养方案。

在旅游人才培养改革中，院校根据旅游企业相对稳定和广泛适应需求的基础上确定职业岗位，并且每隔一段时间对其进行一次调整，以保证专业设置与产业结构调整相适应。

（二）推动课程体系重构和课程教学改革

行业的最新动态都体现在企业经营过程中，企业对市场需求具备最敏锐的感知力，因此以招聘信息作为依据，对旅游人才质量规格要求进行分析，能够及时追踪旅游业发展趋势及市场人才需求趋向，为确定专业人才培养目标、专业定位，分解职业、岗位能力素质要素，明确工作任务，科学制定人才培养方案，实现人才培养与人才需求的"无缝对接"，为职业资格标准课程化提供数据支撑，推动课程体系重构和课程教学改革。

根据本报告的研究，专业课程体系设计的路径为：确定具体工作岗位（群）→研究实际工作过程→提炼典型工作任务→明确岗位人才质量规格要求→确定学习领域→形成基于旅游企业典型工作的"工作式学习"课程体系。该体系实现专业课程体系与产业岗位需求对接、课程内容与职业标准对接、教学过程与生产过程对接、毕业证书与职业资格证书对接、职业教育与终身学习对接。

（三）推动产教融合的育人模式创新

旅游人才不是单靠学校就能够培养出来的，还需要依靠产教融合、校企合作，本报告的研究进一步验证了这一点。院校要与旅游行业、企业和各类旅游协会、学会充分对接，引导其参与旅游人才培养的全过程，推动产教融合的育人模式创新。院校应紧跟产业发展、区域经济发展的步伐，积极对接旅游企业，以产教共建、共育、共管、共赢理念为引领，与旅游企业积极开展深度合作，以资金、技术、场地、师资、实训设备等多种方式，积极探索产教深度融合的实现路径，使企业参与育人的全过程、全环节，构建产教深度融合的育人体制机制，不仅可以培养出企业需要的人才，还能不断提高旅游人才的质量。

供 给 篇

B.9
中国旅游教育发展分析报告

崔英方　康　年*

摘　要：　本报告在对有关旅游教育的国内外研究成果进行综合性梳理的基础上，对旅游教育的内涵进行界定，结合对中国旅游学历教育和培训教育发展历程的总结，重点剖析中国旅游学历教育发展现状，包含高职高专、本科、研究生等旅游学历教育院校布局结构、招生情况、专业设置等方面的情况。基于以上分析，指出旅游教育存在旅游教育专业建设与产业升级新形势不匹配；旅游人才培养模式与需求存在结构性矛盾；旅游教育的实践导向不明确，产教融合不够深入等问题。并提出注重优化专业布局，调整专业结构；加大旅游人才培养供给侧改革力度；创新型、复合型旅游人才培养模式等相关建议，旨在促进中国旅游教育高质量发展。

关键词：　旅游教育　旅游学历教育　旅游人才培养

* 崔英方，博士，南京旅游职业学院副教授，主要研究方向为旅游管理、旅游职业教育；康年，上海师范大学副校长、旅游学院院长，上海旅游高等专科学校校长，教授，主要研究方向为青年工作和青年问题、旅游教育等。

一 旅游教育内涵界定

（一）旅游教育文献综述

旅游教育的研究最早出现于 20 世纪 30 年代的欧洲。目前，作为培养优质旅游人才的关键要素，旅游教育正逐步成为一个相对独立的研究领域，引发越来越多人的关注。综合来看，国内外关于旅游教育的研究主要集中于旅游教育发展、旅游教育功能与人才培养、旅游教育教学、旅游教育课程以及旅游教育人才供需等方面。

1. 旅游教育发展研究

在旅游教育的作用及旅游人才培养的认识方面，学者们基本达成共识，认为应从战略层面高度重视旅游教育问题，为其创造更有利的条件，加大支持力度。

Becton 与 Graetz 认为员工培训和发展与服务质量提升之间具有紧密联系。[1] 金丽认为自改革开放以来，我国旅游专业教育迅速发展，但与国外相比，仍存在应用性课程设置差异大、师资不能适应人才培养需要等问题，进而提出加强合作办学、加强师资队伍建设等促进旅游专业教育持续健康发展的对策和建议。[2] 王书翠从教育理念、课程设置等方面，将中国旅游教育和欧美的旅游接待业教育进行比较，在此基础上，从培养目标、课程设置、师资队伍等方面提出中国旅游接待业教育的发展思路。[3] 卢松和王珣通过梳理改革开放以来我国旅游教育发展取得的成就，归纳出旅游专业教育在培养目标和模式、教学观念、课程设置等方面存在的问题，提出了要确立明确的培

---

[1] Becton S. , Graetz B. , "Small Business-Small Minded? Training Attitudes and Needs of the Tourism and Hospitality Industry," *International Journal of Tourism Research* 3 （2001）：105-113.

[2] 金丽：《我国旅游专业教育发展现状及对策研究》，《中国成人教育》2007 年第 7 期，第 69~70 页。

[3] 王书翠：《欧美旅游接待业教育比较——兼探讨中国旅游教育的发展思路》，《社会科学家》2008 年第 7 期，第 93~95、103 页。

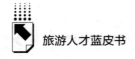

养目标、改革培养模式、转变教学观念和思想等有关未来旅游教育发展的对策和建议。[①]

刘俊和周碧蕾基于对旅游行业高质量发展的观察思考和旅游教育改革的探索实践，提出了"旅游+教育"的核心意涵以及两条实践路径。[②] 严旭阳对我国旅游本科教育普遍面临的困境进行思考，提出本科层次的专业教育应培养学生岗位迁移能力、岗位适应能力等多种能力。[③] 保继刚聚焦当前学习思维转变、扩招带来的结构调整、旅游研究的代际转换3个问题，提出了促进旅游高等教育高质量发展的对策。[④] 史庆滨等对高职旅游大类目录和简介进行解析，提出通过组织系统学习、创新数字应用场景、完善实训实习环境、深化"三教"改革、促进纵向贯通横向融通等方式对接产业升级，推动旅游职业教育高质量发展，更好地服务国家发展战略。[⑤]

2. 旅游教育功能与人才培养研究

旅游教育功能指旅游教育对旅游业和受教育者的发展所起的作用。旅游教育的演进和功能受到旅游业和个体需求变化的影响。

马勇构建了"三位一体、四轮驱动"的应用型旅游人才培养模式。[⑥] 唐凡茗通过对广西高等旅游教育发展状况进行研究，针对广西旅游人才培养改革问题，提出"旅游专业师资结构优化、科学设置课程体系、科学构建实践体系"等改革措施。[⑦] 潘利在针对高校旅游人才培养中重知识教育轻能力培养、培养目标不够清晰明确、教学内容不够丰富、教学方式缺乏灵活性、

---

① 卢松、王珣:《我国旅游教育发展的初步研究》,《资源开发与市场》2009年第1期,第94~96页。
② 刘俊、周碧蕾:《"旅游+教育"的核心意涵和实践路径》,《旅游学刊》2022年第11期,第1~3页。
③ 严旭阳:《旅游教育的困境和旅游学科的使命》,《旅游学刊》2022年第4期,第1~2页。
④ 保继刚:《旅游高等教育高质量发展的思考》,《旅游学刊》2023年第1期,第14~16页。
⑤ 史庆滨、王昆欣、杜兰晓:《强化文旅融合 促进业态创新 服务产业升级——旅游大类目录和简介解析》,《中国职业技术教育》2023年第11期,第29~34页。
⑥ 马勇:《国际化视野下的中国应用型旅游人才培养创新模式研究》,《第二届中俄旅游教育论坛论文集》,2009,第194~201页。
⑦ 唐凡茗:《广西旅游人才培养改革探讨》,《旅游论坛》2010年第5期,第620~624页。

培养方式单一等问题，提出成立专门的人才培养课题组、优化课程设置、建立双师型教师队伍等对策建议。① 卢杰和陶嘉认为地方高校存在人才培养目标模糊、培养模式单一，学校培养难以适应旅游市场需求的变化，人才培养方案与培养目标不匹配等方面的问题，提出地方高校应采取"2+2"教学模式，以适应旅游市场变化，构建教室-实训室-校外实习基地"三位一体"的实践教学模式。②

闫秦勤认为国际邮轮乘务管理专业适合采用现代学徒制进行人才培养，通过对湖北科技职业学院国际邮轮乘务管理专业的分析，认为通过共同打造教学团队、协同创新人才培养模式、共建课程体系与教学资源库、协同规范教学管理，可以最大限度发挥企业、学校双主体育人优势。③ 曹炳政以文旅融合为背景，总结了当前高职旅游管理专业人才培养的现状，提出其在教学信息化程度、课程内容设置、职业情感教育和课程考核体系方面存在的问题。④ 赵丽丽通过对我国研学旅行行业的发展现状和人才需求，以及职业院校研学旅行专业设置与人才培养情况进行分析，提出构建政校行企四轮驱动研学旅行专业人才培养框架，以及政校行企协同育人的路径。⑤

3. 旅游教育教学研究

此方面研究主要集中在教学模式、教学方法和教学手段三个方面。纪培玲和路军通过社会调查和实证数据分析，提出了分层培养的旅游教育教

① 潘利：《新时期高校旅游人才培养模式探索》，《教育与职业》2015年第32期，第78~80页。
② 卢杰、陶嘉：《地方高校应用型旅游本科人才培养模式的创新》，《职教论坛》2016年第35期，第49~52页。
③ 闫秦勤：《现代学徒制在高职国际邮轮乘务管理专业人才培养中的实践》，《职业技术教育》2019年第2期，第27~31页。
④ 曹炳政：《文旅融合背景下高职旅游类人才培养模式创新研究》，《北京经济管理职业学院学报》2019年第3期，第50~54页。
⑤ 赵丽丽：《职业院校研学旅行专业人才培养：现实需求与培养路径》，《中国职业技术教育》2023年第11期，第42~49、73页。

学模式。① 王玮在分析现有旅游专业教学存在问题的基础上，结合旅游专业教学特点，将 PBL 教学模式引入旅游专业教学。② 刘海洋从应用型视角出发，认为旅游管理专业教学模式应具有发展性、系统性、针对性三个特征，并提出旅游管理可运用问题解决、项目研究、情景教学三种模式进行教学。③ 於佩红以高职院校导游服务专业为例，针对现有人才培养中存在的导游实践机会匮乏等问题进行教学顶层设计，构建"真实项目、真实环境、真正使用"的"工作室"制导游服务教学模式。④ 薛涛等基于新文科建设的背景，提出了旅游管理虚拟仿真实验教学的双层教学模式，即虚拟仿真实验教学和全国高校间以赛促学、以赛促教的教学模式创新。⑤

旅游教学方法是教师在教学过程中为完成教学任务、取得良好的教学效果所采取的方式和方法。在旅游教育过程中，经常用到的教学方法包括案例教学法、情境教学法、实践教学法等，如董观志阐述了旅游管理 Ms 教学法的基本内涵、理论基础和探索路径，强调在实施旅游管理 Ms 教学法时，应坚持学生导向、注重协调互动、体现操作弹性等。⑥ 张艳红研究了体验式旅游专业教学方式。⑦ 同时，有部分学者针对单个课程探讨如何进行教学设计，如何晓颖等基于职业能力培养，提出"旅游文化"课程的教学策略包括开展教学考察，引入职业感知，如参观校内实训中心、观摩校外实训基

① 纪培玲、路军：《基于人才资源需求的旅游教育分层培养模式研究》，《旅游学刊》2005 年第 S1 期，第 57~61 页。
② 王玮：《基于 PBL 的旅游专业教学新模式》，《旅游学刊》2005 年第 S1 期，第 108~110 页。
③ 刘海洋：《基于应用型培养目标的旅游管理教学模式探讨》，《延边大学学报》（社会科学版）2018 年第 1 期，第 119~125、143~144 页。
④ 於佩红：《高职院校导游服务专业"工作室"制教学模式研究》，《中国职业技术教育》2019 年第 11 期，第 15~20 页。
⑤ 薛涛、李晓义、黄青：《旅游管理虚拟仿真实验教学：新文科建设下的"双层教学"模式改革与创新》，《旅游学刊》2022 年第 8 期，第 9~10 页。
⑥ 董观志：《创新旅游管理教学法的关键策略》，《商场现代化》2005 年第 23 期，第 281~282 页。
⑦ 张艳红：《体验教学在旅游管理教学专业课程中的运用研究》，《经济研究导刊》2011 年第 18 期，第 262~263 页。

地、邀请行业专家做报告等；活用教学方法，深化职业认知，如灵活运用小组合作教学法、"互联网+"教学法、混合式教学法、翻转教学法等；参加社会实践，促进职业认知。[①]

4. 旅游教育课程研究

旅游教育课程体系是整个旅游教育过程中的关键，其科学性与合理性直接决定了旅游教育的成败。

赵鹏和王慧云认为为实现复合型人才的培养目标，可以设计由基础课程模块、专业课程模块、拓展课程模块三大模块组成的多口径专业课程体系。[②] 韩琼以就业为导向，提出"宽基础、活模块"的课程模式，导游专业课程包含文化基础平台、专业基础平台、专业技能平台和专业实训四部分。[③] 陈海鹰等从职业体验导向出发，提出高校旅游管理课程具体可按"岗位任务分析—职业能力定位—项目课程设置"的路径进行开发，并以旅游景区经营企业为例，对其典型岗位工作任务、职业能力定位及相关项目课程设置进行分析。[④] 靳诚和刘月重点剖析"旅游+"发展背景下，"旅游地理学"课程教学中存在的四个方面问题，并从教材开发、师资力量、教学方法、实践教学、考核评价等五个方面提出"旅游地理学"课程建设的策略。[⑤] 李雅霖和胡溪从建设结构化课程思政教学团队、完善课程思政教学设计、改革课程思政教学方法、优化课程思政教学组织方式、完善教学评价方式五个方面探讨了旅游类专业开展课程思政教

---

① 何晓颖、何勇、胡斌武：《基于职业能力培养的中职专业基础课程教学策略探究——以〈旅游文化〉为例》，《职业技术教育》2020年第5期，第37~40页。

② 赵鹏、王慧云：《面向21世纪旅游管理类专业教学内容与课程体系的改革研究》，《旅游学刊》1998年第S期，第21~27页。

③ 韩琼：《以就业为导向构建导游专业课程体系》，《中国职业技术教育》2005年第13期，第34~36页。

④ 陈海鹰等：《职业体验导向的高校旅游管理课程项目化：适应性与开发路径》，《中国职业技术教育》2018年第11期，第53~59页。

⑤ 靳诚、刘月：《"旅游+"发展背景下旅游地理学课程建设的思考》，《地理教学》2019年第22期，第7、20~22页。

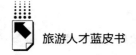

学改革的实践路径。① 田里等按照"时代诉求—产业认知—体系重构—实现路径"的逻辑思路，提出了旅游管理专业本科课程体系"4+3+N"模式。②

5. 旅游教育人才供需研究

旅游教育研究的目的是让学生学有所长、学有所用，在学习中有所收获。因此，人才供需问题作为研究基础受到学者的关注。

王敏通过实地访谈和问卷调查等实证研究方法，分析了济南市旅游管理毕业生的就业现状以及旅游业界的人才需求状况，从社会环境、旅游企业的需求、毕业生的就业取向以及高校人才培养等方面，分析高校旅游管理毕业生供需错位现象形成的原因，为高校旅游管理专业的培养目标设定、课程体系设置、师资力量建设等提出可行性建议。③ 肖绪信通过分析旅游供给侧改革背景下旅游人才培养的新要求，提出我国现有高职旅游人才培养模式需在培养目标、专业设置、教学模式、师资队伍以及教学方法上进行全方位优化与创新。④ 受全国旅游职业教育教学指导委员会委托，操阳等连续3年出版《基于职业教育视角的中国旅游人才供给与需求研究报告（2018）》《基于职业教育视角的中国旅游人才供给与需求研究报告（2019）》《基于职业教育视角的中国旅游人才供给与需求研究报告（2020）》。从需求侧和供给侧两个角度，开展中国旅游企业人力资源状况调查和旅游职业教育人才培养状况调查，全面梳理我国旅游人才需求与供给现状，采用灰色预测、文本挖掘等方法对职业教育旅游人才需求规模与质量进行科学分析和预测，为旅游人才供给侧与需求侧改革提供依据和支撑，从政策、企业及

① 李雅霖、胡澎：《高职院校旅游类专业课程思政的实践进路》，《中国职业技术教育》2022年第35期，第71~74页。
② 田里、隋普海、刘亮：《旅游管理专业本科课程体系认知与重构》，《中国大学教学》2023年第5期，第28~34页。
③ 王敏：《高校旅游管理毕业生"供需错位"现象的调查与分析研究——以济南市为例》，《中国成人教育》2015年第18期，第127~129页。
④ 肖绪信：《旅游供给侧改革背景下高职旅游人才培养模式创新》，《教育与职业》2018年第24期，第84~90页。

院校层面提出中国旅游职业教育人才培养的科学路径，指明职业教育教学改革方向。① 同时，研究成果为 2020 年教育部高职高专旅游大类专业目录的修订工作提供了重要的数据支撑。杨美霞在研究新时代旅游教育面临的新挑战的基础上，从强化旅游学科建设、优化专业设置、改革育人理念、重塑教学内容体系等方面探讨了高校旅游人才培养供给侧改革的路径。②

目前，旅游教育研究呈现以下几个方面特征。一是内容综合化，旅游教育更加突出与行业企业的联系，也更加重视终身教育。因此，目前来看，与旅游教育相关的问题均能够成为研究对象。二是方法创新化，信息技术的应用正逐步改变旅游教育的模式。伴随知识经济、网络化的出现和学科交叉属性的加强，其他学科的研究方法日益渗透至旅游教育的研究中，使旅游教育的研究方法不断多样化，体现创新性。三是队伍不断壮大，随着旅游产业重要性的体现，旅游教育发展受到重视，参与研究的人员数量有所增加，素质显著提升。

综上，旅游教育是促进旅游业可持续发展的动力，对旅游教育进行综合且深入的研究，将为我国建设旅游强国提供支撑。

（二）旅游教育的内涵与分类

对旅游教育的定义，学术界至今并未达成一致。综观对旅游教育的各种定义，主要包括狭义和广义两类。③ 广义上的旅游教育，是指以影响人的身心发展为直接目的而进行的一切旅游教育活动，包括家庭旅游教育、学校旅游教育和社会旅游教育。如对旅游者进行伦理道德教育、对旅游社区居民进

---

① 全国旅游职业教育教学指导委员会主编《基于职业教育视角的中国旅游人才供给与需求研究报告（2018）》，旅游教育出版社，2019，第 6 页；全国旅游职业教育教学指导委员会、北京第二外国语学院中国旅游人才发展研究院主编《基于职业教育视角的中国旅游人才供给与需求研究报告（2019）》，旅游教育出版社，2020，第 8 页；全国旅游职业教育教学指导委员会、北京第二外国语学院中国旅游人才发展研究院主编《基于职业教育视角的中国旅游人才供给与需求研究报告（2020）》，旅游教育出版社，2021，第 7 页。
② 杨美霞：《新时代旅游人才培养供给侧改革路径》，《社会科学家》2022 年第 1 期，第 52~56 页。
③ 王金伟、胡天舒、李雪：《近三十年来国内旅游教育研究进展与述评》，《黑龙江教育》（高教研究与评估）2008 年第 5 期，第 13~16 页。

行培训、对全民进行旅游观念教育、对旅游从业人员进行在职培训和对旅游管理专业学生进行知识传授等。狭义上的旅游教育，是指旅游教育者根据旅游业发展要求，依据受教育者身心发展的规律，有目的、有计划、有组织地对受教育者进行的传授知识技能、培养职业感和品德修养、发展智力和体力，把受教育者培养成旅游业发展所需要的人才的教育活动。①

根据旅游教育的内涵，本报告将中国旅游教育分为两类。一类为学历教育，指只针对旅游专业在校学生开展的教育活动，目的是使学生具备从事旅游业的基础知识和专业技能，为旅游业培养不同层次的后备人才，以满足旅游业发展的需要。它分为中等旅游职业教育、旅游专科（高职）教育、旅游本科教育、旅游研究生教育。另一类为社会培训教育，是面向社会和大众的旅游教育。内容涉及旅游相关的各个方面，如旅游从业人员的教育、旅游供给者的教育、旅游区的居民教育和公民旅游教育等。②

二　旅游教育发展历程

（一）学历教育发展历程

1. 初始阶段（1979~1986年）

1979年北京第二外国语学院成立旅游干部培训班，而后，不到一年的时间，上海旅游专科学校、南京旅游学校陆续建立，开启了旅游学历教育的新征程。由于当时正处于经济起步阶段，急需外语导游，旅游业存在人才供需不平衡的现象。1980年，杭州大学旅游经济专业正式开设，这也成为我国首个4年制且面对全国招生的旅游类本科专业。在国家旅游行政主管部门的推动下，根据旅游业发展对人才的需求，国家旅游局先后与南开大学、杭州大学、西北大学等8所高等院校联合开办旅游系或旅游专业，年招生

---

① 韩宾娜主编《旅游教育概论》，南开大学出版社，2010，第3页。
② 薛秀芬：《旅游教育学》，旅游教育出版社，2008，第24页。

1300 余人。①

此阶段，旅游学历教育表现出以下几方面特点。一是旅游教育办学数量迅速增长。不少大学将旅游专业纳入"试办"议程，旅游专业根据学校的综合背景，设置在经济学、管理学、地理学或历史人文等学科之下。二是积极推动教材建设。此阶段，我国一方面积极引进国外的优秀教材和参考资料，另一方面组织相关专家，推动编写旅游院校主要专业课的教材。三是师资来源广泛。为数不多的旅游科班出身的教师与经济、管理、历史、地理等专业的老师共同组成师资团队，开始进行旅游教育研究。

2. 稳步发展阶段（1987～1997年）

1987 年 12 月，国家教育委员会颁布《普通高等学校社会科学本科专业目录》，将旅游经济、旅游经济管理、旅游管理专业统一归为旅游经济专业。同时，1989 年前后，旅游专业毕业生呈现供不应求的现象。这些因素都促进了旅游教育的蓬勃发展。

1990 年，浙江大学成为我国首个旅游教育的硕士授权点。② 1991 年，我国首个旅游管理干部学院在天津开设。据不完全统计，截至 1995 年，全国已有各类旅游院校、系、专业 622 个，在校生近 14 万人。其中，高等院校、系、专业 138 个，在校生 2 万多人；中等旅游专业学校有 17 所，在校生近 9000 人；旅游职业高中有 467 所，在校生高达 11 万人。③ 旅游教育进入规范化管理阶段，此阶段，开办旅游本科和硕士研究生教育的院校数量不断增加。如首都经济贸易大学旅游管理系、武汉大学旅游系、华东师范大学旅游系等。④ 以北京大学、中国科学院等为代表的国内知名大学和权威机构也开始参与旅游专业建设，旅游教育不断提档升级。

① 张敏、朱经君：《我国旅游教育研究的文献计量分析》，《安徽工业大学学报》（社会科学版）2020 年第 5 期，第 105～109 页。
② 袁媛：《中国旅游人培养模式研究》，中国社会科学院，博士学位论文，2013，第 59～60 页。
③ 汤利华：《我国旅游教育发展述评》，《中国职业技术教育》2011 年第 18 期，第 75～80 页。
④ 严俊俊：《全球化背景下我国旅游教育发展现状及对策研究》，扬州大学，硕士学位论文，2010，第 30～31 页。

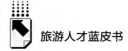

此阶段，旅游学历教育的特点如下。一是规模稳步提升。从数量上看，旅游院校的数量和在校生的数量都在不断上涨，不论是旅游职业教育，还是旅游本科教育，都呈现规模化的发展态势。二是专业门类较为齐全，学历层次逐渐丰富。在不同旅游院校中，开设了旅游管理、旅游经济、饭店管理、会计（旅游）等旅游相关专业 20 余个。形成了包含职业高中、中等专业学校、高等院校和硕士研究生教育的不同层级的旅游学历教育。三是校企合作初见端倪。1993 年，暨南大学中旅学院正式成立，拉开了校企合作办学的序幕。① 四是区域布局与旅游业的区域发展相呼应。如北京、上海、江苏、广东等地旅游业发展相对较快，其旅游院校数量和在校生人数也较多，体现了供需的一致性。

3. 规模扩张阶段（1998~2009年初）

1998 年，旅游业作为"国民经济新的增长点"，其总体规模不断扩大，开始进入快速发展阶段。同时，伴随旅游业发展，诸多问题开始出现，促使旅游理论不断创新发展。1998 年，在国务院学位委员会颁布的硕士研究生专业目录中，旅游管理成为工商管理一级学科独立设置的二级学科。1999 年，教育部将旅游管理专业作为工商管理类的一个专业，明确了旅游管理专业的独立学科地位。2006 年，导游、酒店管理、旅行社管理等旅游相关专业作为独立大类出现在高职高专的专业目录中。自此，旅游学历教育进入新的发展阶段。

旅游产业的蓬勃发展和旅游管理学科地位的明确都促使大量院校开始兴办旅游管理专业。2008 年，全国共有旅游学校 1726 家，其中高等院校有897 家，占比为 52%，中等职业学校有 829 家，占比为 48%。② 在 897 家设有旅游专业的高校中，成立旅游学院或与其他学科结合成立旅游相关学院的共有 140 家，占比为 16%；成立旅游系的有 203 家，占比为 23%；设有旅游

---

① 王金伟、李雪、胡天舒：《近三十年来国内旅游教育研究进展与述评》，《黑龙江教育》（高教研究与评估）2008 年第 5 期，第 13~16 页。
② 中国旅游研究院：《中国旅游研究 30 年》，中国旅游出版社，2009，第 252~253、242~243 页。

专业的有 554 家，占比为 62%。[1]

此阶段，旅游教育呈现以下几个特点。一是培养体系逐渐完善。已形成包含不同层次人才培养的教育体系。此教育体系包含博士、硕士、本科、专科（含高职）四个层次。二是旅游教育整体发展态势良好，但区域发展不均衡。从全国角度来看，旅游院校的数量和在校生数量都在增加，但旅游发达地区的增速明显高于西部省份，这表明旅游教育的区域差异较为明显。三是院校教学未能紧跟行业变化。一方面，旅游业是实践性要求较高的行业，旅游管理专业毕业生对口就业率低且流失率较高；[2] 另一方面，旅游院校中缺乏高素质实践型教师。因此，院校教学未能紧跟行业变化，出现了旅游职业教育人才供需错位等问题。

4. 深化发展新阶段（2009年底至今）

2009 年 12 月，《国务院关于加快发展旅游业的意见》将旅游业定位为"国民经济的战略性支柱产业"。这一全新定位对旅游业的发展起到重要的推动作用，标志着中国的旅游教育将进入深化改革、内涵式发展的新阶段。《中国旅游业"十二五"人才发展规划》的颁布实施，确定了"加大旅游人才开发力度，努力形成旅游人才竞争的比较优势，培养造就一支规模宏大、素质优良、结构合理、与旅游业发展相匹配的旅游人才队伍"的目标。《加快发展现代旅游职业教育的指导意见》围绕加快发展现代旅游职业教育提出了若干意见，这对于实现将旅游业建设成国民经济的战略性支柱产业和人民群众更加满意的现代服务业两大战略目标具有十分重要的意义。国务院印发的《"十四五"旅游业发展规划》明确指出，要优化旅游相关专业设置，推动专业升级，完善旅游管理类专业教学质量标准，大力发展旅游管理硕士专业学位研究生教育，加强旅游管理学科建设，促进旅游职业教育高质量发展，健全继续教育机制，推动数字化课程资源

---

[1] 中国旅游研究院：《中国旅游研究 30 年》，中国旅游出版社，2009，第 252～253、242～243 页。

[2] 李萌：《本科层次旅游人才培养模式的创新》，《旅游学刊》2008 年第 2 期，第 8～9 页；龙江智：《中国旅游高等教育的另类解读》，《旅游学刊》2005 年第 S1 期，第 16～22 页。

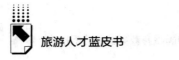

建设。

在政策的大力支持下，飞速发展的旅游业以及人民群众日益增长的旅游需求，使高质量复合型旅游人才的培养规模迅速提升，未来，旅游学历教育也将步入高质量发展新征程。

（二）社会培训教育发展历程

1. 初始阶段（20世纪50年代至1977年）

我国的旅游教育于 20 世纪 50 年代萌芽①，由于此阶段我国旅游业处于起步阶段，因此十分重视对在职人员的培训。新中国成立后，对外民间交往事务陆续增加，为满足我国华侨、侨眷的旅行需要，厦门华侨旅行服务社和中国国际旅行社先后成立。同时，面对国际旅游接待任务的增加，国家相关部门和旅行社陆续开展旅游从业人员培训工作。

此阶段的培训以在职培训为主，呈现以下几个特点。一是在培训主体方面，依据旅游从业人员提升外语能力的需求，培训主体为外语学校，有一些旅游接待部门也会组织简单的培训。二是培训内容相对单一，属于缺什么补什么的培训形式，培训内容以实用技巧提升为主。三是在培训对象方面，主要为宾馆服务员、翻译导游人员和司机等从事旅游一线工作的接待人员，并未见到任何对旅游经营管理层的培训。

2. 巩固发展阶段（1978~1989年）

改革开放以后，旅游业迅速发展，旅游从业人员队伍不断壮大。1978年，国家旅游行政管理部门正式成立了旅游教育机构，负责旅游从业人员和高层次管理人才的培训。② 南京金陵旅馆干部培训中心、天津旅馆干部培训中心等机构，以及相关旅游院校每年都承担大量旅游业从业人员的培训工作。培训对象延伸至高层次管理人才，培训体系日益完善。自 1987 年起，

---

① 钱炜：《中国旅游教育与培训：进步、问题和对策》，《北京第二外国语学院学报》1994 年第 3 期，第 61~64 页。

② 陶汉军：《关于我国旅游教育发展阶段性的认识》，《旅游学刊》1997 年第 S1 期，第 6~9 页。

国家旅游局开始主办全国旅游局长研讨班。[1]

这个阶段培训工作的主要特点包括以下几个方面。一是培训对象范围扩大，除一线旅游从业人员外，还出现了对经营管理人员的培训。二是培训形式不断丰富，虽以在职培训为主，但也出现了成人学历教育和少量国外进修的培养方式。[2]

3. 规范化发展阶段（1990~2005年）

1990年前后，不同形式的旅游培训在行业内广泛开展。《关于旅游企业岗位培训的试行规定》《关于颁发〈旅游行业管理人员岗位培训证书〉的管理办法》一系列文件的发布，标志着旅游人才培训工作开始步入规范化发展阶段。此外，自国家旅游局推行"持证上岗""先培训后上岗"制度后，各地纷纷要求培训教师持证上岗，使得师资队伍培训成为培训重点。1996年后，形成了包含国家旅游局、省（区、市）旅游局和旅游企业在内的三级管理体系，三级体系各司其职，共同负责旅游从业人员的培训和考核。同时，旅游企业立足行业发展，旅游院校发挥智力优势，日渐成为培训主体，旅游培训主题逐渐聚焦，出现了旅游职业道德教育、旅游人才培养、旅游师资建设等主题性培训活动，催生了一批高水平的培训教材。

此阶段，培训工作已形成较大规模。旅游人才的培训，不论是规划组织，还是实施管理都逐渐完善，培训方式越来越多样，培训手段结合了信息技术，体现出现代化的特征。

4. 科学化的纵深发展阶段（2006年至今）

自2006年起，我国的旅游人才培训工作进入新阶段。2009年，《国务院关于加快发展旅游业的意见》及《中国旅游业"十二五"人才发展规划》的颁布，为培训工作指明了发展方向。2016年，国家旅游局提出将旅游人才队伍建设纳入地方重点人才支持计划，并提出要重点培养经营管理人才，实施旅游产业领军人才培训和旅游职业经理人培训项目，开展导游资格考试

---

[1] 袁媛：《中国旅游人培养模式研究》，中国社会科学院研究生院，博士学位论文，2013，第61~62页。

[2] 王金伟、李雪、胡天舒：《近三十年来国内旅游教育研究进展与述评》，《黑龙江教育》（高教研究与评估）2008年第5期，第13~16页。

和等级考核评定项目、导游"云课堂"远程在线研修培训项目、名导进课堂"送教上门"项目等重点人才开发计划。

2021 年，国务院印发的《"十四五"旅游业发展规划》提出，要加强旅游人才培养，形成推动旅游业发展的强大合力。加大旅游业领军人才、急需紧缺人才和新技术、新业态人才培养力度，打造一支与旅游业发展相适应的高素质人才队伍。

此阶段呈现以下几个特点。一是培训总量不断增加、培训范围不断扩大。旅游业已实现全员持证上岗，旅游从业人员已被纳入培训体系。旅游行政管理人才、旅游企业经营人才、旅游专业技术人才及旅游服务技能人才、紧缺型人才成为培训重点。二是培训层次与形式多样，涵盖职业资格培训、工人技术等级培训、适应性培训等。三是关注西部地区、东北地区等重点地区的人才培养，助力欠发达地区振兴传统村落、攻克脱贫致富难题。四是发挥带头引领作用，开展斯里兰卡、赤道几内亚等地区的旅游主题援外培训项目，通过专题讲座、专题研讨、参观考察与文化体验相结合的方式，充分分享中国在旅游管理、旅游规划及旅游发展等领域的发展理念、发展智慧和发展方案。

党的二十大提出"坚持以文塑旅、以旅彰文，推进文化和旅游深度融合发展"，今后，旅游人才培训必须以务实管用的举措、实实在在的行动推动旅游业高质量发展。

三　旅游教育发展现状分析

（一）旅游学历教育院校布局结构

1.旅游相关专业高职高专院校布局情况

课题组①根据教育部 2021 年高等职业教育专业设置备案数据，统计了开

---

① 课题组为江苏高校哲学社会科学重点研究基地（新时代应用型旅游人才研究中心）旅游人才供给与需求研究项目组，研究成员主要有操阳、苏炜、王新宇、张晓玲、张骏、马卫、崔英方。

设旅游相关专业的高职高专院校数量。2021 年全国共有 1104 所高职高专院校招收旅游类专业学生，各省（区、市）开设旅游相关专业的高职高专院校数量如图 1 所示。从区域分布情况来看，开设旅游相关专业的高职高专院校分布呈现鲜明的"东高西低"态势，开设旅游相关专业的高职高专院校多集中在华东地区，数量为 329 所，占统计总量的 29.8%。西北及东北地区开设旅游相关专业的高职高专院校数量相对较少，仅有 89 所和 80 所（见表 1）。

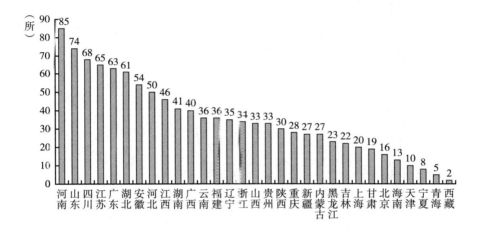

图 1　2021 年全国 31 个省（区、市）开设旅游相关专业的高职高专院校数量

表 1　2021 年各地区开设旅游相关专业的高职高专院校数量

单位：所

华东		华北		西南		华中		东北		西北		华南	
上海	20	北京	16	重庆	28	湖北	61	辽宁	35	陕西	30	广东	63
江苏	65	内蒙古	27	四川	68	湖南	41	吉林	22	甘肃	19	广西	40
浙江	34	天津	10	云南	36	河南	85	黑龙江	23	青海	5	海南	13
山东	74	河北	50	贵州	33					新疆	27		
江西	46	山西	33	西藏	2					宁夏	8		
福建	36												
安徽	54												
合计	329		136		167		187		80		89		116

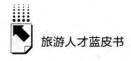
2. 旅游相关专业本科院校布局情况

2021 年，招收旅游相关专业的本科院校有 941 所。如图 2 所示，从各地区分布情况来看，华东地区数量最多，为 249 所；其次为华中地区、西南地区，分别为 158 所、150 所；西北地区数量最少，为 70 所。从平均数量来看，华中地区最多，平均每省有 52.7 所高校，其次为华东地区和华南地区，分别为 35.6 所和 35.0 所；相较于上述三个地区，华北地区（24.4所）、东北地区（29.0 所）、西南地区（30.0 所）地区平均数量相差不大，西北地区数量最少，平均每省仅有 14.0 所。可见，各地区开设旅游相关专业的本科院校数量存在一定的不均衡性。

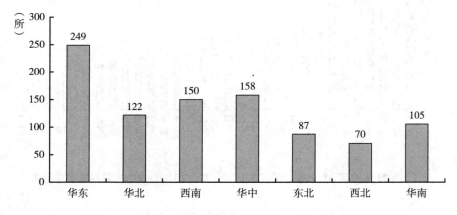

图 2　2021 年各地区开设旅游相关专业的本科院校数量

3. 旅游相关专业研究生培养单位布局情况

随着中国旅游业的蓬勃发展，旅游相关专业研究生培养单位快速发展。2021 年，旅游相关专业研究生培养单位数量为 191 所。

从地区分布情况来看，国内旅游相关专业研究生培养单位存在分布不均衡的情况。如表 2 所示，从各地区分布情况来看，华东地区（53 所）数量显著高于华北（33 所）、西南（26 所）、华中（22 所）等地区；而华北、西南、华中、东北（22 所）、西北（19 所）及华南（16 所）地区数量相差不大。从平均数量来看，华东地区每省平均拥有 7.57 所开设旅游相关专业的研究生培养单位，略高于华中（7.33 所）和东北（7.33 所）地区；相较于上述三个地区，华北（6.60 所）、华南（5.33 所）、西南（5.20 所）地区处于中游，西北地区每省仅有 3.80 所。

表2　2021年各地区旅游相关专业研究生培养单位数量

单位：所

华东		华北		西南		华中		东北		西北		华南	
上海	13	北京	17	重庆	8	湖北	8	辽宁	11	陕西	8	广东	8
江苏	9	内蒙古	5	四川	7	湖南	8	吉林	7	甘肃	4	广西	5
浙江	8	天津	4	云南	7	河南	6	黑龙江	4	青海	3	海南	3
山东	8	河北	4	贵州	3					新疆	3		
江西	7	山西	3	西藏	1					宁夏	1		
福建	5												
安徽	3												
合计	53		33		26		22		22		19		16

（二）旅游学历教育院校招生结构

1. 高职高专院校旅游类专业招生情况

课题组采集各省份2021年的高考招生数据，其中采集高职高专院校旅游类专业涉及24个省（区、市）。2021年24个省（区、市）高职高专院校旅游类专业的招生数量为83086人（见图3），与2020年相比招生规模有所减少；生源输出排名前三的省份依次是河南、广西和四川，其中河南的高职高专旅游类生源达16503人，比2020年增加了5752人。

各省份招生数据显示，2021年高职高专院校招生人数排名前三的专业是旅游管理、酒店管理与数字化运营、烹调工艺与营养，如图4所示。这3个专业的招生人数分别为29813人、26364人和8796人（见图5~7）。

2. 本科院校旅游类专业招生情况

课题组采集各省份2021年的高考招生数据，其中本科院校涉及30个省份。通过数据整理分析，在30个省（区、市）本科院校旅游相关专业的

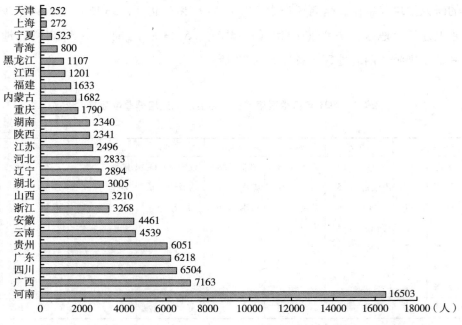

图3 2021年24个省（区、市）开设旅游相关专业的高职高专院校招生数量

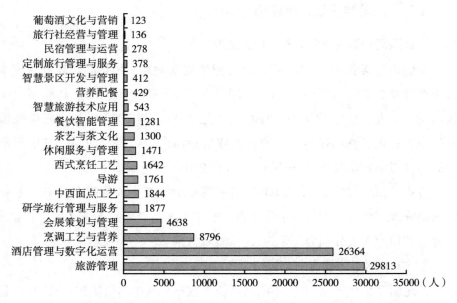

图4 2021年24个省（区、市）高职高专院校旅游类相关专业招生情况

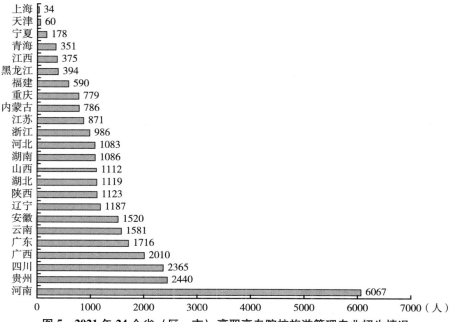

图5　2021年24个省（区、市）高职高专院校旅游管理专业招生情况

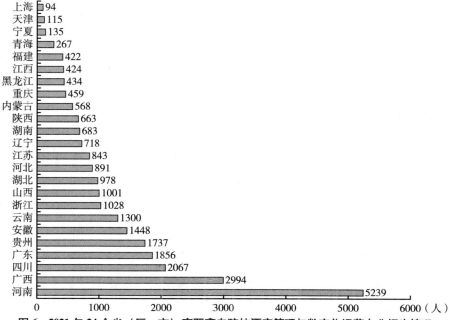

图6　2021年24个省（区、市）高职高专院校酒店管理与数字化运营专业招生情况

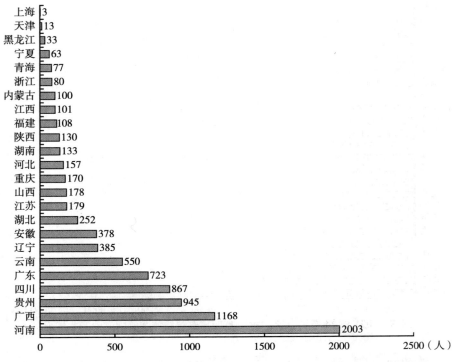

图 7　2021 年 24 个省（区、市）高职高专院校烹调工艺与营养专业招生情况

招生数量为 52820 人，生源输出排名前 3 位的省份依次为河南、广东和四川，其中河南的旅游相关专业本科生源达 5877 人（见图 8）。

各省份招生数据显示，2021 年本科旅游相关专业包含旅游管理、酒店管理、旅游管理与服务教育和会展经济与管理 4 个专业，其中旅游管理和酒店管理招生人数最多，分别为 35099 人和 11252 人，如图 9 所示。2021 年30 个省（区、市）旅游管理和酒店管理专业的招生情况如图 10 所示。旅游管理与服务教育专业招生数量为 1329 人，会展经济与管理专业招生数量为5140 人，各省（区、市）具体的招生情况如图 11 所示。

3. 招收研究生的院校旅游类专业招生情况

根据中国研究生招生信息网全国硕士、博士研究生招生目录及部分高校硕士、博士研究生招生目录，2021 年，旅游相关专业（方向）的硕士研

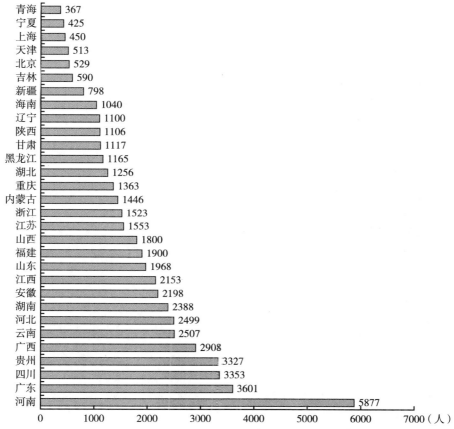

图8 2021年30个省（区、市）开设旅游相关专业的本科院校招生数量

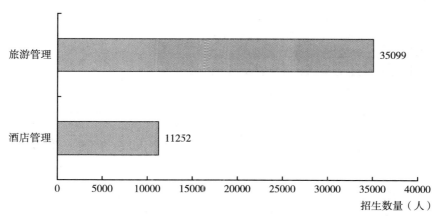

图9 2021年本科院校旅游相关专业招生情况

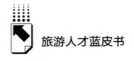

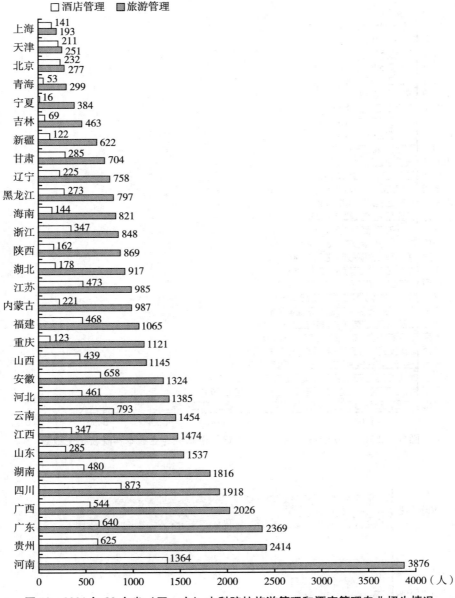

图 10 2021 年 30 个省（区、市）本科院校旅游管理和酒店管理专业招生情况

究生培养单位数量共有 191 个，覆盖全国 31 个省（区、市）。2018 年《全国旅游教育培训统计基本情况》显示，2017 年全国研究生院校旅游相关专

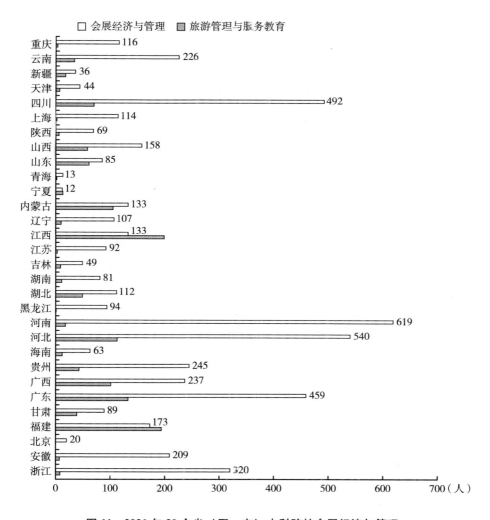

**图 11   2021 年 30 个省（区、市）本科院校会展经济与管理、
旅游管理与服务教育专业招生情况**

业硕士招生人数为 2832 人。旅游相关专业（方向）的博士研究生培养单位
共计 66 个，覆盖全国 24 个省（区、市）。2018 年《全国旅游教育培训统计
基本情况》显示，2017 年全国招收研究生的院校旅游相关专业博士招生人
数为 336 人。

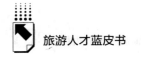

（三）旅游学历教育专业设置结构

1. 高职高专院校旅游相关专业设置情况

教育部公布的专业目录显示，2021年高职高专院校旅游大类专业共计18个，其中旅游类专业有13个，比2020年增加了4个，分别为智慧旅游技术应用、定制旅行管理与服务、民宿管理与运营、茶艺与茶文化专业。如图12所示，2021年高职高专院校旅游类相关专业设置情况差别较大，开设院校最多的专业是为旅游管理，全国共有807所高职高专院校开设此专业。其次为酒店管理与数字化运营专业，全国共有678所高职高专院校开设此专业。排名第3的是会展策划与管理专业，全国共有145所高职高专院校开设此专业。有93所高职高专院校开设了研学旅行管理与服务专业。金平果评价机构认为，新设置的研学旅行管理与服务专业跻身2021年开设高校数量增长率最快的十大新兴专科专业。

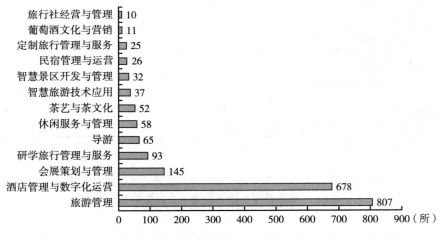

图12 高职高专院校旅游相关专业开设情况

高职高专院校新增设的智慧旅游技术应用、定制旅行管理与服务、民宿管理与运营、茶艺与茶文化4个专业，目前开设院校数量较少。开设数量最少的专业是旅行社经营与管理专业，全国仅有10所高职高专院校开设此专业。

2. 本科院校旅游相关专业设置情况

本科院校旅游相关专业包括旅游管理、酒店管理、会展经济与管理和旅游管理与服务教育 4 个专业。如图 13 所示，2021 年，全国共有 516 所本科院校开设旅游管理专业，其中，湖南、河南两省开设旅游管理专业的本科院校数量较多，均超过了 30 所，西藏、青海、宁夏开设旅游管理专业的本科院校较少，均仅有 3 所。有 261 所本科院校开设酒店管理专业，其中，河南开设酒店管理专业的本科院校数量最多，有 19 所，其次为安徽、云南两省，均为 17 所，新疆、青海院校数量少于 3 所。有 127 所本科院校开设会展经济与管理专业，其中，广东开设会展经济与管理专业的本科院校数量最多，为 12 所；其次是四川，有 10 所本科院校开设此专业，内蒙古、江苏分别有 1 所。有 38 所本科院校开设旅游管理与服务教育专业，从总体数量来看，旅游管理与服务教育专业开设院校较少。

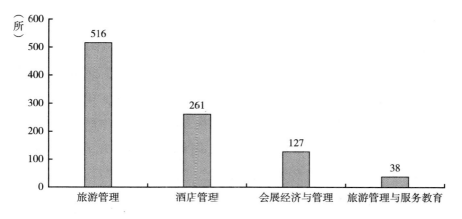

图 13　本科院校旅游相关专业开设情况

3. 招收研究生的院校旅游相关专业设置情况

根据国务院学位委员办公室、教育部印发的《学位授予和人才培养学科目录（2018 年）》，现阶段各高校（院所）将旅游及其相关专业（方向）分别归属于管理学、理学、经济学、法学、教育学、工学、农学、文学、哲

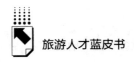

学、历史学和艺术学等学科门类进行招生。截至2021年，各高校（院所）旅游类相关专业（方向）主要依托于管理学，且数量显著高于其他专业（方向），如理学、经济学、工学等学科门类。

四　旅游教育存在的问题

旅游教育在近40年的发展历程中，取得了较多成果。但面对旅游业出现的新变化，目前来看，旅游教育仍存在以下几方面问题。

一是旅游教育专业建设与产业升级新形势不匹配。大数据时代，新兴旅游企业层出不穷，游客对旅游的定位以及旅游产业自身的定位改变，产品融合导致跨界行业增加，这些变化给旅游教育改革和专业设置等方面提出了新要求。但目前各院校招生专业结构总体差别不大，仍以传统专业为主，新专业开设较少。各旅游院校并未建立专业设置动态优化机制，专业布局和专业结构与产业实际需求契合度有待提高，学校专业设置的科学性、时效性、实用性还有待加强。

二是旅游人才培养模式与需求存在结构性矛盾。目前，旅游业呈现诸多新特点，微视频等线上宣传成为影响游客消费的重要渠道；极富地域色彩的旅游文化产品越来越受青睐，健康旅游、生态休闲游和体育旅游成为新的旅游消费方式；人工智能带来的人力资源成本的减少导致传统旅游从业者生存空间不断被挤压。人才需求以复合型、科技型人才为主。目前，旅游院校人才培养模式并不能满足新时代对复合型旅游人才的要求，亟须对旅游院校人才培养模式进行改革。

三是旅游教育的实践导向不明确，产教融合不够深入。旅游教育与产业联系密切，实践教学是提升人才培养质量的重要途径。但目前旅游人才培养仍存在重理论轻实践的现象。同时，旅游职业教育存在产教融合不够深入，人才培养方案、课程体系与教学内容难以对新领域、新技术、新工艺、新规范等做出及时响应，无法与产业紧密对接的现象。

五　旅游教育发展建议

旅游教育将为旅游业的发展源源不断地提供力量，结合以上问题，对旅游教育发展提出以下意见。

一是注重优化专业布局，调整专业结构。旅游教育要面向区域旅游产业发展，加快建立需求动态监测机制和专业设置响应调整机制，健全对接旅游产业、动态调整、自我完善的专业建设发展机制，着力提升专业建设与产业需求的匹配程度和水平。促进专业资源整合和结构优化，发挥专业及专业群的集聚效应和服务功能，实现旅游人才培养供给侧和旅游产业需求侧结构要素全方位融合。

二是加大旅游人才培养供给侧改革力度。旅游教育应围绕旅游行业企业需求进行课程改革、设计课程体系、优化课程结构，推动课程内容与行业标准、服务流程、项目设计等产业需求对接，紧密结合旅游产业实际创新教学内容、方法和手段，提高实践教学的比重。依据旅游行业特点，开展浸润式实景、实操、实地教学，着力提升学生的实践能力，有效提升旅游人才培养供给侧质量。

三是创新复合型旅游人才培养模式。旅游教育应深化产教融合和科教融汇，积极推进"引企入教"，根据旅游产业新发展、新要求，创新人才培养方案、课程体系和教学方式方法，根据新的人才培养定位，构建新的课程体系和专业标准，促进课程内容与旅游新技术、新发展相衔接，教学过程与旅游企业生产经营过程对接，人才培养符合旅游产业发展需求。

中国旅游业的快速发展催生了旅游教育，旅游教育也为旅游业提供了坚实的人才力量，两者互促互补、共同发展。随着旅游业的不断发展变化，中国旅游教育也将继续探索前进。

B.10
院校旅游人才培养状况调研报告

马 卫　王红梅*

摘　要：　院校是培养高素质旅游人才的重要阵地。本报告通过现场访谈、问卷调研、网络调查和文献研究等方法，面向 2021 年开设旅游类专业的 45 所招收研究生的院校、87 所普通本科院校、2 所职教本科院校、116 所高职高专院校、32 所中等职业院校等开展旅游类人才培养的供给侧调查。调研发现，旅游类专业招生规模稳中有降；专业结构亟须调整，智慧旅游人才培养与市场需求存在较大缺口；职业院校的旅游类专业师资队伍相对薄弱；校企合作的深度不够等。并从专业设置、师资队伍、校企合作等方面提出相应的对策建议，旨在为院校旅游教育教学改革和人才培养质量提升提供决策依据和支撑。

关键词：　旅游人才培养　旅游院校　旅游业

旅游业作为全球性的重要产业，为国民经济发展和文化交流提供了广阔的舞台。随着社会的不断进步和人民生活水平的提高，旅游业对高素质技术技能型人才的需求愈加迫切，尤其在文旅行业融合之后，对具有专业性、综合性和全面性的人才提出了更高的要求。[①] 院校作为旅游人才培养的重要阵地，承担着为旅游强国培养时代新人的重要使命。本报告对院校旅游类专业

---

*　马卫，博士，南京旅游职业学院副教授，主要研究方向为旅游信息化、职业教育；王红梅，上海旅游高等专科学校办公室副主任、校友会秘书长，副教授，主要研究方向为职业教育、中式餐饮。

①　保继刚等：《专题笔谈：文化和旅游行业人才培养》，《旅游论坛》2021 年第 5 期，第 1~16 页。

人才培养状况进行较全面且深入的调研分析，旨在推动院校旅游人才培养供给侧改革。

一　调研方案设计与说明

（一）调研对象与调研内容

1. 调研对象

主要面向 2021 年开设旅游类专业的院校开展旅游人才培养的供给侧调查。本课题共调研院校 282 所，其中招收研究生的院校 45 所、普通本科院校 87 所、职教本科院校 2 所、高职高专院校 116 所、中等职业院校 32 所（见附录三）。

2. 调研内容

本报告采用定量与定性相结合的方法，针对 2021 年我国院校旅游类专业人才培养状况开展调研。调研主要内容：旅游类专业开设与招生情况，包括新增专业情况等；旅游类专业学生存量情况，包括在校生人数、学生生源情况等；旅游类专业师资情况；旅游类专业校企合作情况，包括产业学院建设情况，合作企业数量、类型、等级，合作方式、订单班开设情况等；旅游类专业毕业生实习与就业情况，包括实习岗位、实习薪酬等。

（二）调研方法

1. 现场访谈

课题组①选取了 28 所院校和 11 家企业进行面对面访谈。并邀请院校的教师、学生和就业指导中心的工作人员，以及企业的人力资源负责人等进行访谈。通过访谈了解办学理念、专业设置、师资队伍、校企合作、学生培养

---

① 课题组为江苏高校哲学社会科学重点研究基地（新时代应用型旅游人才研究中心）旅游人才供给与需求研究项目组，研究成员主要有操阳、苏炜、王新宇、张晓玲、张骏、马卫、崔英方。

等情况，从而收集相关的定性数据。

2. 问卷调研

本次调研通过多种方式进行问卷设计与发放，累计发放了 305 份问卷，回收 279 份有效问卷，旨在全面了解自 2021 年以来院校在旅游类专业开设、招生就业以及产教融合等方面的实际情况。通过问卷调查方式，本次调研收集了大量数据，以确保调研结果具有客观性和可信度。

3. 网络调研

本次调研借助网络调查方法，深入调研了 250 家高校的官方网站和教育部门的网站，收集了院校旅游类专业的基本信息；同时着重查询了院校旅游类专业的设置情况、招生计划、师资情况、校企合作项目等关键数据，这些信息有力地支撑了对旅游类人才培养状况的定量分析，能够更加全面地了解我国院校旅游类人才培养的实际情况，为报告的准确性和深度提供了强有力的支撑。

4. 文献调研

本次调研查阅相关的学术论文、研究报告、教育政策文件 107 份，了解旅游类人才培养的理论研究和政策导向。借鉴先前的研究成果和经验，提供理论支持和参考框架。对自 2021 年以来国家对院校提出的新要求，课题组采取文献资料收集等方式，查找相关政策文件。

（三）调研样本

1. 普通高等教育院校样本情况

在调研普通高等教育院校的旅游类人才培养情况时，课题组选取了 132 所院校，包括本科、硕士和博士层次的院校，以全面了解旅游类专业人才培养状况。通过对 132 所院校的调研，了解普通高等教育院校旅游类专业人才培养的基本情况，包括专业设置、招生规模、培养方案等方面的特点和趋势。这将为课题组进一步分析高等院校旅游类人才培养的现状和问题提供重要的参考依据，并为提出改进和完善的对策建议奠定基础。

2.职业教育院校样本情况

在调研职业教育院校的旅游类人才培养情况时，课题组调研了150所职业院校，以全面了解职业教育旅游类专业的人才培养状况。本次调研选取的150所职业教育院校，包括不同类型的职业院校，涵盖不同地区、不同办学层次的职业院校。样本具有一定的代表性，能够反映全国范围内职业教育的基本情况。

二　院校旅游类专业人才培养基本情况

（一）被调查院校基本情况

1. 招收研究生的院校情况

本次调查共涉及招收研究生的院校45所，包括旅游类专业硕士研究生和博士研究生两类，地域分布较广，覆盖华东、华南、华中、西北、西南、东北、华北七大地区，具体分布情况如图1所示。从性质来看，被调查的招收研究生的院校主要是公办院校，其中包括旅游类专业见长的老牌名校，如浙江大学、北京第二外国语学院、南开大学、南京师范大学、中山大学、华侨大学等，招收旅游类博士研究生的院校占比为42.22%。

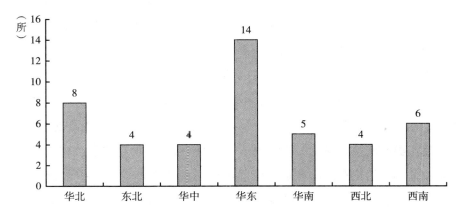

图1　45所招收研究生的院校的地区分布情况

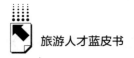

2. 本科院校情况

本次调研共涉及本科院校 87 所。覆盖华东、华南、华中、西北、西南、东北、华北等地区，具体分布情况如图 2 所示。从性质来看，被调查的本科院校以公办院校为主。覆盖旅游类专业招生较早的本科院校，如桂林旅游学院、四川旅游学院、扬州大学等。被调查的民办本科院校占比为 20.69%。

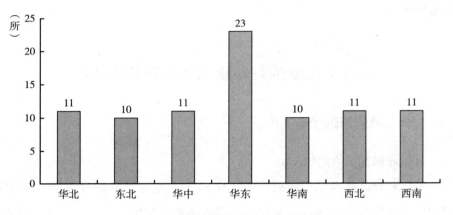

图 2　87 所本科院校的地区分布情况

3. 职业院校情况

职业院校的调查对象涉及职教本科、高职高专和中等职业院校，本次调查的职业院校以高职高专为主，兼顾职教本科和中等职业院校。本次调查共涉及高职高专院校 116 所，涉及安徽、北京、福建、甘肃、广东、广西、贵州、海南、河北、河南、黑龙江、湖北、湖南、吉林、江苏、江西、辽宁、内蒙古、宁夏、青海、山东、山西、陕西、上海、四川、天津、新疆、云南、浙江、重庆等地。覆盖华东、华南、华中、西北、西南、东北、华北等地区，地区分布较为广泛，具体分布情况如图 3 所示。在被调查的院校中，公办旅游类高职院校占比为 23.74%，其中包括一些独立旅游院校，如南京旅游职业学院、山东旅游职业学院、浙江旅游职业学院、郑州旅游职业学院、青岛酒店管理职业技术学院；公办综合类高职院校占比为 48.17%；民办综合类高职院校占比为 7.25%；其他类型的高职院校占比为 20.84%。

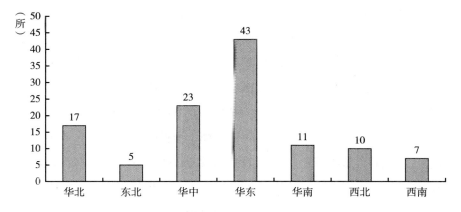

图3　116所高职高专院校的地区分布情况

（二）专业开设与招生情况

1. 招收研究生的院校情况

在所调查的45所招收研究生的院校中，着重调研了工商管理学科下的旅游管理、饭店管理和会展管理3个专业的开设情况，开设数量排名前三的专业是旅游管理（占比为100.00%）、饭店管理（占比为26.67%）、会展管理（占比为11.11%），具体开设情况如图4所示。

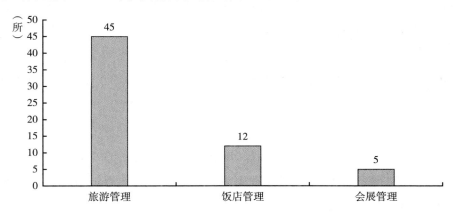

图4　招收研究生的院校旅游类专业开设情况

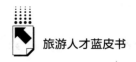

招收研究生的院校作为高等教育的重要组成部分，承担着培养高级专门人才的重要任务。在旅游类专业领域，招收研究生的院校的专业开设和招生情况具有一定的特征。2021年，招收研究生的院校旅游类专业招生规模受新冠疫情影响，家长和学生对旅游管理专业的报考持更加谨慎的态度，尤其"985"院校招生数量降幅较大。① 在被调查的院校中，招收研究生的院校的旅游类专业设置涵盖不同的方向，以满足不同学生的需求。这些专业涵盖旅游管理、旅游规划、旅游营销、酒店管理等多个方向，其中还包括景区管理、旅游地理学等细分专业。专业设置的多样性为学生提供了广阔的学术和职业发展空间。调研访谈中发现招收研究生的院校的招生规模较小，与其专业的学术研究性质密切相关。研究生教育强调培养学生的研究能力和创新能力，因此对学生的学术水平和潜力有较高要求。每年的招生计划根据专业需求和学校资源进行合理安排，录取人数有限，以确保学生获得优质的教学和研究资源。

在招生方式上，招收研究生的院校通常采取综合评价的方式进行招生，以综合考量学生的学术成绩、科研经历、综合素质和潜力等因素。考试成绩、学术背景、科研经历等都会对招生结果产生影响。调研发现部分院校要求学生参加面试或提交科研计划书等材料，以更全面地评估学生的学术潜力和适应能力。招收研究生的院校的旅游类相关专业注重培养学生的研究与创新能力，学生在学习期间可以选择不同的研究方向进行深入研究，并在指导教师的指导下开展研究项目。招收研究生的院校注重学术研究和科研创新，鼓励学生发表高水平的学术论文、参与学术会议和学术交流活动，以提高学生的学术素养和学术影响力。招收研究生的院校的旅游类专业注重国内外学术交流与合作。

2. 本科院校情况

在所调查的87所本科院校中，开设数量排名前三的专业是旅游管理（占比为97.70%）、酒店管理（占比为54.02%）、会展经济与管理（占比为24.14%），具体开设情况如图5所示。

---

① 保继刚：《旅游高等教育高质量发展的思考》，《旅游学刊》2023年第1期，第14~16页。

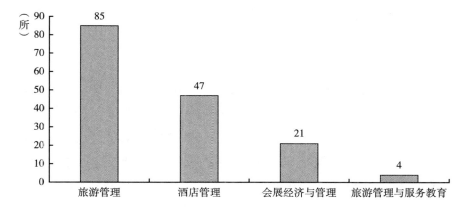

图5 本科院校旅游类专业开设情况

2021年，虽然国家扩招政策不断推进，但是受新冠疫情影响，本科院校旅游管理类专业招生规模有所下降，例如，旅游管理本科专业，2020年其招生院校数量大幅减少至515所。① 在被调查的本科院校中，本科院校开设的旅游类专业有旅游管理、酒店管理、会展经济与管理、旅游管理与服务教育、体育旅游、旅游地学与规划工程等，一些本科院校的旅游管理类专业包含国际导游、生态旅游、旅游经济战略与管理、会展策划与管理、数智旅游等招生方向。另外，酒店管理专业包含奢侈品管理与开发、酒店财务、国际酒店运营、旅居新业态和数字化运营与管理等招生方向。

本科院校的旅游管理类专业设置广泛，旨在满足不同学生的需求和职业发展方向。专业设置通常基于对旅游行业需求和就业市场发展趋势的研究，注重智慧旅游、乡村旅游、国家公园管理和旅游大数据等领域。通过培养，学生在各个领域具备实际工作所需的职业能力和技术。

在招生方式上，调研的本科院校均采取统一的高考招生制度，通过考试成绩和综合素质评价进行选拔。高考成绩是主要的录取依据，同时综合素质评价包括学科竞赛成绩、学业水平考试、综合素质评价等多个方面。招生办

---

① 保继刚：《旅游高等教育高质量发展的思考》，《旅游学刊》2023年第1期，第14~16页。

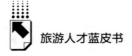

公室会根据学生的综合评价结果进行录取，以选拔出适合本科专业学习的优秀学生。

3. 职业院校情况

以高职高专院校为例，在所调查的116所高职高专院校中，开设数量排名前三的专业是旅游管理（占比为71.55%）、酒店管理与数字化运营（占比为65.52%）、烹饪工艺与营养（占比为37.07%），具体开设情况如图6所示。在旅游大类中，高等职业教育本科专业主要包括旅游和餐饮两个类别。在中职院校中，开设数量排名前三的是高星级饭店运营与管理、旅游服务与管理、中餐烹饪专业，与2020年相比排名没有发生变化。

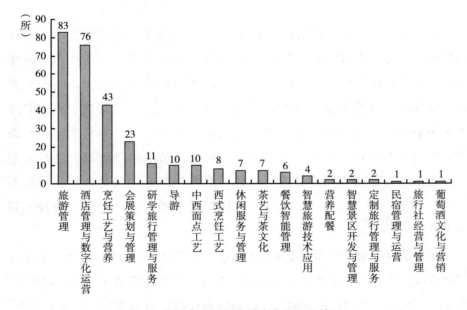

图6 高职高专院校旅游类专业开设情况

2021年，随着国家扩招政策的持续推进，职业院校旅游类专业招生规模稳步增长。在被调查的高职高专院校中，大多数学校旅游类专业在校学生人数位于100~1999人。其中，100~299人的学校占比为13.79%，300~499人的学校占比为21.55%，500~999人的学校占比为31.03%，1000~1999

人的学校占比为 17.24%，2000 人及以上的学校占比为 11.21%（见图 7）。在校生人数在 2000 人及以上的，主要为独立的旅游类院校。

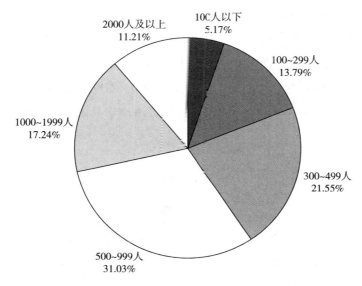

图 7　高职高专院校旅游类专业招生规模分布情况

此外，2021 年《政府工作报告》再次强调"完成职业技能提升和高职扩招三年行动目标"，所以，2021 年高职高专院校继续实施扩招政策。通过调研和与有关院校的访谈中获悉，该政策实施 3 年来，虽然社会招生报考人数不断增加，但各旅游院校还需要在授课形式、师资配备、实训场地、校企合作、教学评价与考核等方面进行优化完善。

职业院校的旅游类专业涉及旅游管理、旅游规划、旅游营销、酒店管理、导游等多个领域，旨在帮助学生提升实际操作技能和职业素养。职业院校的旅游类专业招生规模相对较大。

在招生方式上，职业院校采取综合评价和考核的方式进行招生。除了学业成绩以外，还会综合考虑学生的实践能力、职业兴趣和综合素质等因素。部分职业院校会设立面试环节，通过面试来评估学生的沟通能力和职业潜力。

（三）专业学生存量情况

1. 招收研究生的院校情况

在被调查的 45 所招收研究生的院校中，多数学校旅游类专业在校生人数位于 20~149 人。其中，20~49 人的学校占比为 20.00%，50~99 人的学校占比为 42.22%，100~149 人的学校占比为 24.44%。在校生人数在 20 人以下的学校占比为 4.44%，150 人及以上的学校占比为 8.89%，具体情况如图 8 所示。

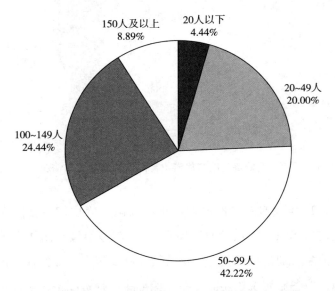

图 8　招收研究生的院校旅游类专业在校生人数分布情况

在旅游类的所有专业中，有 93.33% 的招收研究生的院校表示旅游管理专业的在校生人数最多；4.44% 的招收研究生的院校表示饭店管理专业的在校生人数最多；仅有 2.22% 的招收研究生的院校表示会展管理专业的在校生人数最多。从调查数据可以发现，会展管理专业研究生存量较小，具体情况如图 9 所示。

招收研究生的院校的旅游类专业学生存量较小，文献调研发现在中国大学扩招时期，旅游学科和旅游教育为提高升学率做出了重要贡献，但是新冠

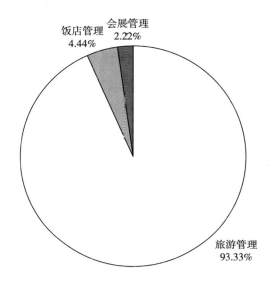

图 9　招收研究生的院校在校生人数最多的旅游类专业分布情况

疫情加大了其调整的难度。① 研究生教育注重培养具有深厚学术背景和研究能力的人才，相对于本科和职业院校教育而言，录取规模较小，更加注重学生的质量和研究能力。

2. 本科院校情况

在被调查的 87 所本科院校中，多数学校旅游类专业在校学生人数位于 200～599 人。200 人以下的学校占比为 11.49%，200～399 人的学校占比为 21.84%，400～599 人的学校占比为 44.83%，600～999 人的学校占比为 18.39%，1000 人及以上的学校占比为 3.45%，具体情况如图 10 所示。

在旅游类的所有专业中，81.61% 的本科院校表示旅游管理专业的在校生人数最多；14.94% 的本科院校表示酒店管理专业的在校生人数最多；2.30% 的本科院校表示会展经济与管理专业的在校生人数最多；1.15% 的本科院校表示在校生人数最多的是旅游管理与服务教育专业。从调查数据可以发现，本科院校以旅游管理专业为主，具体情况如图 11 所示。

① 保继刚：《旅游高等教育高质量发展的思考》，《旅游学刊》2023 年第 1 期，第 14～16 页。

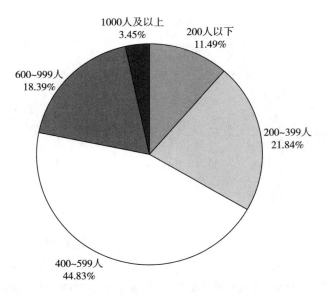

图 10　本科院校旅游类专业在校生人数分布情况

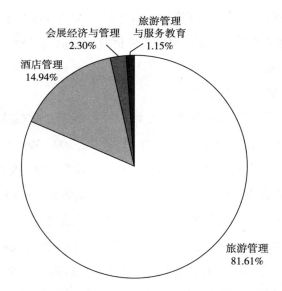

图 11　本科院校在校生人数最多的旅游类专业分布情况

　　本科院校的旅游类专业学生存量稳中有降，随着旅游业的快速发展和对旅游专业人才的需求增加，越来越多的学生选择进入本科院校学习旅游类专业。这些学生在本科院校中接受系统的专业培养，学习相关的理论知识和实践技能。

3. 职业院校情况

职业院校旅游类招生规模总体稳定，招生优势明显。以高职高专院校为例，在被调查的 116 所高职高专院校中，多数学校旅游类专业在校生人数位于 100~2999 人。100~299 人的学校占比为 10.34%，300~499 人的学校占比为 18.97%，500~999 人的学校占比为 29.31%，1000~1999 人的学校占比为 22.41%，2000~2999 人的学校占比为 11.21%。在校生人数在 3000 人及以上的，大部分为独立的旅游类院校，如南京旅游职业学院、山东旅游职业学院、浙江旅游职业学院、太原旅游职业学院、郑州旅游职业学院等，具体情况如图 12 所示。

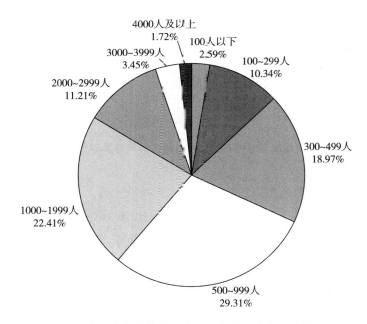

图 12　高职高专院校旅游类专业在校生人数分布情况

在旅游类的所有专业中，46.55% 的高职高专院校表示旅游管理专业的在校生人数最多，该专业学生最多的有 1500 余人；43.10% 的高职高专院校表示酒店管理与数字化运营专业的在校生人数最多，该专业学生最多的达2000人；5.17%的高职高专院校表示会展策划与管理专业的在校生人数最多；3.45%的高职高专院校表示在校生人数最多的是旅游大类中的其他专业。从调查数据可以发现，旅行社经营与管理、导游（导游服务）等专业学生人数持续减少，具体情况如图13所示。

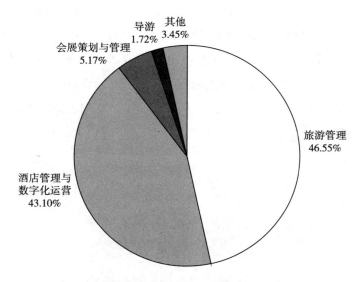

图13　高职高专院校在校生人数最多的旅游类专业分布情况

省内招生比例有所下降，全国招生占比持续上升。在对高职高专院校旅游类专业生源情况进行调查的过程中发现，有58.16%的高职高专院校表示其主要生源为本省，10.73%的高职高专院校表示其主要生源为周边省份，31.11%的高职高专院校表示其主要生源为全国各地，具体情况如图14所示。与上年的数据相比，主要生源为本省的院校数量占比有所下降。

随着旅游业的快速发展和对旅游专业人才的需求增加，越来越多的学生选择进入职业院校学习旅游类专业。这些学生在职业院校中接受系统的专业培养，学习相关的理论知识和实践技能。不同类型的职业院校在旅游类专业学生存量方面有所差异。调查访谈发现职教本科和高职高专院校通常拥有稳定的学生群体，吸引更多学生报考旅游类专业。调研发现职教本科和高

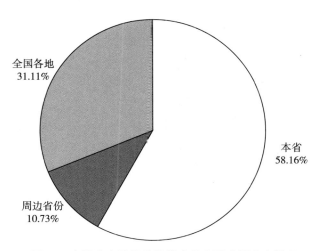

全国各地
31.11%

本省
58.16%

周边省份
10.73%

图14　高职高专院校旅游类专业主要生源分布情况

职高专院校在培养学生的实际操作技能和职业素养方面具有一定优势，符合学生就业需求。中职院校的学生存量较小，此类院校主要面向高中毕业生和职业技术教育的初级阶段。

（四）专业师资情况

1. 招收研究生的院校情况

在专业师资方面，本次调查结果显示，在招收研究生的院校旅游类专业教师中，教授及副教授占比较高，分别为38.56%与32.45%，其次为讲师，占比为21.16%，助教及其他占比仅为7.84%，具体情况如图15所示。

通过调研发现，招收研究生的院校的旅游类专业师资力量强大，具备深厚的学术背景和实践经验。教师队伍通常由具有博士学位的专业教师和行业专家组成，拥有管理学、地理学等学科背景的教师占绝大多数。他们在旅游领域具有丰富的学术研究经验和实践经验，深入了解行业发展趋势和需求。许多教师还拥有相关领域的卓越研究成果和国内外学术声誉。招收研究生的院校的旅游类专业教师具备良好的教学能力和指导能力。他们不仅熟悉专业知识，还能够将复杂的理论概念和实践案例进行有效教学和讲授。他们注重

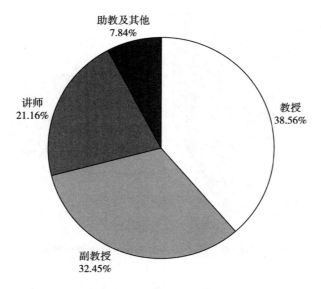

图15 招收研究生的院校旅游类专业教师职称结构

培养学生的学术研究能力和创新思维，通过讲授课程、指导科研项目和开展学术讨论等方式，激发学生的学术潜力和创新能力。招收研究生的院校的旅游类专业教师注重与学生进行交流。他们在学生学习过程中发挥着重要的指导和辅导作用，帮助学生制订学术研究计划，并提供反馈和建议。教师为学生提供个性化的学术指导和支持，帮助学生充分激发自己的学术潜力。

除了学术指导和教学工作以外，招收研究生的院校的旅游类专业教师还积极参与学术研究和学术交流。他们在国内外学术期刊上发表高水平的学术论文，参与学术会议和学术研究项目。他们不断更新自己的学术知识和研究成果，为学生提供最新的学术观点和研究动态。招收研究生的院校还注重引进国内外的学术名师和行业专家进行学术交流。这些学术名师和行业专家通过讲座、研讨会和学术交流等方式，为学生提供多元化的学术观点和实践经验。他们的经验和见解能够拓宽学生的学术视野，激发学生的创新思维和学术研究兴趣。

招收研究生的院校旅游类专业师资队伍是研究生教育质量的重要保障。教师具备深厚的学术背景和实践经验，注重学术研究和创新能力的培养。通过个体指导和交流，为学生提供个性化的学术指导和支持。教师积极参与学术研究和学术交流，为学生提供最新的学术观点和研究动态。此外，引进学术名师和行业专家的讲座进一步拓宽了学生的学术视野。

2. 本科院校情况

在本科院校专业师资方面，本次调查结果显示，在旅游类专业教师中，讲师和副教授占比较高，分别为 40.10% 和 33.33%，其次为教授，占比为 16.67%，助教及其他占比为 9.90%，如图 16 所示。

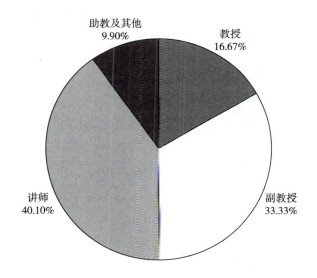

图16　本科院校旅游类专业教师职称结构

本科院校的旅游类专业师资队伍构成多样，教师多为具有博士学位和相关行业背景的专业人士。他们通过教学与实践经验的结合，为学生提供专业知识，并培养其实践技能。他们熟悉专业知识和课程设置，能够系统地教授相关的理论知识和实践技能。教师注重培养学生的综合素质和职业能力，通过案例分析、实践活动和小组讨论等教学方法激发学生的学习兴趣和创新能力。

本科院校的旅游类专业教师积极通过自身的学术研究和专业发展，不断更新课程内容和教学方法，为学生提供前沿理念和实践经验。此外，本科院校的旅游类专业教师还注重行业合作与实践教学。他们与旅游行业的企业、景区和酒店等建立紧密的联系，开展合作项目和实践活动。通过行业合作，教师将实际案例引入教学活动，为学生提供与实际工作场景相关的学习机会，加强学生的实践能力和职业适应能力。

3. 职业院校情况

以高职高专院校专业师资情况为例，本次调查结果显示，在旅游类专业教师中，讲师和副教授占比较高，分别为52.95%和24.88%，其次为助教及其他，占比为15.95%，教授占比为6.22%，具体情况如图17所示。

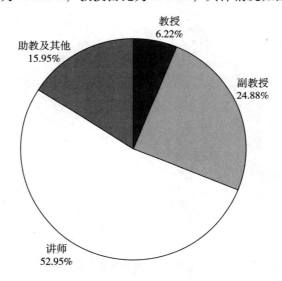

图17　高职高专院校旅游类专业教师职称结构

职业院校的旅游类专业师资队伍具有丰富的实践经验和行业背景。教师通常具备较高的职业素养，能够将理论知识与实际操作相结合，为学生传授职业知识。部分教师还具备行业认证和从业背景，能够指导学生的职业操作技能。

职业院校的旅游类专业注重实践教学和实习实训。学生在校期间将参与各种实践活动，包括实地考察、实习实训、模拟运营等。这些实践环节旨在提供学生与实际工作场景相连接的机会，培养学生的实际操作能力、解决问题的能力和团队合作精神。

通过调研获悉，职业院校的旅游类专业师资队伍通常由经验丰富的行业专家和教学经验丰富的教师组成。职业院校的旅游类专业教师注重自身的专业发展和行业交流，积极更新自己的专业知识和行业动态。教师能够为学生提供最新的行业见解和实践经验，促使教学内容与行业需求保持一致。职业院校的旅游类专业教师注重实际操作能力和职业素养的培养，具有丰富的行业从业经验和教学经验。行业专家与教师的结合，使教学更加贴近实际，能够将学术理论与实践技能相结合。教师与行业专家合作，将实际工作场景引入教学活动，为学生提供与实际职业需求相符的实践机会。

综上所述，职业院校的旅游类专业教师注重实际操作能力和职业素养的培养。教师与行业合作，为学生提供实践机会。教师注重学生个体化的指导和辅导，帮助学生解决学习中的困惑，并指导学生的职业规划和发展。教师不断更新自身的专业知识和行业动态，为学生提供最新的行业见解和实践经验，为职业院校的旅游类专业培养实践能力强、职业素养高的专业人才。

（五）校企合作情况

1. 招收研究生的院校情况

在校企合作方式上，本次调查结果显示，有65.28%的招收研究生的院校采取了"师资或行业专家共享"的形式；有14.34%的招收研究生的院校采用"产业学院"的形式，具体情况如图 _8 所示。目前，招收研究生的院校与企业之间的合作形式呈现多元化的趋势，校企合作更加深入，注重科教融汇。

招收研究生的院校的旅游类专业通过与行业企业的紧密合作，为学生提供实践机会、学术支持和职业发展平台。合作形式多样，包括实习实训基地的建设、联合科研项目的开展、行业专家的指导和企业导师的支持等。学校与企业共同打造实习实训基地，为学生提供真实的工作环境和实践机会，促进学生实践能力和职业素养的提升。同时，学校与企业开展联合科研项目，共同探索行业前沿问题和解决方案，为学术研究和行业发展提供支持与借鉴。行业专家和企业导师的参与也为学生提供了宝贵的指导，帮助他们充分了解

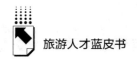

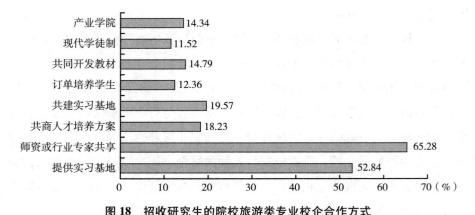

图18 招收研究生的院校旅游类专业校企合作方式

行业需求。同时，合作企业通过与招收研究生的院校的合作获取前沿的学术研究成果和人才资源，推动企业的创新和发展。招收研究生的院校的旅游类专业与行业企业之间积极开展校企合作，以提升学生的实践能力、学术水平。

2. 本科院校情况

目前主要的校企合作方式有提供实习基地、师资或行业专家共享、共商人才培养方案、共建实习基地、订单培养学生、共同开发教材等。本次调查结果显示，有58.78%的本科院校采取了"提供实习基地"的形式；有19.57%的本科院校采取了"产业学院"的形式；有20.18%的本科院校采取了"共建实习基地"的形式，还有18.35%的本科院校采取了"共商人才培养方案"的形式，具体情况如图19所示。从当前数据来看，本科院校与企业之间的合作流于形式，产教融合、校企合作还不够深入。

本科院校的旅游类专业与行业企业建立了紧密的合作关系。合作形式多样，包括实习实训基地的建设、行业企业导师的指导、联合科研项目、实践项目合作、企业讲座和参观等。校企合作能够提供实际工作环境和实际问题解决的机会，帮助学生更好地理解行业需求。行业企业参与学校的教学活动，为学生提供实践机会和专业指导，促进学生职业能力和就业竞争力的提升。

本科院校的旅游类专业与行业企业建立了稳定的合作关系。通过双向交流与互动，实现教育资源与行业需求的有机融合。合作企业提供实践基地、

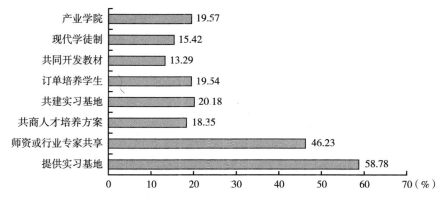

图19　本科院校旅游类专业校企合作方式

实习岗位和实践项目，使学生能够将所学知识和技能应用于实际工作。学校则通过合作企业的支持，不断完善实践教学体系和实践教学方法，提高学生的实际操作能力和职业素养。

　　本科院校的旅游类专业与行业企业之间积极开展合作，为学生提供实践机会、就业准备和产学融合的平台。合作企业也能够通过校企合作了解和选拔潜在的人才，满足企业的人才需求。

　　3. 职业院校情况

　　以高职高专院校为例，本次调查结果显示，有61.34%的高职高专院校采取了"提供实习基地"的形式，和上一年相比，采取这种传统合作方式的高职高专院校数量有所减少；有23.37%的高职高专院校采取了"现代学徒制"的形式，经过几年的推广，这种形式已被很多职业院校和企业采用；有29.58%的高职高专院校采取了"产业学院"的形式；有31.26%的高职高专院校采取了"订单培养学生"的形式，订单班的规模大多在25~80人，酒店管理与数字化运营专业订单班的规模普遍较大，这与酒店行业人才需求缺口较大关系密切；有25.63%的高职高专院校采取了"共建实习基地"的形式；还有20.15%的高职高专院校采取了"共商人才培养方案"的形式，具体情况如图20所示。从当前数据来看，高职高专院校与企业之间的合作形式呈现多元化的特点，校企合作更加深入。

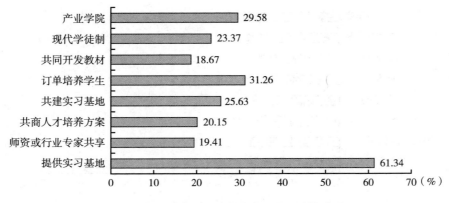

图20　高职高专院校旅游类专业校企合作方式

　　由于"提供实习基地"依然是当前最主要的校企合作方式,本课题进一步对学生顶岗实习的时间进行调查。调查发现,有26.51%的高职高专院校顶岗实习时间在1年左右,与上年相比时间有所缩短。受疫情影响,很多学校的学生顶岗实习存在被中断的现象。

　　产教融合、校企合作是职业院校的特色之一。院校与企业建立紧密的合作关系,以提供实践场所和实习机会。这种校企合作模式可以帮助学生更好地了解行业运营,接触实际工作,并将理论知识与实践操作相结合。

　　综上所述,职业院校的旅游类专业通过与行业企业的合作,为学生提供实践机会与职业发展支持。校企合作形式多样,包括实习实训基地建设、企业实践项目合作、行业专家讲座、企业实习岗位提供等。学校与企业之间建立良好的合作关系,通过合作实现教学与实践的有机融合,为学生提供更加切合实际和全面的教育体验。校企合作的优势在于使学生接触真实的职业环境,培养实践能力和职业素养,提高就业竞争力。同时,校企合作为企业提供了人才培养和发展的机会,促进了双方的共同发展。

（六）实习与就业情况

1.招收研究生的院校情况

　　关于研究生的实习就业岗位,旅游类企业提供的就业实习岗位相对集中。

基层管理岗涉及旅游顾问、酒店客服经理、民宿运营经理等，具体情况如图21 所示。可见，当前旅游类企业提供的就业实习岗位以基层管理岗位为主。

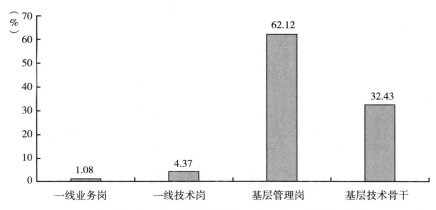

图21 招收研究生的院校旅游类企业就业实习岗位分布情况

招收研究生的院校的旅游类专业注重学生的实习和就业准备，以提高学生的职业素养和就业竞争力。访谈中发现招收研究生的院校积极与行业企业合作，为学生提供实践机会和实习岗位。通过实习，学生能够将所学的理论知识应用于实际工作，有助于提升其实践能力和职业素养。学校与企业合作建立实习基地，为学生提供真实的工作环境和实践机会，使他们能够在实际工作中熟悉行业运作、提升专业技能，并与行业内的专业人士进行互动和交流。但在新冠疫情影响下，旅游企业运营压力加大，人才需求骤减，使得旅游从业者失业率提高，旅游专业毕业生择业空间受限。[①]

2. 本科院校情况

关于本科院校实习就业岗位情况，旅游类企业提供的就业实习岗位侧重基层管理和基层技术骨干岗位。基层管理岗涉及酒店客服经理、民宿管家等，基层技术骨干岗位涉及导游、旅游顾问等，就业实习岗位的分布情况如图22 所示。可见，当前旅游类企业提供的就业实习岗位以基层管理和基层技术骨干岗位为主。

---

① 保继刚：《旅游高等教育高质量发展的思考》，《旅游学刊》2023 年第1 期，第14～16 页。

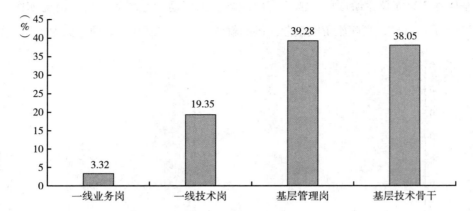

图22　本科院校旅游类企业就业实习岗位分布情况

在毕业实习和就业方面，本科院校的旅游类专业注重为学生提供实践锻炼的机会和就业指导。学生在学业结束前进行毕业实习，以获得实践经验，并进一步了解行业就业环境。学校与企业合作建立实习基地，为学生提供真实的工作环境和实践机会，使他们能够在实际工作中熟悉行业运作、培养团队合作精神和沟通能力。

然而，本科院校旅游类专业的毕业生就业压力较大，2021年全国硕士研究生报名人数继续呈增长趋势，报考人数达377万人，较2020年（341万人）增加36万人，增幅为10.6%。2022年全国硕士研究生报考人数达457万人，比2021年增加80万人，创历史新高。调研发现就业压力是导致研究生报考人数暴涨的主要原因之一。

3. 职业院校情况

以高职高专院校为例，2021年，旅游类企业提供的就业实习岗位更加多样化，一线业务岗位涉及模特、旅游产品销售、民宿服务员、票务、行程管理/计调人员、酒店收益管理人员、乐园运营；一线技术岗位主要涉及导游、旅游顾问等；基层管理岗主要集中在酒店客服经理、民宿运营经理。可见，当前旅游类企业提供的就业实习岗位依然以一线业务岗位为主（见图23）。

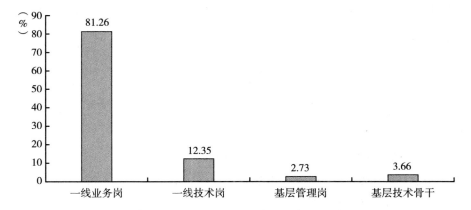

图 23　高职高专院校旅游类企业就业实习岗位分布情况

学校与行业企业建立紧密的合作关系，为学生提供实践机会和实习岗位。学生通过实习能够在真实的工作环境中进行实践活动，将所学的理论知识与实际工作相结合，提升实践能力和专业技能。

从学生的就业情况来看，2021 年旅游类专业就业情况差别较大，导游专业就业形势尤为严峻。全国职业院校专业设置管理与公共信息服务平台公布了 2022 年高等职业学校拟招生专业设置备案结果，其中，2022 年高职院校撤销或停招备案专业数量最多的是汽车制造与试验技术，旅游大类中的导游专业上榜 TOP20。本次课题组调查结果显示，旅游管理专业是院校中就业率最高的专业，其就业率在 91% ~ 100%，对口率为 30.3%，对口率与上年相比有所下降；最高就业率专业为酒店管理与数字化运营专业的职业院校占比为 25.32%，其就业率在 97.5% ~ 100%，对口率为 63.8%，对口率与上年相比有所下降。调研结果显示，受疫情影响，2021 年旅游类专业整体就业情况不太理想，学生专业对口率与往年相比有所下降。

另外，2021 届高校毕业生规模达 909 万人，同比增加 35 万人，毕业生规模处于近 10 年的高位。加上新冠疫情的影响，就业形势更加严峻。

课题组对一些典型城市，如北京、上海、广州、深圳、杭州、南京、苏州、无锡等旅游类专业毕业生薪酬进行了调查。2021 年的数据显示，职业院校（大专学历）毕业生薪酬水平有所提升，旅游企业大多数岗位的平均

工资水平为 4000~6000 元，中等职业教育人才的薪酬水平为 2500~4500 元。其中，北京、上海、广州、深圳等一线城市旅游企业大专生月工资水平比平均工资水平高 2000 元左右。

关于企业最为看重的素质和能力，各职业院校的看法较为一致，排名靠前的素质和能力有职业道德、抗压能力、自我学习、适应环境、服务意识、团结协作、吃苦耐劳、忠诚度、思维与视野。

2021 年职业院校继续推进旅游类"1+X"证书制度试点工作，除了前 3 批研学旅行策划与管理 EEPM〔中船舰客教育科技（北京）有限公司〕、邮轮运营服务〔中船舰客教育科技（北京）有限公司〕，继续新增旅游类第 4 批"X"证书，有定制旅行管家服务〔携程旅游网络技术（上海）有限公司〕、前厅运营管理（北京首旅集团培训中心）、餐饮服务管理（北京首旅集团培训中心）、侍酒服务（新疆方葡香思教育咨询有限公司）、餐饮管理运行（中国饭店协会）、酒店运营管理（中国饭店协会）、酒店收益管理（北京三快在线科技有限公司）、现代酒店服务质量管理（华住酒店管理有限公司）、粤点制作（广东省餐饮技师协会）和粤菜制作（广东省餐饮技师协会）等。

本次调查结果显示，对"1+X"证书制度试点工作，旅游类职业院校都在积极稳步地推进实施。55.34%以上的职业院校认为试点工作开展得比较顺利；43.36%的院校认为证书内容与所学专业知识相适应；31.02%的院校认为证书体现了新技术、新工艺、新规范；75.87%的院校认为社会对现在的职业技能证书或职业资格证书认可度较低；23.15%的院校表示已将考核的职业技能等级证书相关内容逐步融入相关课程。在已实行试点工作的学校中了解到，部分学校的试点实施工作面临困难，原因主要集中在证书的选择和经费预算等问题上，大部分院校对证书的质量和社会认可度仍持观望态度。

三 调研结论及建议

（一）调研结论

课题组通过本次调研，在研究生、本科和职业院校旅游人才供给方面提出以下几点结论。

旅游类专业设置单一且招生规模稳中有降。在不同类型的院校中，招收研究生的院校专业设置相对单一，本科与职业院校纷纷设立相关专业，然而，整体规模相对较小，受到疫情等因素影响，招生规模稳中有降；专业结构亟须调整，智慧旅游人才培养与市场需求存在较大缺口。

旅游类专业学生存量分布不均衡。无论是中职、本科还是招收研究生的院校，旅游类专业的学生存量都相对较少。职业院校则吸引了较大规模的学生。然而，由于专业吸引力和就业前景等因素的影响，学生数量存在波动和差异。

旅游类专业师资力量构成差异较大。招收研究生的院校的师资力量相对较强，拥有雄厚的学术背景和丰富的实践经验。然而，本科院校和职业院校的师资队伍相对薄弱，需要进一步加强师资队伍建设和培养。

旅游类专业校企合作模式多样。招收研究生的院校注重科教融汇，职业院校则强调产教融合。双方已建立稳定的合作关系，为学生提供丰富的实践机会和职业支持。然而，本科院校的校企合作有待进一步加强，以提升合作项目质量和数量。

旅游类专业毕业生实习与就业表现有所不同。招收研究生的院校和职业院校的毕业生实习与就业表现相对较好，就业率较高。然而，本科院校毕业生的就业状况存在一定差异，就业率相对较低，需要加强就业指导和职业准备。

（二）对策建议

结合对院校旅游类人才培养状况的调研结论，建议从专业设置、师资队伍、校企合作、就业指导和实习质量等方面采取相应措施，以提高人才培养的质量和就业竞争力。同时，行业企业、政府部门与教育机构之间应加强沟通和合作，形成合力，共同推动旅游类人才培养的持续发展。

第一，适应文旅融合发展的迫切需要，亟须加强智慧旅游人才培养。与2020年相比，研究生、本科和职业院校旅游类招生规模稳中有降，市场依然保持对旅游业发展的信心，但是专业结构的变化调整正悄然发生。除了受薪资体系、社会保障等因素的影响外，还受到新冠疫情的持续影响，旅游管理、酒店管理与数字化运营、导游专业招生数量有所下滑，在 2021 年对中职院校的专业开设情况调研中，导游专业招生形势严峻。值得一提的是，很多学校顺应市场迭代优化和数智文旅融合的发展趋势，侧重旅游类数字化、智能化、智慧化相关专业的增设或增加招生数量，如智慧旅游技术应用、餐饮智能管理、智慧景区开发与管理等专业的招生数量迅速增加。近年来，智慧旅游发展迅速，旅游行业众多企业运营模式将面临改革转型，游客的需求同样在发生变化，因此，旅游类的职业院校必须深入调查行业，对接旅游产业变化，科学合理地制定专业设置和人才培养方案。

第二，产教深度融合亟待推进，现代产业学院建设亟待深化。目前校企合作、产教融合不断深入，在旅游业数字化转型的背景下，教师、教材、教学方法都亟待改革，本科与高职院校都在积极探索现代产业学院建设模式，从而充分发挥产业学院、实习基地等的作用，根据产教深度融合的"双主体"育人目标，积极建立并不断完善校企共同治理模式，实现校企共同决策、共同治理，师资互相评聘、共建共享，校企合作开发课程及新形态教材，建立"教学经营一体化"的数字化实训基地、企业教师工作站等，提升学生数字化实训实践的效能。同时，积极推进人才培养方案改革，把企业文化、育服双促、职业岗位要求、创新创业教育纳入专业教育，提高学生社会认知水平，激发学生对旅游行业的热爱，培养学生的职业技能和创新能力。

第三，"五育"并举，全面提升各类院校旅游类专业人才的培养质量。对于本科和研究生教育，以培养学生成为德智体美劳全面发展的社会主义事业建设者和接班人为战略目标，要注重强化以探究型和创新型为特点的大学思维方式，致力培养具有独立人格、明辨是非、自我更新知识且身心健康的旅游类专业人才。而职业院校毕业生最为企业看重的素质有职业道德、抗压能力、自我学习、适应环境、服务意识、团结协作、吃苦耐劳、忠诚度等。此外，有些企业对所聘人员身体素质也提出要求，希望学校能够重视学生的身心培养。因此，旅游类专业在构建课程体系时应持续深化"三全育人"综合改革，把立德树人融入思想道德教育、文化知识教育、技术技能培养、社会实践教育各环节。坚持德智体美劳"五育"并举，加强学生的劳动教育和思想政治教育，提升学生的抗挫抗压能力、团结协作能力，提高学生对职业的认同感，不断加强学生的职业道德教育，根据旅游企业人才需求的特点和要求，将职业素养课程纳入人才培养方案，科学设计课程体系和教学内容，切实提升学生的综合素质。最终，全面提升各类院校旅游类专业人才的培养质量。

借 鉴 篇

B.11
国外旅游人才培养比较研究与借鉴

韩玉灵　何　娜*

摘　要： 随着全球旅游业的不断发展，旅游教育从最初的技能培训发展至今，逐渐形成了多样化、多层次的旅游人才培养体系，各个国家和地区形成了各具特色的旅游人才培养模式。本报告选取了具有代表性的四个国家，对其旅游人才培养模式的主要内容及特征进行分析、比较，在此基础上对我国旅游教育及旅游人才培养提出四点建议：结合我国实际建立一套完整的旅游教育体系；注重教学方法及考核，培养学生的双创能力；开展校企合作，打造"双师型"教师团队；加强国际交流合作，培养具有国际竞争力的旅游人才。

关键词： 旅游人才　人才培养　比较研究

---

* 韩玉灵，北京第二外国语学院中国旅游人才发展研究院执行院长，二级教授，主要研究方向为旅游政策与规制、旅游安全等；何娜，北京第二外国语学院中国旅游人才发展研究院助理研究员，主要研究方向为旅行社管理、旅游市场营销。

一 国外旅游人才培养发展概况

从世界范围来看，旅游教育源于瑞士，最早可追溯至 1893 年瑞士洛桑旅馆学校（后更名为"洛桑酒店管理学院"）的成立。[①] 它是全球最早开设"服务接待管理"专业并培养旅馆管理人才的学校，关注学生的实操知识与技能，旨在培养"能够胜任酒店或餐馆内任何一项具体的工作的管理人员"。在接下来很长一段时间里，欧洲旅游教育受保守理念的影响，基本停滞在具有职业培训性质的初级教育阶段，注重学生实操技能的培养，缺乏高等旅游人才的教育层次。

20 世纪初，随着酒店业的蓬勃发展，美国酒店业对各类人才的需求十分旺盛。1922 年，应美国饭店管理协会的请求，康奈尔大学成立宾馆管理系，美国旅游教育开始起步。20 世纪 40 年代，美国国内大型酒店发展迅速，对中高级酒店管理人才的需求急剧增长，[②] 旅游接待和酒店管理专业迅速发展，各个院校陆续开设相关专业及课程，为行业输入大量专业性人才。

20 世纪 60 年代，旅游业在全球社会经济生活中发挥的作用越发重要，越来越多的学者开始从经济、管理和社会文化等角度研究旅游活动，旅游教育从"实操型"向"研究型"转变，逐步向高等教育扩展。美国许多大学成立了旅游或与旅游相关的院系及部门，或开设与旅游学科相关的课程等。20 世纪 70 年代初，欧洲学者提出职业培训需与正规旅游教育相结合的观点，[③] 加上欧洲蓬勃发展的旅游业不断提高对从业人员素质的要求，社会性学校开始设立旅游相关课程。随后，在政府和教育机构的介入下，英国、瑞士等国家的高等院校陆续开设旅游专业，旅游高等教育在欧洲得以起步并发展。澳大利亚的旅游教育于 1974 年起步，依托其完备的教育制度，在短时

---

① 袁媛：《中国旅游人才培养模式研究》，中国社会科学院研究生院，博士学位论文，2013，第 91 页。

② 徐红罡、张朝枝：《中外旅游教育比较分析与启示》，《旅游学刊》2004 年第 S1 期，第 26~30 页。

③ 袁媛：《中国旅游人才培养模式研究》，中国社会科学院研究生院，博士学位论文，2013，第 91 页。

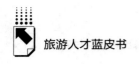

间内形成了较为完善的旅游教育体系。

20世纪80年代至90年代是旅游高等教育的大发展时期。随着旅游市场竞争加剧及旅游消费者的不断成熟，对综合性旅游专业人才的需求不断攀升。各国政府及相关部门认识到旅游业的潜力及旅游教育的前景，开始大力发展旅游高等教育。这一时期，旅游学科快速向其他学科领域渗透，更多高等院校开始设立旅游相关专业，颁发学士、硕士、博士学位，旅游教育进入高等教育与学历教育阶段。

经过200多年的发展，世界旅游业较为发达的国家和地区已经建立了一套完整的旅游人才培养体系。欧洲拥有一批全球知名旅游院校，培养了大量专业人才。美国旅游教育已渗透到几乎所有的名牌大学，涉及游憩研究、休闲研究、酒店管理、餐饮管理、食品服务、健康与运动研究、景观规划与设计、人类学等多个学科。[①] 澳大利亚则有超过半数的大学开设旅游相关课程，专业规模亦在不断扩大。

从旅游教育及旅游人才培养的发展历程来看，它与旅游业发展呈现互为前提、相互促进的关系。在全球旅游业持续繁荣的背景下，旅游教育从最初的技能培训发展至今，逐渐形成了多样化、多层次的旅游人才培养体系。由于世界范围内各个国家和地区在历史背景、经济社会发展水平、教育基础与理念、旅游业发展水平等方面均有所差异，形成了各具特色的旅游人才培养模式。本报告选取了具有代表性的4个国家——美国、瑞士、德国、澳大利亚，分别对其旅游人才培养模式的主要内容及特征进行分析，以期对我国旅游教育及旅游人才培养有所启示。

二　国外旅游人才培养典型模式

（一）美国旅游人才培养模式——康奈尔模式

美国旅游教育起源于20世纪初，当时美国酒店业蓬勃发展，对酒店人

---

① 徐红罡、张朝枝：《中外旅游教育比较分析与启示》，《旅游学刊》2004年第S1期，第26~30页。

才特别是酒店管理人才需求旺盛。在此背景下，美国的酒店管理专业迅速发展，各个院校陆续开设相关专业及课程，为旅游业输入大量专业人才。康奈尔大学（Cornell University）创建于 1865 年，是常春藤联盟最年轻的成员，其办学宗旨是"以教育引领行业"，注重学生领导能力和科研能力，特别是综合素质的提高。1922 年，应美国饭店管理协会的邀请，康奈尔大学成立宾馆管理学院（Department of Home Economics），于 1950 年升级为独立的酒店管理学院（School of Hotel Administration）。① 2016 年，酒店管理学院与原庄臣商学院（Samuel Curtis Johnson Graduate School of Management）和戴森应用经济学院（Charles H. Dyson School of Applied Economics and Management）共同组建康奈尔 SC 庄臣商学院（The Cornell SC Johnson College of Business），② 其规模在美国仅次于沃顿商学院（The Wharton School of the University of Pennsylvania）和哈佛商学院（Harvard Business School）。经过百余载的发展，康奈尔酒店管理学院成为全球首屈一指的酒店管理名校，其注重与企业深度融合的办学模式成为旅游教育界争相学习的标杆与典范。

1. 康奈尔模式的主要内容

（1）培养目标

康奈尔大学酒店管理学院的人才培养目标秉承了康奈尔大学"广博精深相结合"的教育理念，③ 以商业管理知识为核心，注重学生管理能力、综合素养的提升以及个性化发展，旨在培养"具有社会责任感，能够提供卓越服务的行业精英或领袖"。④

（2）培养方法

康奈尔大学酒店管理学院设置了从本科到博士的完整学位项目。课程体系以人才培养目标为中心，以理论素养和职业能力为导向，包括核心课程、

---

① 参见康奈尔大学官网，https：//sha.cornell.edu/。
② 参见康奈尔大学官网，https：//business.cornell.edu/。
③ 陈增红、杨秀冬编著《职业教育产教融合人才培养模式研究》，中国社会科学出版社，2016，第 121 页。
④ 参见康奈尔大学官网，https：//business.cornell.edu/。

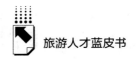

选修课、限定选修课、自选课和专业实践五大类。本科生的培养学制是 4 年，除了必要的理论课程，还设置了充分的实践课程，理论与实践有机结合。硕士研究生和博士研究生课程设置则赋予了学生更多的自主权，可根据其研究领域和方向不同而调整，突出教学内容及教学方式的灵活性、创新性。

康奈尔大学酒店管理学院的师资队伍非常强大，不仅拥有高水平的任课老师，亦有许多从业经验超过 10 年的酒店管理资深人士，擅于将理论与实践紧密结合到一起，及时将行业新问题、新理念引入课堂，保证了课程的丰富性和时效性。丰富的案例教学研究是酒店管理学院的教学特色，由专人整理的行业典型案例为教学提供了第一手资料。课堂上通常以案例研究、项目合作等灵活多样的方式开展教学活动，培养学生的开放性、创新性思维，培养其解决问题、分析问题的综合能力。

康奈尔大学酒店管理学院尤其注重"产学研一体化"。酒店管理学院最著名的科研机构——酒店业研究中心（The Center for Hospitality Research）创建于 1992 年，以"创新知识、分享知识"为使命，不仅支持多个高质量研究项目，还通过定期举办高峰论坛、出版刊物等方式联合众多学者、商界领袖共同发表研究成果。[①] 酒店管理学院拥有自己的酒店——斯塔特勒酒店（Statler Hotel），与多个世界知名酒店集团建立合作伙伴关系，帮助学生参与酒店经营管理的运作和实践。康奈尔大学酒店管理学院还十分注重与业界的交流合作，每年邀请多位酒店高管来到康奈尔大学举办企业经营和战略管理前沿讲座，以期与行业相互融合、相互促进。

（3）培养评价

康奈尔大学酒店管理学院注重对学生学习能力、研究能力及创造能力进行评价，尤其重视理论与实践的结合。闭卷考试、课堂表现、专项论文、案例研究、课外实践等成绩均会被记入该门课程的总成绩，注重对学生综合素质的考核与评价。

---

① 参见康奈尔大学官网，https：//ecommons. cornell. edu/communities/64957226 - b311 - 483c - 9a2d - 355debb83afa。

2.康奈尔模式的主要特征

（1）教育理念先进，培养目标明确

康奈尔大学秉承"广博精深相结合"的教育理念，以商业管理学科为基础，注重知识体系的系统化构建，通过创造大量的实践机会培养学生分析问题、解决问题的能力，关注学生的独特需求和个性化发展，最大限度激发学生的创造力和发展潜力。康奈尔模式注重基础理论与实践能力的同步培养，强调学生的综合素养及拓展能力，从而实现"具有社会责任感，能够提供卓越服务的行业精英或领袖"的人才培养目标。经实践检验，康奈尔模式培养的学生能够将理论运用到国际酒店经营管理中，胜任管理工作，这亦与美国"精英职业"教育理念相一致。

（2）课程体系完备，课程设置科学

康奈尔模式课程体系兼顾旅游人才培养的多重要求，以综合职业能力提升为导向，遵循学生认知和发展规律，并随着旅游人才市场需求的变化而不断调整。课程设置依托所在商学院的强大师资及课程体系，通过专业必修课和丰富的选修课来完成对学生综合能力的培养，课程内容覆盖面广，确保学生具备酒店管理领域最核心的知识和能力。赋予学生较大的自主权，在核心课程以外进行发散、扩展，拓宽学生的视野，提升其分析问题的能力。重视专业实践，每位学生都必须利用假期自主完成相应的课程实践，从而增强人才培养的适用性。通过"核心课程+选修课程+自主实践课程"的科学设置，使学生具有职业的自主性、创造性，从而胜任高级酒店管理岗位。

（3）产学研一体化，校企合作机制完善

产学研一体化是康奈尔模式的重要特征。产学研三方合作的教学体系有利于学校整合资源，将教学、科研与产业紧密结合，培养学生发掘问题、解决问题的综合能力，提升旅游人才培养水平。校企合作是推动产学研一体化的重要方式。通过与企业资源共享、深度合作，授课老师在教学中能够运用更多鲜活的案例，为学生创造更多实践机会。一方面有利于学校提升专业水平、培养高素质的学生，另一方面也有利于提升企业的管理水平，满足其用人需求，最终实现学校和企业的双赢。

（二）瑞士旅游人才培养模式——洛桑模式

瑞士是全球旅游教育的发源地。长久以来，瑞士凭借自身丰富的旅游资源，成为欧洲乃至世界知名旅游目的地之一。19世纪中叶，随着瑞士旅游业的快速发展，对专业酒店人才的需求凸显。1893年，世界上第一所专业酒店管理学校——瑞士洛桑旅馆学校（后更名为"洛桑酒店管理学院"）在日内瓦湖畔正式建立，注重培养学生的实践操作技能与知识，其教育理念是"学生可以胜任酒店内任何一项具体工作"。经过百余载的发展，洛桑酒店管理学院现为世界上一流的酒店管理学院，培养了众多国际酒店高级经营管理人才，其"店校合一"的教育模式被公认为全球最成功、最具影响力的酒店管理人才培养模式。

1. 洛桑模式的主要内容

（1）培养目标

瑞士洛桑酒店管理学院注重对学生能力的培养，教学内容涵盖专业技能、职业素质、管理理论等方面，其培养目标是"为国际接待业，尤其是世界一流的酒店、餐馆和连锁酒店培养高层管理者以及能胜任酒店业的任何职位的人才"。①

（2）培养方法

洛桑酒店管理学院的课程设置包括理论、实践、语言三大板块，围绕酒店实际需要设置，强调理论性、实践性和创新性。具体科目既有酒店业导论、战略管理、酒店管理等宏观层面的科目，也有前厅操作、财务管理等微观层面的科目，加上语言、技术等基础课程，整体课程体系专业、合理，兼顾教学的广度和深度。洛桑模式下实践课的占比很高，设有偏向操作性的练习课，亦有偏向模拟性、研究性的分析课和调查课等。每学完一门课程，学生就会在模拟训练场进行实践或前往酒店带薪实习，真正做到理论与实践相结合，提升学生解决实际问题的能力，逐步建立及培养他们的管理意识。同

---

① 参见洛桑酒店管理学院官网，https：//www.ehl.edu/。

时，洛桑模式下的课程体系和教学内容会根据国际酒店业发展不断更新，确保课堂教学与社会实践紧密联系。

洛桑模式在学生培养方面强调理论与实践的深度结合，因此十分注重"双师型"教师队伍的建设，任课教师必须具有丰富的行业从业经验，并且注重学术水平的提升和实践经验的积累。洛桑酒店管理学院对教师的选拔非常严格。任课教师大多兼具高水平学历和国际知名酒店的职业背景，并且学校鼓励他们定期返回酒店从事经营管理岗位，或担任兼职顾问等，以此保证任课教师不脱离行业第一线，保持高水准的授课水平。

尤其注重教学管理的国际化。自 1996 年起，洛桑酒店管理学院增加英语教学，学生可以选择法语、英语，极大地拓展了学校的国际化视域。学校还积极创造各种条件，如组织学生积极参与行业国际交流活动、安排学生参与国际实习等，使学生了解国际动态，与国际接轨。2004 年，洛桑酒店管理学院获得由美国新英格兰院校协会（NEASC）颁发的高水平认证证书，亦证明了洛桑模式一直走在世界前沿。

（3）培养评价

洛桑酒店管理学院制定了严格的管理制度，从而保证最佳生源和最优质的毕业生。招生方面，学院严格控制每年的招生规模，并对申报材料进行严格审查，注重考察申报者的学术水平和行业背景。在培养过程中，对学生采取综合性的考核评价方式，包括闭卷考试、课程论文、案例分析、实践等，体现了对学生综合能力的评价。

2. 洛桑模式的主要特征

（1）店校合一，理论与实践充分结合

洛桑模式最突出的特点是"店校合一"，秉承学以致用的教学理念，将课堂理论知识与社会实践活动有效结合，注重人才培养的针对性、适应性。实践教学基地是洛桑模式的重要组成部分，它以酒店行业发展实际为标杆，形成真实（仿真）的职业环境。学生从入学到毕业，大多数时间都在实训基地度过，接受更多真实环境的训练。此外，关注行业发展动态，洛桑酒店管理学院不仅绝大多数教师有在酒店长期工作的经历，还在课程设置、教学

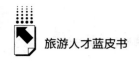

管理、教材编写等方面与行业接轨。

（2）分类教育，提高人才培养的针对性

洛桑酒店管理学院在长期发展的过程中形成了多样的教育模块，现已开设本科、硕士、EMBA、MHA、高管教育、资格认证等多类培养项目，[①] 学制为2～4年，满足不同人群的教育需求。每类教育模块根据学生素质基础、学业发展目标和职业发展目标设立了独立的培养计划和课程安排，注重循序渐进和连贯性，充分体现了洛桑模式以学生发展为中心、因材施教的理念和原则，极大地提高了人才培养的针对性。

（3）国际化办学，注重人才的职业素养

洛桑酒店管理学院作为全球最知名的酒店人才培养基地，学生来自百余个国家和地区，决定了学校办学必须面向世界。学校从办校方针、教学语言、课程设置、教师构成、国际合作等多方面入手，倡导国际化办学，力求培养具有国际意识、能进入国际市场的高素质人才。[②] 同时，洛桑酒店管理学院注重人才专业能力和社会责任感的双重教育，旨在培养能够带领酒店产业走向未来的职业化人才。

（三）德国旅游人才培养模式——双元模式

"双元制"人才培养最早可追溯至中世纪德国手工业行会的学徒制——学徒跟随师傅学习工匠技术并不断传承。经过数百年的发展，这种边学习边培训的技能培养方式被运用于职业教育，逐渐形成双元模式的雏形。1969年，德国联邦政府颁布《职业教育法》，"双元制"职业教育制度得以制度化和法制化。自20世纪70年代起，"双元制"开始在职业院校、应用性大学、综合性大学的教育中被广泛应用，逐渐形成极具德国特色的人才培养模式——双元模式。

双元模式中的"双元"分别指学校和企业，是学生在学校接受理论教

---

① 参见 EHL 集团中文官网，https：//www.ehlgroup.cn/programs/。
② 袁媛：《中国旅游人才培养模式研究》，中国社会科学院研究生院，博士学位论文，2013，第99～100页。

育与在企业接受技能培训相结合的一种人才培养模式。依托政府、行业协会、企业、学校、学生等多方主体的紧密合作，双元模式将学校教育与企业培训结合起来，使学生在正式工作前就能掌握一门专业技术。①

1. 双元模式的主要内容

（1）培养目标

双元模式是一种以实践为导向的人才培养模式，它将学校教育与企业培训充分结合，注重培养学生的从业能力，特别是综合职业能力。双元模式的培养目标：通过"双元"教育，使旅游相关专业的学生具备丰富的专业知识和娴熟的工作能力，以及在工作岗位上独立制订、实施、控制、评价一项工作计划所需要的各种能力，成为跨专业的实用型旅游人才。

（2）培养方法

在双元模式下，学生作为受教育者具备双重身份——学生和学徒。学生在旅游院校接受基础教育和专业理论知识，在企业接受职业培训并完成实践课程；学生的学习地点涉及旅游企业和学校两个场所，体现"双元"特点；师资则包括旅游专业教师和旅游职业技师两类，教学内容包括专业理论教学和职业技能培训；学生毕业时可以获得学校颁发的毕业证书、学位证书以及行业协会颁发的职业资格证书。

在课程设置上，双元模式以职业能力为核心开展教学，课程大纲由各个联邦州的教育部门制定，具体课程和教材由学校和企业独立选择。课程分为文化课、专业课及实训课三类，学习内容突出旅游职业技能方面的知识，学习形式采取综合设课方式。学校根据不同的教育分层及体系，可以按照每周/每月/每学期交叉的方式灵活设置理论和实践课程——学生在校内完成基础课和专业课，包括经济学、管理学、公共关系、旅游学概论、顾客接待、机票预订等，在旅游企业接受岗位培训，完成实践类课程。

通过3~5年的"双元制"学习，学生在"理论—实践—理论—实践"

---

① 李中国：《发达国家经济发展特点与职业教育》，《中国职业技术教育》2002年第24期，第36~37页。

的过程中不断进步，既丰富了专业知识，也锻炼了操作技能，真正实现理论与实践深度融合。学生毕业后具有较强的岗位适应能力和市场竞争力，能更快更好地胜任本职工作，职业发展前景良好，获得旅游用人单位的青睐。

（3）培养评价

双元模式拥有一套整体性、综合性的评价标准，注重专业知识和实训技能的双重考核，分为内部考核、外部评价两个部分。内部考核主要在校内完成，由授课老师负责学生的学业考核，通常采用闭卷考试、实操考核等形式。外部评价则由独立的行业协会承担，组建一支由多方利益体构成的考核专家组，采取统一标准、统一命题、统一考核时间、统一阅卷的评价体系，[1] 重点考核学生的专业能力、沟通能力、社会适应能力等，合格者方可获得相应的职业资格证书。

2. 双元模式的主要特征

（1）政府强力支持，法律制度完善健全

德国联邦政府在双元模式形成、发展及完善过程中起到关键作用。自1969 年以来，《职业教育法》《企业基本法》《培训员资格条例》《职业教育促进法》《实训教师资格条例》等一系列法律法规的实施颁布，明确了"双元制"的培养目标、办学层次、专业设置、师资条件、企业选拔、考核办法、管理制度等，实现了"双元制"教育的规范化、制度化和法治化。[2] 同时，政府联合企业、学校和行业协会等各方主体建立了一套卓有成效的运行方案，保证"双元"理念的落地实施。

（2）"双元"设置，企业、学校和学生三方共赢

双元模式在实操过程中设置"两个课堂"——企业课堂和学校课堂，学生既能参加基础理论和专业技能的学习，也有实操实训方面的锻炼，体现了学校理论知识与企业实践劳动的有效融合。企业和学校积极参与并密切配

---

① 陈增红、杨秀冬编著《职业教育产教融合人才培养模式研究》，中国社会科学出版社，2016，第 97 页。
② 袁媛：《中国旅游人才培养模式研究》，中国社会科学院研究生院，博士学位论文，2013，第 106~106 页。

合，不仅提升了学校的教学水平和专业建设能力，亦帮助企业降低了培训成本，企业得以吸收高水平的技术人才，实现了人才供需的精准对接。学生则通过学以致用实现高效学习，获得良好的技术转化能力和应用能力，具备更强的职业竞争力。[①] 因此，双元模式有效解决了能力与岗位匹配的核心问题，在企业实践、学校教学和学生就业等方面实现平衡，实现了三方共赢。

（3）社会考评体系完善，保证人才培养质量

双元模式社会考评体系主要由三个层面构成：一是完善的法律制度体系规定了职业资格认证的总体要求、内容和方式；二是在行业协会的主导下构建了一套合理、完整的组织体系和实施机制；三是建立了统一、客观、公平、公正、规范的质量保证体系，使得考评更具权威性。在完善的社会考评体系下，学生专业技能突出、就业率高、职业发展前景广阔，获得了用人单位的肯定和青睐。

（四）澳大利亚旅游人才培养模式——TAFE 模式

TAFE 是英文 Technical and Further Education 的简称，中文为"技术与继续教育"。TAFE 模式诞生于 20 世纪 70 年代，由澳大利亚政府直接经营和管理，涵盖职业教育、继续教育、培训、职业资格认证[②]，并与基础教育和高等教育相衔接，旨在解决人才培养与人才使用之间的对接问题。经过数十年的发展，TAFE 模式已成为澳大利亚教育体系中的重要组成部分，亦是全球范围内具有代表性的人才培养模式之一。

1. TAFE 模式的主要内容

（1）培养目标

TAFE 模式建立在终身教育理念基础上，具有鲜明的特色。该模式以推

---

① 牛国兴：《德国双元制高等教育模式：发展趋势与成功关键》，《中国职业技术教育》2022 年第 36 期，第 82~91 页。
② 江波：《澳大利亚 TAFE 体系对旅游职业教育的启示》，《职业技术教育》2006 年第 20 期，第 78~80 页。

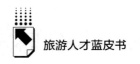

动行业发展、满足学生需求为出发点，以提升综合职业能力为核心，旨在培养具有主观能动性的、能够胜任实际工作岗位的旅游人才。

（2）培养方法

TAFE 模式在课程设置上以旅游岗位的实际应用为出发点，以国家法律制度及行业组织制定的职业能力标准为依据，以市场为导向，突出课程的实践性和实用性，注重对学生技能的培养。课程一般分为基础课、核心课和选修课三类，由于 TAFE 涉及的旅游课程十分宽泛，既有中学、大学文凭类课程，也有相应的培训及认证类课程，因此学校会根据行业特点及市场需求开设不同的课程，以满足社会发展的需要。

TAFE 模式多采用职业角色扮演法、情景模拟法和实验教学法等方式提升学生的实操能力。由于旅游是实用性非常强的学科，旅游教学尤其重视实训，让学生深度参与学习的全过程，引导学生用知识解决实际问题，达成理论与实践的统一。师资方面，"双师型"教师是 TAFE 模式对授课老师的基本要求，除了基本的学历要求以外，还要求教师必须拥有旅游行业背景及工作经验，持续更新旅游相关的实践经验和现场操作技能。从构成来看，大约半数的授课老师为旅游行业资深人士，为教学带来第一手的行业资讯和技术，与专职教师互相取长补短，有利于整体师资力量的壮大和提升。

由于 TAFE 模式涵盖职业教育、职业培训、职业资格认证等多个教育类型，需要面对不同的学生群体，因此 TAFE 模式往往采取灵活的教学形式。学习的时间、内容、地点和场所都可以根据旅游行业实际情况和学生要求进行调整，提供高水平的教学。TAFE 模式具有非常灵活的课程及学分制度，已学课程和学分在院校和学科间是互相认可的，也可以相互转换。如果学生继续深造，已修课程和学分可以做相应的免除，或按照规则进行转换，体现了澳大利亚教育制度的先进性。

（3）培养评价

TAFE 模式对学生的考核和评价主要依据国家统一证书制度以及行业认证的职业能力标准，核心是判断学生是否掌握了与岗位相匹配的工作能力。除必要的考试外，案例、讨论、实习等也被计入课程考核成绩。经考核合格的学生会被授予相应等级的 TAFE 职业正书及文凭，并通过完善的教育制度和体系实现与学位教育相衔接。

2. TAFE 模式的主要特征

（1）政府统一领导，行业组织积极参与

长期以来，澳大利亚政府从机构建设、法律法规、政策推动、财政支持、资源倾斜等方面为 TAFE 提供支持，例如颁布实施《义务教育法》《高职教育法》、成立国家培训总局（ANTA）、制定 TAFE 宏观发展规划、建立全国统一的文凭和职业证书制度、提供大额经费支持等，这些举措形成了统一、有效的管理制度和体系，有效推动 TAFE 模式的快速发展。在政府的引导与鼓励下，各旅游行业组织亦积极参与 TAFE 模式建设。例如，澳洲旅游理事会积极参与旅游人才培养方案的制定、教师培训、考核评估等，推进人才与岗位的有效匹配；再如澳大利亚旅游研究理事会积极参与旅游高等教育相关研究，致力于旅游院校和行业的合作与对接。

（2）倡导"终身教育"，注重职业能力提升

1965 年，"终身教育"（lifelong education）这一概念在联合国教科文组织主持召开的成人教育促进国际会议被正式提出，引发各界广泛关注。它的核心理念"教育应贯穿于人生的始与末"在 TAFE 模式中得到充分诠释。TAFE 模式在招生上没有任何年龄限制，并且通过统一的 TAFE 证书和课程模块化制度，建立了"学习—工作—再学习—再工作"的循环式终身教育模式①，实现职前教育与职后教育紧密衔接。在"终身教育"理念指导下，TAFE 模式以行业需求为导向，培养目标、课程体系、考核方式等均由行业相关人员共同研究制定，并随着旅游市场的变化而调整。教学体系注重实践教学环节，强调对学生实践能力的培养，旨在为旅游各行各业培养高素质的符合市场需要的各类人才。

---

① 卢艳、黄日强：《澳大利亚 TAFE 学院课程对我国职业技术教育课程的启示》，《民办教育研究》2010 年第 7 期，第 37~40 页。

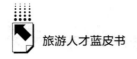

（3）教育制度完善，教育体系完备

在"终身教育"教育理念下，澳大利亚建立了完善的教育制度和完备的教育体系。澳大利亚旅游人才培养不分年龄、学历层次和职前职后，既重视学历教育，又重视职业教育，涵盖各类旅游人才的教育、培训。澳大利亚在高等教育与 TAFE 模式之间搭建了沟通和互认平台，学生获得 TAFE 证书后可以选择就业，也可以选择进入大学继续深造。通过建立互通互认机制，澳大利亚旅游教育可以不断延展至本科和研究生层次，满足学生的不同需求，亦可为行业发展培养不同层次的旅游人才，有利于社会的全面进步。

三 国外旅游人才培养比较与借鉴

（一）国外旅游人才培养比较分析

1.共性分析

"康奈尔模式""洛桑模式""双元模式""TAFE 模式"是在全球旅游业蓬勃发展的基础上，结合各国旅游教育、行业发展情况及就业市场的实际需求，经过长期不断地实践与积累，逐渐演化而成的各具特色、符合本国国情的旅游人才培养模式。经梳理，这四类模式具有以下几个共同点。

（1）教育理念先进，培养目标明确

四类模式都具有先进的教育理念和明确的培养目标。康奈尔模式在产学研一体化的驱动下，秉承"广博精深相结合"的教育理念，旨在培养"行业精英或领袖"；洛桑模式坚持"店校合一"的教学模式，注重对学生能力的培养，培养目标是"能胜任酒店业的任何职位的人才"；双元模式通过双元化设置，以培养"跨专业的实用型旅游人才"为目标，注重实践操作和关键能力的转化；TAFE 模式以"终身教育"为理念，旨在培养"具有主观能动性的、能够胜任实际工作岗位的旅游人才"。

（2）政府、行业协会、学校、企业多方联动，协同发展

在各国旅游教育发展道路上，政府、学校、行业协会、企业均发挥了不

可替代的作用。政府通过颁布实施法律法规、政策资金扶持、制度建设等一系列措施，在旅游人才培养中起到了强有力的引导、支持和规范作用；旅游行业协会积极参与旅游人才培养，在行业标准制定、师资培养、评价考核等方面扮演了重要角色；学校是旅游人才培养的主阵地，通过专业设置、培养方案、教学体系、校企合作等培养高质量的旅游人才；企业则是旅游人才培养的重要基地，设置完善的培训系统和机制，实现理论与实践相衔接，与学校教育互为补充。

（3）课程设置灵活，注重"双师型"教师队伍建设

旅游学科本身具有综合性、实践性强的特点，要求学生具备全面的知识和技能，具备国际化和跨文化交流能力。因此，各个模式下的课程设置均做到了特色化、体系化，并与行业实际紧密结合，根据市场需求的变化而调整。兼具良好的理论素质和实践经验的"双师型"教师则是各国旅游教育成功的重要法宝。通过打造一支高素质的"双师型"教师队伍，以及采用专职、兼职相结合的师资，鼓励教师一专多能，能够有效提升旅游教育师资水平，确保教学与行业前沿保持一致，不脱离经营管理的实践。①

（4）以行业需求为导向，就业体系完备

高质量就业与人才培养呈现相辅相成、相互促进的关系。一方面人才培养内容、方式是实现高质量就业的关键因素，另一方面就业质量亦会反作用于人才培养，推动人才培养的创新和发展。因此，现有的旅游人才培养模式均非常重视学生就业，以行业需求为导向培养"适销对路"的旅游人才，构建完备的就业体系。例如，康奈尔大学打造"请进来、走出去"的就业体系，设立职业指导课程及项目，帮助学生搭建职业发展平台；洛桑酒店管理学院毕业生不仅能获得瑞士、美国和英国三国文凭，还能借助全球校友会的项目与活动打开就业"快速通道"；双元模式通过学以致用实现了人才供

---

① 毛金凤：《旅游管理专业应用型人才培养模式研究》，中国社会科学出版社，2016，第91~92页。

需的精准对接；TAFE 模式则建立了完善的教育制度，为行业发展培养不同层次旅游人才，提高毕业生的就业率。

2. 差异性分析

（1）发展背景有所不同

四类模式均在全球以及本国旅游业蓬勃发展的基础上取得了巨大的成功，但它们诞生、发展的时间、背景及基础条件有所不同。美国的旅游教育始于 20 世纪 20 年代，随着酒店数量的快速增长，酒店管理与接待服务教育得以迅速发展，逐步形成以学历教育为重点的旅游教育体系；瑞士的旅游教育始于 19 世纪末，起初侧重于酒店一线员工技能培养，随着行业发展逐步开始培养高层次酒店管理人才；德国双元制从中世纪手工业行会的学徒制发展而来，起初侧重于旅游职业技能培养，现在则是旅游职业教育与旅游学历教育并重。相较于其他三个国家，澳大利亚旅游教育起步最晚，但借鉴了美国和瑞士的成功经验，从 20 世纪 70 年代起依托 TAFE 模式快速发展，逐步实现各教育层次的相互衔接，形成了完整的旅游教育体系。

（2）人才培养重点有所不同

康奈尔模式通过对知识体系的系统化构建，培养学生的学习能力、研究能力及创造能力，在此基础上鼓励学生发展个人兴趣爱好，发挥主观能动性，体现了自由教育与专业教育的有效结合；洛桑模式以培养高层管理者和能胜任任何岗位的综合性人才为目标，因此，人才培养兼顾学生的实操能力和管理能力，亦注重其国际化视野的拓展；双元模式是德国职业教育的主体和核心，以实践为导向，通过学校与企业的紧密配合培养学生的综合职业能力；TAFE 模式则通过完善的教育制度和体系，培养符合行业需求的各级旅游人才，强调人才与岗位的供需匹配。

3. 比较分析

本报告从 6 个维度对四类旅游人才培养模式做了比较，具体如表 1 所示。

表1 四类典型旅游人才培养模式比较

类型	康奈尔模式	洛桑模式	双元模式	TAFE模式
发源地	美国	瑞士	德国	澳大利亚
教育理念	广博精深相结合	学以致用	以实践为导向	终身教育
培养目标	具有社会责任感，能够提供卓越服务的行业精英或领袖	能够胜任酒店业任何职位的人才	跨专业的实用型旅游人才	具有主观能动性的、能够胜任实际工作岗位的旅游人才
教学内容	1. 课程体系由核心课、选修课、限定选修课，自选课和专业实践课构成； 2. 课程内容涉及面广泛，根据行业的发展变化而适时调整； 3. 教学方式灵活，形式多样，注重案例教学	1. 课程体系包括理论、实践、语言三大板块； 2. 课程围绕酒店实际需要针对性设置，注重理论与实践相结合； 3. 英法双语教学； 4. 注重国际交流和国际职业资格认证	1. "企业+学校"双元教学，企业发挥主体作用； 2. 课程分为文化课、专业课及实训课三类，以实践为导向，突出旅游职业能力方面的内容； 3. 采用灵活实践课程方式安排理论和实践课程，形成"理论—实践—理论"的闭环	1. 课程分为基础课、核心课和选修课三类； 2. 课程设置以市场为导向，突出课程的实践性和实用性； 3. 教学方式灵活，注重对学生技能的培养； 4. 建立统一的课程模块化制度，课程和学分可互相转换
师资队伍	1. 全美规模最大的旅游师资队伍； 2. 学历高，具备优秀的科研能力； 3. 行业经验丰富，不乏从业时间超过10年的资深人士	1. 师资来自全球40多个国家和地区，具有国际化视野； 2. 注重"双师型"教师队伍的建设，授课老师具备丰富的行业经验，部分曾担任酒店高级管理职务	1. 拥有一支学历高、技术过硬的"双师型"教师队伍； 2. 进门难、要求严，待遇高	1. 拥有一支高素质的、有多年行业工作经验的"双师型"教师队伍，具备相关职业资格证书，教师资格证； 2. 专职教师、兼职教师并重

续表

类型	康奈尔模式	洛桑模式	双元模式	TAFE模式
考核方式	考核方式多样，注重学生学习能力、研究能力和创造能力的综合评价，重视理论与实践相互融合	考核制度严格，注重对学生综合能力的评价	教考分离，建立统一、客观、公平、公正、规范的考评体系，考核的权威性高	考评主要依据国家统一证书制度以及行业认证的职业能力标准，核心是判断学生是否掌握了与岗位相匹配的工作能力
特色	1. 产学研一体化，人才培养兼具学术性和应用性； 2. 促进学生个性化发展，倡导自由开放式发展； 3. 课程体系科学，教学方式灵活； 4. 完善的校企合作机制，尤其在企业经营和战略管理方面开展深入合作	1. 店校合一，注重理论联系实际； 2. 国际化办学，注重人才职业素养； 3. 校企联合培养，提供全球范围的带薪实习； 4. 分类教育，提高人才培养的针对性	1. 政府强力支持，法律制度完善健全； 2. "双元"设置，学校理论与企业实践有效融合，企业、学校和学生三方共赢； 3. 有利于学生实现高效学习，获得良好的技术转化能力和应用能力，具备更强的职业竞争力	1. 政府统筹，行业组织积极参与； 2. 拥有完善的教育制度和完备的教育体系，涵盖各类旅游人才的教育、培训； 3. 以行业为主导，建立"学习—工作—再学习—再工作"的终身教育模式

（二）对我国旅游人才培养的启示

通过对美国、瑞士、德国、澳大利亚四个国家旅游人才培养模式进行比较分析，可以看出各国在旅游人才培养方面积累的丰富经验，其教学理念、培养目标和方法具有鲜明的特色和较高的辨识度，值得我国学习与借鉴。

第一，结合我国实际建立一套完整的旅游教育体系。从旅游教育发展历程与特点来看，各国几乎都经历了一个从职业教育到学历教育，再到职业教育与学历教育并重的过程。我国旅游业正处于高速发展期，人才需求也向着多元化的方向转变，旅游教育体系呈现不同的层次结构，既重视职业教育发展，亦注重提高学历教育质量，实现各教育层次的相互衔接，建立一套专业多样、层次丰富的旅游人才培养体系。

第二，旅游教学强调实践，注重教学方法的多样性及考核的权威性，培养学生的双创能力。我国现在仍面临旅游人才供给与需求的结构性矛盾，改变传统的教学模式，进行旅游实践教学改革和创新对旅游人才培养至关重要。我们应向旅游教育强国学习，注重理论知识与实操技能的有效结合，在教学过程中尤其要注重教学方法的多样性及考核的权威性，形成完整的教学评价闭环，从而提高旅游人才培养的针对性和有效性，更好地满足我国旅游业的发展需要。

第三，深入开展校企合作，打造"双师型"教师团队。在学校和企业间建立深层次、多形式、多角度的合作关系，搭建合作平台，实现资源优化配置及校企合作双赢。深入推进校企合作，将优秀人才引进校园，让旅游学科的教师更加了解产业、行业现状。提高学校特聘教师比例，通过柔性引才充实兼职教师队伍，不断优化"双师型"教师队伍结构，打造优秀"双师型"教师团队。

第四，加强国际交流合作，培养具有国际竞争力的旅游人才。旅游业全球化的进程不断加快，我国旅游业发展亦面临转型升级，急需具有全球视野、通晓国际规则、熟练运用外语、掌握专业知识的国际化人才，积极参与国际竞争与合作。我国旅游教育可借鉴欧洲、美国的优势和经验，以培养技能型、创新型、复合型旅游人才为目标，通过多方协作增强我国旅游业的国际竞争力。

269

附录一

应用 Matlab 实现灰色 GM（1，1）模型
和 Elman 神经网络模型的训练与预测

1. 应用 Matlab 实现灰色 GM（1，1）模型预测

代码用例为星级酒店数据。

```
clear
X0 = [15809631542751159059015024961361869 134450311965641124641
10254351061600];
X1 = cumsum（X0）；
for k = 2：length（X0）
    z（k）=（1/2）*（X1（k）+X1（k-1））；
end
B = [（-z（2：end））' ones（length（z）-1，1）]；
Y =（X0（2：end））'；
bata = inv（B'*B）*B'*Y；
a = bata（1）；
b = bata（2）；
c = b/a；
d = X1（1）-c；
X2（1）= X1（1）；
for m = 1：length（X0）-1
```

```
    X2 (m+1) = (X0 (1) -b/a) * exp (-a*m) +b/a;
end
X3 (1) = X2 (1);
for m=1: length (X0) -1
    X3 (m+1) = X2 (m+1) -X2 (m);
end
Delta0=X0-X3;
Phi=Delta0. /X0;
eta= (min (Delta0) +0.5 * max (Delta0)) ./ (Delta0+0.5 * max
(Delta0));
r=mean (eta);
mX0=mean (X0);
sX0=std (X0);
mDelta0=mean (Delta0);
sDelta0=std (Delta0);
C=sDelta0/sX0
S0=0.6745 * sX0;
e=abs (Delta0-mDelta0);
p=length (find (e<S0)) /length (e)
k=length (X0): length (X0) +4;
X2 (k+1) = (X0 (1) -b/a) * exp (-a*k) +b/a;
X3 (k+1) = X2 (k+1) -X2 (k)
```

2. 应用 Matlab 实现 Elman 神经网络模型训练与预测

本代码分为两部分：模型的实现与训练、利用新数据与预测。

代码用例为住宿业模型，星级酒店、旅行社的代码写法与本例相似，此处不再赘述。

Elman 神经网络模型训练代码：

```
close all
clear, clc

load zsy
mi=min (hoteldata);
ma=max (hoteldata);
hoteldata= (hoteldata-mi) / (ma-mi);
traindata=hoteldata (1: 15);
P= [];
for i=1: 10
    P= [P; traindata (i: i+4) ];
end
P=P';
T= [traindata (6: 15) ];
threshold= [0 1; 0 1; 0 1; 0 1; 0 1];
net=elmannet;
net. trainParam. epochs=2000;
net=init (net);
net=train (net, P, T);
save zsy_ net net
y=sim (net, P);
error=y-T;
mse1=mse (error);
T=T * (ma-mi) +mi;
y=y * (ma-mi) +mi;
figure (1)
plot (2009: 2018, T, 'b+', 2009: 2018, y, 'r.');
title (' 使用原始数据测试');
```

```
legend（' 真实值'，' 测试结果'）；
xlabel（' 年份'），ylabel（' 就业人数'）；
figure（2）
plot（2009：2018，T-y，'b*'）；
title（' 训练数据测试结果的残差'）；
fprintf（' 均方差 = \ n    %f \ n'，mse1）；
disp（' 相对误差:'）；
fprintf（'%f   '，（T-y）./y）；
fprintf（' \ n'）；
y
```

使用训练好的模型与预测代码

```
close all
clear，clc
load zsy_ net
load zsy
mi = min（hoteldata）；
ma = max（hoteldata）；
testdata = hoteldata（1：17）；
testdata =（testdata-mi）/（ma-mi）；
Pt = [ ]；
for i = 1：13
    Pt = [Pt；testdata（i：i+4）]；
end
Pt = Pt'；
Yt = sim（net，Pt）；
YYt = Yt *（ma-mi）+mi；
YYt
```

附录二

需求侧调研：被调研旅游企业名单

序号	企业名称	序号	企业名称
1	南京汤山温泉旅游度假区	25	宁夏横城休闲度假区
2	宣城市月亮湾生态旅游风景区	26	珠海澳亚旅游有限公司
3	溧阳天目湖旅游度假区	27	海南富力海洋欢乐世界度假区
4	合肥海洋世界	28	珠海星乐度横琴露营乐园
5	上海佘山国家度假区	29	南京金丝利喜来登酒店
6	宏村景区	30	张掖国家湿地公园
7	上海国际旅游度假区	31	南京凯宾斯基酒店
8	合肥融创乐园	32	张掖市大湖湾景区
9	宁波东钱湖旅游度假区	33	南京朗昇希尔顿酒店
10	安徽天柱山景区	34	西安大唐不夜城景区
11	湖州太湖旅游度假区	35	南京华泰万丽酒店
12	安徽太平湖景区	36	武汉黄鹤楼景区
13	浙江神仙居旅游度假区	37	南京金奥费尔蒙酒店
14	巢湖中庙姥山岛景区	38	武汉东湖景区
15	黄山市古徽州文化旅游区	39	南京金鹰世界G酒店
16	安徽齐云山景区	40	黄石仙岛湖景区
17	黄山旅游度假区	41	南京凯悦臻选酒店
18	北京古北水镇旅游有限公司	42	三亚市蜈支洲岛旅游区
19	北京环球度假区	43	南京水游城假日酒店
20	广州白云山景区	44	三亚市南山文化旅游区
21	广州长隆旅游度假区	45	南京丽思卡尔顿酒店
22	桂林漓江景区	46	济宁城投文旅集团
23	深圳华侨城旅游度假区	47	南京绿地洲际酒店
24	桂林旅游股份有限公司	48	大连圣亚海洋世界

序号	企业名称	序号	企业名称
49	南京香格里拉酒店	83	上海外滩英迪格酒店
50	大连西郊森林公园	84	宿迁市康辉国际旅行社有限公司
51	南京园博园悦榕庄酒店	85	上海舜地三和园酒店
52	沈阳方特欢乐世界	86	宿迁市金盾国际旅行社有限公司
53	南京卓美亚酒店	87	上海外滩半岛酒店
54	长白山景区	88	扬州市凤凰岛旅行社有限公司
55	苏州凯宾斯基大酒店	89	上海外滩茂悦大酒店
56	长春北湖国家湿地公园	90	盐城市春晖旅行社有限公司
57	苏州尼依格罗酒店	91	上海璞丽酒店
58	山西太原晋祠	92	江苏新干线国际旅行社有限公司
59	苏州洲际酒店	93	上海前滩香格里拉酒店
60	山西黄河壶口瀑布旅游区	94	连云港纵横国际旅行社有限公司
61	金陵饭店股份有限公司	95	上海浦东凯宾斯基酒店
62	大同方特欢乐世界	96	常熟中信旅行社有限公司
63	江苏东郊国宾馆	97	上海宝华万豪酒店
64	天津海昌极地海洋公园	98	泰州市阳光国际旅行社有限公司
65	哈尔滨索菲特大酒店	99	上海浦东香格里拉酒店
66	云南世界园艺博览园	100	泰州市天马国际旅行社有限公司
67	哈尔滨香格里拉大酒店	101	漫心上海静安酒店
68	云南石林风景区	102	镇江海外国际旅行社有限责任公司
69	上海宝华万豪酒店	103	安吉 Club Med 度假村
70	深圳欢乐谷	104	镇江中瑞国际旅行社有限公司
71	上海宝丽嘉酒店	105	杭州望湖宾馆有限责任公司
72	贵州黄果树瀑布	106	镇江大地国际旅行社有限公司
73	上海复旦皇冠假日酒店	107	安吉悦榕庄酒店
74	贵州黔灵山公园	108	镇江联合假期旅行社有限责任公司
75	上海深坑洲际酒店	109	安吉君澜度假酒店
76	太阳岛风景区	110	淮安途乐国际旅行有限公司
77	上海外滩 W 酒店	111	杭州康莱德酒店
78	包头南海景区	112	南通慧途国际旅游发展有限公司
79	上海外滩华尔道夫酒店	113	杭州开元名都大酒店
80	阿尔山国家森林公园	114	如皋市假日国际旅行社有限公司
81	上海浦东文华东方酒店	115	杭州临安万豪酒店
82	西宁塔尔寺	116	苏州同程网络科技股份有限公司

续表

序号	企业名称	序号	企业名称
117	杭州四季酒店	151	北京金融街威斯汀
118	途牛旅游网	152	滁州市光大旅行社
119	千岛湖开元颐居酒店	153	北京新国贸大酒店
120	上海佘山旅行社有限公司	154	安徽晨光国际旅行社
121	芜湖皇冠假日酒店	155	北京隐奢逸境酒店
122	上海华夏旅游有限公司	156	滁州山水旅行社
123	合肥绿地福朋喜来登酒店	157	成都世纪城假日酒店
124	上海天天国际旅行社有限公司	158	成都第三极旅行社有限公司
125	合肥泓瑞金陵大酒店	159	成都城市名人酒店
126	上海复兴旅游管理有限公司	160	成都青旅国际旅行社有限公司
127	合肥香格里拉酒店	161	成都香格里拉酒店
128	上海引旅信息技术有限公司	162	成都中国旅行社有限公司
129	合肥融侨皇冠假日酒店	163	成都瑞吉酒店
130	上海趣游国际旅行社有限公司	164	广州方行教育国际旅行社有限公司
131	安徽金陵大饭店	165	成都总府皇冠假日酒店
132	上海国际旅行社	166	桂林虹桥国际旅行社凤北路营业部
133	巢湖国际饭店	167	四川锦江宾馆
134	安吉旭程旅游发展有限公司	168	桂林康辉国际旅行社
135	合肥希尔顿酒店	169	广德园岭南东方精品酒店
136	温州国旅旅游有限公司	170	桂林易游国际旅行社有限责任公司
137	北京柏悦酒店	171	广州白天鹅宾馆
138	乌镇旅游股份有限公司	172	宁夏光大旅行社
139	北京首旅建国饭店	173	广州白云国际会议中心
140	温州永之旅国际旅行社有限公司	174	宁夏六盘山旅行社
141	北京新国贸大酒店	175	广州碧水湾温泉度假村有限公司
142	浙江仙乐国际旅行社(乐清分社店)	176	宁夏交通旅行社
143	北京贵都大酒店	177	广州富力丽思卡尔顿酒店
144	金华中国旅行社	178	宁夏逸飞旅行社
145	北京国贸大酒店	179	广州花园酒店有限公司
146	宣城江南假期旅行社	180	宁夏中国旅行社有限公司
147	北京红杉假日酒店	181	广州天河希尔顿酒店
148	宣城鑫辉国际旅行社	182	宁夏中旅
149	北京金陵饭店	183	广州长风凯莱酒店
150	安徽康辉旅行社	184	厦门国际旅行社

续表

序号	企业名称	序号	企业名称
185	珠海喜来登酒店	219	银川西府井饭店
186	珠海春秋旅行社有限公司	220	南京斯图加特联合展览有限公司
187	广州南沙大酒店	221	青岛东方影都皇冠假日酒店
188	珠海市友联国际旅行社有限公司	222	南京上秦淮会展有限公司
189	株洲美的万豪酒店	223	青岛海名国际会展有限公司
190	银川中青旅	224	南京上玄会展服务有限公司
191	珠海银都酒店	225	青岛海泉湾皇冠假日酒店
192	西安黄河旅行社有限责任公司	226	南京润展国际展览有限公司
193	阳朔画中游酒店管理有限公司	227	青岛金水皇冠假日酒店
194	西安新浪潮旅行社有限责任公司	228	南京国际展览中心
195	桂林阳朔唐人街酒店	229	青岛美仑国际酒店
196	西安中旅国际旅行社有限公司	230	江苏嘉期会展服务有限公司
197	桂林阳朔 101 民族酒店	231	济南泉城大酒店
198	黑龙江春秋国际旅行社有限公司	232	江苏新国际会展集团有限公司
199	宁夏金宇伊豪宾馆	233	西安浐灞艾美酒店
200	吉林市三好旅行社有限公司	234	上海康格会展有限公司
201	宁夏西港航空饭店机场店	235	西安大雁塔假日酒店
202	山西职工国际旅行社	236	上海会展有限公司
203	厦门香格里拉大酒店	237	西安光大国际旅行社
204	深圳海外国际旅行社	238	上海曜鑫展览展示有限公司
205	厦门国际悦海湾酒店	239	西安凯莱酒店
206	贵州天悦旅行社	240	上海海荷瑞会展有限公司
207	郑州航空港万怡酒店	241	西安蓝海风万怡酒店
208	贵州中国国际旅行社	242	杭州广源展览有限公司
209	郑州嵩山饭店	243	西安索菲特人民大厦
210	北京中国国旅	244	杭州英迈广告有限公司
211	郑州万达文化酒店	245	西安喜来登大酒店
212	北京春秋国际旅行社	246	杭州中交文化发展有限公司
213	郑州郑东雅乐轩酒店	247	武汉汉口泛海喜来登酒店
214	北京康辉旅行社	248	杭州泛亚展览策划有限公司
215	银川国际交流中心	249	武汉万丽酒店
216	青海国际环球旅行社	250	杭州兆业品牌策划有限公司
217	银川凯悦嘉轩嘉寓酒店	251	武汉卓尔万豪酒店
218	南京唐博展览有限公司	252	义乌市翔达展览有限公司

序号	企业名称	序号	企业名称
253	全季武汉金银湖酒店	287	长沙万豪行政公寓
254	合肥创影会议会展有限公司	288	宣城绩溪徽达研学旅行有限公司
255	三亚金茂丽思卡尔顿酒店	289	天津海河假日酒店
256	安徽中设国际会展有限公司	290	宣城行知研学旅行策划有限公司
257	三亚瑞吉酒店	291	天津君通津卫酒店
258	安徽伟通会展有限公司	292	北京大潮研学国际旅行社
259	三亚威斯汀度假酒店	293	五台山万豪酒店
260	北京九华国际会展中心有限公司	294	北京青普旅游文化发展有限公司
261	三亚亚特兰蒂斯酒店	295	深圳东方银座雅高美爵酒店
262	北京天宇国际会展服务有限公司	296	成都读行学堂研学旅游服务公司
263	大连城堡豪华精选酒店	297	深圳麒麟山庄
264	成都华蓉会展服务有限公司	298	厦门乐之研学旅游有限公司
265	大连豪生酒店	299	拉萨香格里拉酒店
266	成都立嘉会展公司	300	河南邑鸣研学旅行服务有限公司
267	大连凯宾斯基酒店	301	南京市中山陵园管理局
268	宁夏中汇时代国际会展有限公司	302	深圳蜜蜂研学教育科技有限公司
269	大连罗马假日酒店	303	常州东方盐湖城旅游发展有限公司
270	南京乐沐行企业管理咨询有限公司	304	徐州众禾研学旅行有限公司
271	大连远洋洲际酒店	305	常州嬉戏谷有限公司
272	江苏太湖湾研学旅行有限公司	306	连云港岛屿日记民宿
273	沈阳艾美酒店	307	南京夫子庙展览馆
274	上海新舟研学教育科技有限公司	308	溧阳竹马岭·芥宿
275	长白山柏悦酒店	309	无锡灵山景区经营股份有限公司
276	上海汇景研学有限公司	310	南京美泉私汤民宿
277	长春香格里拉酒店	311	北京环球影城
278	上海万通研学教育科技有限公司	312	上海香遇独立民宿
279	长沙步步高喜来登酒店	313	苏州沙家浜·虞山尚湖旅游区
280	上海致汇研学教育科技有限公司	314	上海橘里民宿
281	长沙君悦酒店	315	连云港市花果山风景区
282	上海漫农文化发展有限公司	316	上海西岸氧吧·林舍民宿
283	长沙瑞吉酒店	317	镇江茅山风景区
284	杭州书蛙研学旅行服务有限公司	318	上海崇明巢吧民宿
285	长沙世茂希尔顿酒店	319	上海邻家露营地
286	浙江皓石教育科技有限公司	320	上海朱里俱舍

续表

序号	企业名称	序号	企业名称
321	上海欢乐谷	337	杭州你我茶业有限公司
322	杭州西湖云舍民宿	338	桂林阳朔居山民宿
323	上海迪士尼度假区	339	杭州湖畔居茶楼有限责任公司
324	绍兴开元颐居 鲁家客栈	340	桂林阳朔闲云居民宿
325	上海海昌极地海洋世界有限公司	341	杭州西湖文化旅游投资集团有限公司
326	浙江花筑·千岛湖常清居民宿	342	宁夏中卫西坡民宿
327	上海申迪旅游度假开发有限公司	343	杭州西溪湿地旅游发展有限公司
328	浙江花筑·舟山璞桃壹舍民宿	344	大理明月松间民宿
329	佘山国家森林公园	345	浙江山水灵峰集团有限公司
330	金华竹坞民宿	346	香格里拉云间居民宿
331	安吉天使小镇乐园有限公司	347	浙江金华山双龙风景名胜区
332	莫干山大乐之野民宿	348	杭州白描民宿
333	杭州宋城景区	349	浙江大红岩景区
334	莫干山梵谷民宿	350	浙江深大智能科技有限公司
335	杭州乐园有限公司	351	莫干山开元森泊度假乐园
336	黄山市猪栏酒吧客栈	352	广州问途科技有限公司

附录三
供给侧调研：被调研院校名单

1. 被调研招收研究生的院校名单（45所）

序号	院校名称	序号	院校名称
1	北京工商大学	24	浙江工商大学
2	北京第二外国语学院	25	安徽大学
3	首都经济贸易大学	26	安徽财经大学
4	南开大学	27	厦门大学
5	天津财经大学	28	华侨大学
6	河北大学	29	江西农业大学
7	山西大学	30	中国海洋大学
8	内蒙古大学	31	中山大学
9	辽宁大学	32	暨南大学
10	东北财经大学	33	华南理工大学
11	长春大学	34	桂林理工大学
12	哈尔滨商业大学	35	海南大学
13	郑州大学	36	陕西师范大学
14	河南大学	37	兰州财经大学
15	中南财经政法大学	38	青海大学
16	湖南师范大学	39	新疆财经大学
17	华东师范大学	40	四川大学
18	苏州大学	41	西南财经大学
19	东南大学	42	贵州财经大学
20	南京农业大学	43	云南财经大学
21	南京师范大学	44	重庆工商大学
22	扬州大学	45	西藏民族大学
23	浙江大学		

2. 被调研招收本科生的普通本科院校名单（87所）

序号	院校名称	序号	院校名称
1	北京第二外国语学院	34	上海杉达学院
2	北京联合大学	35	上海商学院
3	北京工商大学	36	苏州大学
4	天津商业大学	37	金陵科技学院
5	天津财经大学	38	南京师范大学
6	邯郸学院	39	徐州工程学院
7	河北经贸大学	40	三江学院
8	山西大学	41	盐城工学院
9	山西财经大学	42	扬州大学
10	内蒙古民族大学	43	南京晓庄学院
11	呼伦贝尔学院	44	南京工业大学浦江学院
12	沈阳师范大学	45	江苏第二师范学院
13	东北财经大学	46	南京林业大学
14	大连大学	47	浙江工商大学
15	大连财经学院	48	浙江外国语学院
16	吉林外国语大学	49	浙江工业大学
17	吉林工商学院	50	安徽财经大学
18	长春大学旅游学院	51	黄山学院
19	哈尔滨商业大学	52	厦门大学
20	黑龙江财经学院	53	华侨大学
21	黑龙江工程学院昆仑旅游学院	54	江西财经大学
22	郑州大学	55	中国海洋大学
23	河南牧业经济学院	56	中山大学
24	郑州财经学院	57	暨南大学
25	郑州升达经贸管理学院	58	肇庆学院
26	湖北经济学院	59	广东财经大学
27	武汉文理学院	60	广州商学院
28	湖北商贸学院	61	广西财经学院
29	武汉学院	62	桂林旅游学院
30	湖南财政经济学院	63	桂林学院
31	长沙学院	64	海南大学
32	湖南涉外经济学院	65	三亚学院
33	上海师范大学	66	陕西国际商贸学院

续表

序号	院校名称	序号	院校名称
67	西北民族大学	78	成都银杏酒店管理学院
68	河西学院	79	四川工商学院
69	西安财经大学	80	贵州财经大学
70	西北大学	81	贵州商学院
71	北方民族大学	82	云南财经大学
72	宁夏大学	83	丽江文化旅游学院
73	青海师范大学	84	云南大学旅游文化学院
74	青海民族大学	85	重庆工商大学
75	青海大学	86	重庆人文科技学院
76	新疆财经大学	87	西藏大学
77	四川旅游学院		

3. 被调研职教本科院校名单（2所）

序号	院校名称	序号	院校名称
1	南京工业职业技术大学	2	广东工商职业技术大学

4. 被调研高职高专院校名单（116所）

序号	院校名称	序号	院校名称
1	南京旅游职业学院	12	无锡城市职业技术学院
2	南京铁道职业技术学院	13	江苏财经职业技术学院
3	南京城市职业学院	14	镇江市高等专科学校
4	江苏经贸职业技术学院	15	无锡商业职业技术学院
5	江苏海事职业技术学院	16	常州工程职业技术学院
6	南京科技职业学院	17	常州纺织服装职业技术学院
7	扬州中瑞酒店职业学院	18	盐城工业职业学院
8	江苏旅游职业学院	19	安徽工商职业学院
9	苏州经贸职业技术学院	20	安徽财贸职业学院
10	苏州工业职业技术学院	21	安徽商贸职业技术学院
11	苏州农业职业技术学院	22	北京财贸职业学院

续表

序号	院校名称	序号	院校名称
23	北京经济管理职业学院	57	黑龙江旅游职业技术学院
24	泉州经贸职业技术学院	58	黑龙江职业学院
25	福州墨尔本理工职业学院	59	武汉职业技术学院
26	兰州职业技术学院	60	三峡旅游职业技术学院
27	广东工商职业技术大学	61	湖北轻工职业技术学院
28	广东酒店管理职业技术学院	62	武汉商贸职业学院
29	广州番禺职业技术学院	63	武昌职业学院
30	珠海城市职业技术学院	64	郴州职业技术学院
31	顺德职业技术学院	65	湖南安全技术职业学院
32	广西职业技术学院	66	湖南大众传媒职业技术学院
33	广西工商职业技术学院	67	湖南高尔夫旅游职业学院
34	广西经贸职业技术学院	68	湖南工程职业技术学院
35	安顺职业技术学院	69	永州职业技术学院
36	贵州经贸职业技术学院	70	吉林职业技术学院
37	三亚中瑞酒店管理职业学院	71	江西旅游商贸职业学院
38	海南经贸职业技术学院	72	九州职业技术学院
39	三亚航空旅游职业学院	73	赣州职业技术学院
40	河北旅游职业学院	74	辽宁现代服务职业技术学院
41	廊坊职业技术学院	75	辽宁职业学院
42	石家庄财经职业学院	76	包头职业技术学院
43	石家庄城市经济职业学院	77	内蒙古机电职业技术学院
44	石家庄工商职业学院	78	宁夏工商职业技术学院
45	石家庄经济职业学院	79	青海高等职业技术学院
46	郑州旅游职业学院	80	青岛酒店管理职业技术学院
47	郑州商贸旅游职业学院	81	青岛求实职业技术学院
48	郑州职业技术学院	82	青岛职业技术学院
49	安阳职业技术学院	83	曲阜远东职业学院
50	河南地矿职业学院	84	日照航海工程职业学院
51	河南对外经济贸易职业学院	85	日照职业技术学院
52	河南林业职业学院	86	山东电子职业技术学院
53	河南牧业经济学院	87	山东服装职业学院
54	河南农业职业学院	88	山东旅游职业学院
55	河南应用技术职业学院	89	太原城市职业技术学院
56	河南职业技术学院	90	太原旅游职业学院

续表

序号	院校名称	序号	院校名称
91	山西经贸职业学院	104	南充文化旅游职业学院
92	山西林业职业技术学院	105	四川商务职业学院
93	山西旅游职业学院	106	天津现代职业技术学院
94	山西青年职业学院	107	伊犁职业技术学院
95	陕西财经职业技术学院	108	云南旅游职业学院
96	陕西职业技术学院	109	浙江旅游职业学院
97	陕西工商职业学院	110	浙江农业商贸职业学院
98	陕西工业职业技术学院	111	浙江商业职业技术学院
99	陕西交通职业技术学院	112	浙江特殊教育职业学院
100	陕西旅游烹饪职业学院	113	宁波职业技术学院
101	上海旅游高等专科学校	114	杭州职业技术学院
102	上海工商职业技术学院	115	重庆旅游职业学院
103	上海农林职业技术学院	116	重庆财经职业学院

5. 被调研中等职业院校名单（32所）

序号	院校名称	序号	院校名称
1	杭州市旅游职业学校	17	江苏如东中专院校
2	金华实验中学	18	江苏句容中等专业学校
3	杭州市中等职业学校	19	南京财经高等职业技术学校
4	张家港第二职业高级中学	20	南京中华中等专业学校
5	宁波行知中等职业学校	21	宁夏旅游学校
6	连云港中等专业学校	22	中卫市职业技术学校
7	江苏省连云港中等专业学校	23	上海市南湖职业学校
8	涟水中等专业学校	24	上海市商贸旅游学校
9	张家港第二职业高级中学	25	上海市现代职业技术学校
10	南京中华中等专业学校	26	青岛旅游学校
11	江苏省灌云中等专业学校	27	山东省潍坊商业学校
12	南京莫愁中等专业学校	28	海南省海口旅游职业学校
13	镇江市旅游学校	29	海南省旅游学校
14	北仑职业高级中学	30	隆德县职业中学
15	扬州市旅游商贸院校	31	桂林市旅游职业中等专业学校
16	徐州市张集中等专业学校	32	广东省旅游职业技术学校

Abstract

In "Report to the 20th National Congress of the Communist Party of China", General Secretary Xi Jinping points out that science and technology are the first productive force, talent is the primary resource, and innovation is the basic driving force. We will accelerate construction of education, technology, and talent power, educating and cultivating talent for the Party and the country, comprehensively improving quality of independently cultivating talent, especially top rank innovative talent, gathering and employing talent from all over the world.

Tourism talent is the primary resource and important support for promoting high-quality development of tourism industry. The quantity and quality of tourism talent supply determines the scale and quality of tourism industry development. Industry development determines the scale and quality of talent needs, which in turn will promote reform of tourism talent supply, deep integration of industry and education, balance between supply as well as demand of tourism talent, and improve adaptability of supply as well as demand. Therefore, strengthening research on supply and demand of Chinese tourism talent is a major issue in promoting the supply reform of tourism talent cultivation in education institutions and demand reform of talent in tourism enterprises, and achieving high-quality development of Chinese tourism talents

In this book, the supply side and demand side of tourism talent cultivation are studied. With scale and quality requirement for talent caused by high-quality development of China's tourism industry in the new era as the guidance, the book defines connotation of tourism talent by using the method including literature research, network survey and so on. Moreover, survey is carried out concerning Chinese tourism industry, Chinese tourism education, talent need of Chinese

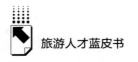
旅游人才蓝皮书

tourism enterprises and talent cultivation of Chinese tourism education. Meanwhile, new change and requirement for Chinese tourism talent caused by high quality development of Chinese tourism industry and Chinese tourism education are analyzed thoroughly.

By adopting programmatic grounded theory method, dimensional elements of competence of international tourism talents are explored and the competency model framework for international tourism talents is established. With prediction theories and analysis technology including Grey System Theory Model, network model, text mining technology, Chinese word segmentation and so on, model for predicting scale of tourism talent demand is established, together with establishment of quality dictionary index system for tourism talent need. Scientific prediction and empirical research on the demand scale and quality specification of tourism education talents are conducted. Representative countries such as Germany and so on are selected to conduct comparative research on their tourism talent cultivation models, aiming to provide theoretical and practical guidance for cultivating international tourism talents.

The research results indicate that a series of new characteristics in China's tourism industry, including culture and tourism integration, smart tourism, "tourism plus", "plus tourism" and so on, demonstrate the resilience and vitality of tourism industry. The high-quality development of the tourism industry has posed new requirement for tourism talents demand, and there is an urgent need for a large number of high quality tourism talents who can adapt to the integration development of culture and tourism, who master digital and technological skills, who are professional, international, innovative, and well-rounded.

In this report, the following suggestions are given in order to establish the high quality tourism talent team. The first, study of tourism discipline and tourism talents should be strengthened together with connection with modern tourism industry development. Moreover, by drawing on advanced models and experience of tourism talent cultivation at home and abroad, establishment of an advanced theoretical system for tourism industry development in the new era centered on people and a comprehensive tourism education system with diverse specialties and rich levels should be accelerated. Secondly, research on cultivation objective and path of talents for different types and levels should be strengthened. Moreover, integration of industry, education, and science should be continuously deepened to achieve coordinated development of tourism education and tourism industry. Thirdly, more powerful teaching staff team should be formed and teaching staff shortage in high-quality development of tourism education should be solved quickly. Fourthly, overseas program operation in "the Belt and Road" countries and international education services should be carried out actively. The tourism education brand with Chinese characteristics should be created and China's tourism education resources should be promoted to "go global", enhancing the nation power with tourism education.

Keywords: Tourism Talent; Tourism Education; Tourism Industry

Contents

I   General Report

Abstract: The high-level development of China's tourism industry in the new era poses new requirements for scale and quality of talent. Building a competent talent team that matches high-level development of tourism industry is the new mission of high-quality development of tourism education in China in the new era. In this report, research is conducted from two perspectives, including the supply side and the demand side of tourism talents. From the supply side, tourism education is an important way to cultivate tourism talents, among which vocational education plays a key role. From the demand side, high employee turnover rate coexists with recruitment difficulties in tourism enterprises. Low salary is an important reason for high employee turnover rate. Meanwhile, in employee recruiting and promoting, tourism companies place greater emphasis on innovative and well-rounded talents as well as tourism soft skills.

Based on the research, it is found that contradict between supply and demand of talents in tourism enterprises is prominent. There is a large demand gap for talents familiar with new technology and updated trend in tourism. Tourism education and industry cooperation is not close, and development of tourism education lags behind the industry. Employment matching rate of tourism talents is low, and job-landing of the graduates is difficult. Finally, solutions and suggestions are given from the perspective of government, tourism enterprises and educational institutions.

Keywords: Tourism Talent; Tourism Education; Tourism Industry

II   Comprehensive Reports

B. 2   Technical Report on Demand Scale Prediction and Quality
Specification of Tourism Talent

Wang Xinyu , Zhang Xiaoling , Cao Yang and Zhong Lina / 030

Abstract: Based on defining concept of tourism talent demand and quality specification, together with prediction theory, this report summarizes current main theory and method of talent demand prediction by using literature research method. It is found that Grey System Theory Model and Elman Neural Network Model are the most effective in predicting the scale of talent demand.

Meanwhile, based on competency-centered education theory and Grounded theory, data is obtained with web crawler technology and text mining. Then, Delphi method and fish bone analysis method are used to construct the tourism talent quality dictionary index system which include 2 level 1 indicators and 14 level 2 indicators. Grey System Theory Model, Elman Neural Network Model and the tourism talent quality dictionary index system provide scientific technology, and method for predicting scale of tourism talent demand and analyzing the quality specification.

Keywords: Tourism Talent; Grey System Theory Model; Elman Neural Network Model; Tourism Talent Quality Dictionary

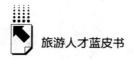
B . 3   Reflection on High Quality Development of Tourism

Education during the 14th Five Year Plan Period

Cao Yang, *Han Yuling* / 057

Abstract: The 14th Five Year Plan period is the key period for high quality development of tourism education. This paper analyzes the connotation and characteristics of high-quality development of education, as well as new requirement for tourism talent. The paper points out that emphasis of high quality development should be high level talent cultivation. Fostering virtue and promoting rounded development of people is the fundamental standard and value goal of tourism education. For high quality development, innovation is primary drive, and high matching rate of supply and need of tourism talent is the final goal. Meanwhile, in order to solve the structural contradict between supply and demand in tourism talent cultivation, measures and suggestions are proposed, including strengthening study of tourism discipline and tourism talents, enhancing coordinated development of tourism education and the industry, forming more competent teaching team, and establishing a tourism education brand with Chinese characteristics.

Keywords: Tourism Industry; Tourism Education; Tourism Talent

B . 4   Research on Construction of Competency Model for

International Tourism Talent   *Li Pengbo* / 074

Abstract: Development of world economy is characterized by global competition. Due to mutual infiltration of international trade and capital, countries must focus on global market in order to win in future market competition. International competition in tourism industry is particularly fierce. In order to meet the increasing demand for tourism talents from development of tourism internationalization, cultivating competitive international tourism talents has become primary task of talent cultivation in tourism education institutions.

This report will define connotation of international tourism talent and analyze its characteristics, exploring dimensional elements of the competence of international tourism talents by adopting programmatic grounded theory method. Finally, the competency model framework for international tourism talents will be constructed, which has practical guidance significance for cultivating international tourism talents.

Keywords: International Tourism Talent; Programmatic Grounded Theory; Competency Model

Ⅲ   Requirement Reports

B.5   Analysis of Development of China's Tourism Industry and

Trend of China's Tourism Talent Needs   *Zhang Jun* / 092

Abstract: In recent years, China's tourism industry has faced challenges and seized opportunities, contributing to adjustment and recovery of tourism market. Key tasks are implemented to serve national development. The deep integration of culture and tourism promotes the industry to take on a new look. Transformation and upgrading of the industry has been realized with assistance of technology. These new features highlight resilience and vitality of tourism industry.

With the background of high-quality development, tourism industry presents new trend, including serving overall situation and undertaking new mission in the new era, coordinating and promoting balanced new development, improving quality and efficiency to promote reform in supply side, making innovation to achieve technological breakthrough and so on. From the perspective of reinvigorating China through human resource development strategy, based on development characteristics of Chinese tourism industry, this study defines concept of tourism talent and classify the main types of talent. On this basis, need for three major talents, including high-level technological talent, high-quality composite talent

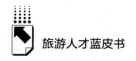

and high-quality innovative talent is proposed, providing reference for optimization of cultivation of tourism talents.

Keywords: Tourism Industry; Tourism Talent; Tourism Market

B.6 Survey Report on Human Resources and Talent Status of

Chinese Tourism Enterprises   *Su Wei, Xu Chaoyou* / 113

Abstract: Human resources and talents are core elements of development in tourism industry. This report analyzes the situation of tourism human resources and talent in China's tourism enterprises in 2022, including education, major, training, salary, employee size, turnover, and school enterprise cooperation, using methods including focused group interview, questionnaire, data mining on mainstream recruitment platforms and so on. It also analyzes the requirement of job position, scale, education, and professional qualities for human resources and talent in different regions and different types of tourism enterprises in China. It is found that recruitment demand and turn over of human resources in tourism enterprises are both high. Graduates with vocational and technical qualifications are the mainstream demand for tourism enterprises. Transformation and upgrading of tourism enterprises not only generates new job demand such as tourism customization specialists and tourism big data analysts, but also puts forward new requirements for quality of tourism human resources and talent.

Keywords: Tourism Enterprise; Human Resource; Tourism Talent

B.7 Prediction and Analysis of Demand Scale for Tourism

Talent   *Wang Xinyu* / 145

Abstract: This report mainly uses official data from *China Tourism Statistical Yearbook*, *China Statistical Yearbook*, *China Tourism Industry Development Bulletin*, as well as data captured online. The Grey System Theory Model and Elman neural network model are used to predict the talent position demand and overall talent demand of travel agencies, star rated hotels, and tourist attractions in tourism industry.

From the predicted results, the structural contradict between supply and demand of tourism talents is still prominent. Demand for talent in star rated hotels and accommodation industry is decreasing annually, while demand for talent in homestay inn is growing rapidly. The demand for talent in travel agencies and tourist attractions is growing. Combining the captured online recruitment data, it can be found that there is a relatively high demand for high-quality tourism talents who are innovative, well-rounded, and master digital skills. This report suggests that establishment and adjustment of tourism related majors, making of enrollment plan, and revision of talent cultivation plan should be adjusted according to talent demand in tourism market.

Keywords: Tourism Talent; Talent Needs; Grey System Theory Model; Elman Neural Network Model

B.8　Analysis of Quality Structure for Tourism Talent

Zhang Xiaoling / 168

Abstract: In this report, data is obtained through web crawler technology and text mining technology. Based on tourism talent quality dictionary index system, text frequency analysis method is used to analyze the talent needs quality specification of three types of tourism enterprise job groups, including travel agencies, hotels, and tourist attractions. The common requirement of talent quality specification in tourism enterprises are clarified. Requirements of tourism enterprises for professional quality mainly include ethics and responsibility, physical fitness, and teamwork ability. Requirements for knowledge and ability mainly consist of professional knowledge and skill, marketing ability, information technology ability, etc. Enterprises pay more attention to professional quality than

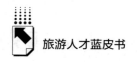
knowledge and skill. Therefore, education institutions should emphasize new change and new requirement of tourism talent quality specification in revision of talent cultivation plan, restructure curriculum system, as well as reform of "teacher, textbook and teaching method".

Keywords: Tourism Talent; Talent Quality; Professional Quality

Ⅳ　Supply Reports

B.9　Analysis Report on Development of Tourism Education in

China　　　　　　　　　　　　　*Cui Yingfang*, *Kang Nian* / 192

Abstract: This report conducts a comprehensive study on research results related to tourism education, defines the connotation of tourism education, summarizes the development process of Chinese tourism education and training, and analyzes the development process of tourism education in China. The analysis focuses on current situation of tourism education development, including enrollment, and setting of majors in tourism education institution, which offers vocational education, undergraduate education and graduate education. Based on the above analysis, problems of tourism education are pointed out and suggestions are offered in order to promote high quality development of tourism education. Based on the above analysis, it is pointed out that there are problems in tourism education such as a mismatch between the construction of tourism education majors and the new situation of industrial upgrading; there are structural contradictions between the tourism talent training model and demand; the practical orientation of tourism education is unclear, and the integration of industry and education is not deep enough. It also puts forward corresponding suggestions such as focusing on optimizing the professional layout and adjusting the professional structure; increasing the supply-side reform of tourism talent cultivating; innovating the compound tourism talent training model, etc., aiming to promote the high-quality development of China's tourism education.

Keywords: Tourism Education; Tourism Institution Education; Tourism Talent Cultivation

B.10 Research on Cultivation of Tourism Talent in Education

Institutions   *Ma Wei, Wang Hongmei* / 220

Abstract: Education institutions play a key role in cultivating high-quality tourism talent. This report conducts a survey about supply side of tourism talent cultivation through on-site interview, questionnaire, online survey, and literature research, targeting 45 graduate schools, 87 undergraduate schools, 2 vocational undergraduate schools, 116 vocational colleges, and 32 vocational high schools that have tourism majors in 2021.

It is found that enrollment is generally stable with certain level of declining because of epidemic. Structure of the majors needs to be adjusted urgently; there is a large gap between cultivation of digital tourism talents and market demand; teaching team of tourism related majors in vocational institutions is not powerful; school enterprise cooperation needs to go further. Solutions and suggestions are given from the aspect of major establishment, teaching team, school enterprise cooperation, etc., aiming to provide decision-making basis for reform of teaching and improvement of talent cultivation in tourism education institutions.

Keywords: Tourism Talent Cultivation; Tourism Education Institutions; Tourism Industry

V Experience and Lesson

B.11 Comparative Study and Reference on Cultivation of

Tourism Talent in Foreign Countries *Han Yuling, He Na* / 250

Abstract: With continuous development of global tourism industry, tourism

education has gradually formed a diversified and multi-level tourism talent cultivation system from its initial skill training status. Various countries and regions have formed their unique tourism talent cultivation models. In this report, four representative nations are selected for case study, meanwhile, analysis and comparison of the main content as well as characteristics of their tourism talent cultivation models are made. With the above work, four suggestions about Chinese tourism education and talent cultivation are given. The first, a complete tourism education system based on actual situation in China should be established. Secondly, teaching methods and assessments should be emphasized to cultivate students' innovation and entrepreneurship ability. Moreover, school enterprise cooperation should be carried out to build a "double qualified" teaching team. Lastly, international exchange and cooperation should be strengthened to cultivate tourism talents with international competitiveness.

Keywords: Tourism Talent; Talent Cultivation; Comparative Study

皮 书

智库成果出版与传播平台

❖ 皮书定义 ❖

皮书是对中国与世界发展状况和热点问题进行年度监测，以专业的角度、专家的视野和实证研究方法，针对某一领域或区域现状与发展态势展开分析和预测，具备前沿性、原创性、实证性、连续性、时效性等特点的公开出版物，由一系列权威研究报告组成。

❖ 皮书作者 ❖

皮书系列报告作者以国内外一流研究机构、知名高校等重点智库的研究人员为主，多为相关领域一流专家学者，他们的观点代表了当下学界对中国与世界的现实和未来最高水平的解读与分析。

❖ 皮书荣誉 ❖

皮书作为中国社会科学院基础理论研究与应用对策研究融合发展的代表性成果，不仅是哲学社会科学工作者服务中国特色社会主义现代化建设的重要成果，更是助力中国特色新型智库建设、构建中国特色哲学社会科学"三大体系"的重要平台。皮书系列先后被列入"十二五""十三五""十四五"时期国家重点出版物出版专项规划项目；自2013年起，重点皮书被列入中国社会科学院国家哲学社会科学创新工程项目。

皮书网

（网址：www.pishu.cn）

发布皮书研创资讯，传播皮书精彩内容
引领皮书出版潮流，打造皮书服务平台

栏目设置

◆ 关于皮书

何谓皮书、皮书分类、皮书大事记、
皮书荣誉、皮书出版第一人、皮书编辑部

◆ 最新资讯

通知公告、新闻动态、媒体聚焦、
网站专题、视频直播、下载专区

◆ 皮书研创

皮书规范、皮书出版、
皮书研究、研创团队

◆ 皮书评奖评价

指标体系、皮书评价、皮书评奖

所获荣誉

◆ 2008年、2011年、2014年，皮书网均
在全国新闻出版业网站荣誉评选中获得
"最具商业价值网站"称号；

◆ 2012年，获得"出版业网站百强"称号。

网库合一

2014年，皮书网与皮书数据库端口合
一，实现资源共享，搭建智库成果融合创
新平台。

皮书网

"皮书说"
微信公众号

权威报告·连续出版·独家资源

皮书数据库
ANNUAL REPORT(YEARBOOK)
DATABASE

分析解读当下中国发展变迁的高端智库平台

所获荣誉

- 2022年，入选技术赋能"新闻+"推荐案例
- 2020年，入选全国新闻出版深度融合发展创新案例
- 2019年，入选国家新闻出版署数字出版精品遴选推荐计划
- 2016年，入选"十三五"国家重点电子出版物出版规划骨干工程
- 2013年，荣获"中国出版政府奖·网络出版物奖"提名奖

皮书数据库

"社科数托邦"
微信公众号

成为用户

　　登录网址www.pishu.com.cn访问皮书数据库网站或下载皮书数据库APP，通过手机号码验证或邮箱验证即可成为皮书数据库用户。

用户福利

- 已注册用户购书后可免费获赠100元皮书数据库充值卡。刮开充值卡涂层获取充值密码，登录并进入"会员中心"—"在线充值"—"充值卡充值"，充值成功即可购买和查看数据库内容。
- 用户福利最终解释权归社会科学文献出版社所有。

数据库服务热线：010-59367265
数据库服务QQ：2475522410
数据库服务邮箱：database@ssap.cn
图书销售热线：010-59367070/7028
图书服务QQ：1265056568
图书服务邮箱：duzhe@ssap.cn

社会科学文献出版社 皮书系列
SOCIAL SCIENCES ACADEMIC PRESS (CHINA)

卡号：333817383761
密码：

S 基本子库
UB DATABASE

中国社会发展数据库（下设 12 个专题子库）

紧扣人口、政治、外交、法律、教育、医疗卫生、资源环境等 12 个社会发展领域的前沿和热点，全面整合专业著作、智库报告、学术资讯、调研数据等类型资源，帮助用户追踪中国社会发展动态、研究社会发展战略与政策、了解社会热点问题、分析社会发展趋势。

中国经济发展数据库（下设 12 专题子库）

内容涵盖宏观经济、产业经济、工业经济、农业经济、财政金融、房地产经济、城市经济、商业贸易等 12 个重点经济领域，为把握经济运行态势、洞察经济发展规律、研判经济发展趋势、进行经济调控决策提供参考和依据。

中国行业发展数据库（下设 17 个专题子库）

以中国国民经济行业分类为依据，覆盖金融业、旅游业、交通运输业、能源矿产业、制造业等 100 多个行业，跟踪分析国民经济相关行业市场运行状况和政策导向，汇集行业发展前沿资讯，为投资、从业及各种经济决策提供理论支撑和实践指导。

中国区域发展数据库（下设 4 个专题子库）

对中国特定区域内的经济、社会、文化等领域现状与发展情况进行深度分析和预测，涉及省级行政区、城市群、城市、农村等不同维度，研究层级至县及县以下行政区，为学者研究地方经济社会宏观态势、经验模式、发展案例提供支撑，为地方政府决策提供参考。

中国文化传媒数据库（下设 18 个专题子库）

内容覆盖文化产业、新闻传播、电影娱乐、文学艺术、群众文化、图书情报等 18 个重点研究领域，聚焦文化传媒领域发展前沿、热点话题、行业实践，服务用户的教学科研、文化投资、企业规划等需要。

世界经济与国际关系数据库（下设 6 个专题子库）

整合世界经济、国际政治、世界文化与科技、全球性问题、国际组织与国际法、区域研究 6 大领域研究成果，对世界经济形势、国际形势进行连续性深度分析，对年度热点问题进行专题解读，为研判全球发展趋势提供事实和数据支持。

法律声明